郑州市基础教育教学研究室研究成果

核心素养导向的高中英语单元整体教学设计

黄利军 ◎ 主编

郑州大学出版社

图书在版编目(CIP)数据

核心素养导向的高中英语单元整体教学设计 / 黄利军主编. -- 郑州：郑州大学出版社, 2024.11. -- ISBN 978-7-5773-0498-4

Ⅰ. G633.412

中国国家版本馆 CIP 数据核字第 20242MU854 号

核心素养导向的高中英语单元整体教学设计
HEXIN SUYANG DAOXIANG DE GAOZHONG YINGYU DANYUAN ZHENGTI JIAOXUE SHEJI

策划编辑	郜 毅	封面设计	王 微
责任编辑	郜 毅	版式设计	王 微
责任校对	胥丽光	责任监制	李瑞卿

出版发行	郑州大学出版社	地　　址	郑州市大学路 40 号(450052)
出 版 人	卢纪富	网　　址	http://www.zzup.cn
经　　销	全国新华书店	发行电话	0371-66966070
印　　刷	郑州宁昌印务有限公司		
开　　本	787 mm×1 092 mm　1 / 16		
印　　张	13.75	字　　数	346 千字
版　　次	2024 年 11 月第 1 版	印　　次	2024 年 11 月第 1 次印刷
书　　号	ISBN 978-7-5773-0498-4	定　　价	68.00 元

本书如有印装质量问题,请与本社联系调换。

本书编委会

主编 黄利军

编委 巴朝军　王丽丽　陈宪忠　刘素芳　李陶常　智敬谊
　　　邓俊成　刘朋宇　郝　晓　杨永久　谷战峰　彭佩霞
　　　王守璋　马　青　张　康　孙萍丽　刘军荣　周公良
　　　王　鑫　孔　雪　郭玉章　王晓培　王　华　李　娜
　　　李　琳　张智萍　朱聪瑞

前　言

在"双新"（新课程・新教材）背景下，我们根据《普通高中英语课程标准》、《关于做好河南省普通高中新课程新教材实施工作的指导意见》、《河南省普通高中课程设置方案》（2021年修订）等文件，组建郑州市高中英语核心素养研究团队，在梳理大观念和单元整体教学的内涵与价值的基础上，探索基于新课程标准的高中英语单元整体教学设计的途径与方法，通过优化教学设计，发展学生的英语学科核心素养，构建价值引领、素养导向、能力为重、知识为基的生态课堂，提高课堂教学效益。

本书主要由三部分内容构成：

第一部分是普通高中英语学科新课程新教材课堂教学指导建议，通过新课程背景下英语学科独特育人价值、课堂教学分类教学设计、课堂教学实施建议及典型教学案例实录分析等，引导郑州市普通高中英语新课程新教材顺利实施，全面提高郑州市高中英语教学质量。

第二部分是指向核心素养发展的高中英语单元整体教学设计，在大单元观念统领下，基于学习活动观，进行单元整体教学设计实施路径探索与指导，发展学生的英语学科核心素养，提高课堂教学效果。结合人教版高中英语教科书部分单元内容，为一线教师提供单元整体教学设计思路和策略，将基于核心素养的学习目标与课程标准的内容要求进行关联分析以强化依标施教的意识，将单元整体学习目标细化分解到具体的课时以增强课堂教学的针对性和有效性，展示基于学习目标的不同课型模式的教学设计路径及实操案例为教师提供教学参考，旨在指导教师对标课程标准，加强依标施教，落实教考衔接，聚焦核心素养，提升设计水平，重在提质增效，最终达到"教师教得轻松、学生学得愉快、结果师生满意"的目的。

第三部分是获奖作品"阅读与思考"板块同课异构教学设计与点评，选取郑州市荣获最近一届河南省高中英语优质课比赛一等奖同课异构作品的教学设计，通过郑州市专家组成员的精彩点评，为教师提供优秀参赛作品的设计理念、思路和流程，对高中英语课堂教学起到正向的引导作用。

本书的特点如下：

一、整合课程内容六个要素，指向学生核心素养全面发展。

二、体现核心价值，发展学科素养，培养关键能力，内化必备知识。

三、以目标引导教学，以任务驱动教学，以评价检验教学，实现教、学、评一体化。

四、基于学习目标设计学习活动，通过学习活动达成学习目标，运用评价任务检验学习目标。

五、以主题为引领，以语篇为载体，以情境为依托，深入探究主题意义。

六、以活动为途径，重视应用实践与迁移创新，强调用语言做事情，培养综合语言运用能力。

七、增强文化意识，加强文化浸润，坚定文化自信，培根铸魂，立德树人，实现课程思政。

八、融合语言、思维与文化，习得语言知识，锤炼语言技能，理解文化内涵，提升思维品质，评析语篇意义，形成正确的价值观和积极的情感态度，创造性地表达个人观点、情感和态度。

九、重视学习策略，培养自主学习能力，致力于学会学习。

由于编者水平有限，疏漏之处难免，恳请广大读者、专家批评指正。

黄利军
2024年2月

目 录

导言　新课程背景下英语学科的独特育人价值 …………………………… 001

第一部分　高中英语新课程教学指导

第一章　课堂教学设计 ……………………………………………………… 005
　　第一节　基于不同课型的教学设计 ……………………………………… 005
　　第二节　基于课程结构的教学设计 ……………………………………… 015
　　第三节　基于课程内容的教学设计 ……………………………………… 020
　　第四节　基于学习阶段的教学设计 ……………………………………… 025

第二章　课堂教学实施 ……………………………………………………… 033
　　第一节　课程理解 ………………………………………………………… 033
　　第二节　教学实施 ………………………………………………………… 044
　　第三节　课堂生态 ………………………………………………………… 051
　　第四节　案例分析 ………………………………………………………… 055

第二部分　指向核心素养发展的高中英语单元整体教学设计

第三章　高中英语单元整体教学设计研究与实践 ………………………… 075
　　第一节　基于大观念的高中英语单元整体教学设计探析 ……………… 075

第二节　基于核心素养的高中英语单元整体教学设计中的关键问题 …… 090
　　第三节　大观念统摄下的高中英语阅读与写作教学设计 …………… 098

第四章　基于单元主题确定指向核心素养的学习目标 ………………… 110
　　第一节　基于核心素养的学习目标与课程标准 ……………………… 110
　　第二节　分解单元整体学习目标为课时学习目标 …………………… 114

第五章　基于核心素养的不同课型模式的教学设计 …………………… 123
　　第一节　听说课型：听力与口语 ……………………………………… 123
　　第二节　听说课型：听力与表达 ……………………………………… 128
　　第三节　阅读课型：阅读与思考 ……………………………………… 133
　　第四节　语法课型：语法学习与运用 ………………………………… 143
　　第五节　语言知识课型：词汇与语法 ………………………………… 148
　　第六节　读写课型：阅读与写作 ……………………………………… 154
　　第七节　写作课型：应用文写作 ……………………………………… 159
　　第八节　读写课型：读后续写 ………………………………………… 165
　　第九节　视听课型：视频辅助教学 …………………………………… 170
　　第十节　自我检测课型：测评与反思 ………………………………… 175

第三部分　"阅读与思考"板块同课异构设计与点评

　　课例一　基于学生学习活动观的阅读与思考教学设计 ……………… 183
　　课例二　基于深度学习视角的阅读与思考教学设计 ………………… 187
　　课例三　基于主题意义探究的阅读与思考教学设计 ………………… 192
　　课例四　基于核心素养发展的阅读与思考教学设计 ………………… 196
　　课例五　基于学科育人价值的阅读与思考教学设计 ………………… 201
　　课例六　基于思维品质培养的阅读与思考教学设计 ………………… 206

导　言
新课程背景下英语学科的独特育人价值

《普通高中英语课程标准(2017年版2020年修订)》明确指出:普通高中英语课程的总目标是全面贯彻党的教育方针,培育和践行社会主义核心价值观,落实立德树人根本任务,在义务教育的基础上,进一步促进学生英语学科核心素养的发展,培养具有中国情怀、国际视野和跨文化沟通能力的社会主义建设者和接班人。课程标准明确了英语学科应该"为谁培养人""培养什么样的人"和"如何培养人"的正确方向。英语学科核心素养框架突出体现了立德树人的育人理念,这正是新课程背景下英语学科独特的育人目标和价值取向。

作为一门语言学习及运用的课程,普通高中英语课程具有工具性和人文性融合统一的特点,它与义务教育阶段的课程有机衔接,着重对学生的语言能力、文化意识、思维品质和学习能力的综合培养,为学生继续学习英语和终身可持续发展打好基础。

在新课程背景下,普通高中英语课程通过必修课程为全体学生的未来发展奠定英语学科核心素养的共同基础,通过选择性必修课程为有学习兴趣和升学考试需求的学生奠定基础,通过选修课程为有不同需求、拓展兴趣、发展潜能和特长的学生奠定基础。必修、选择性必修和选修三类课程有机结合,层层递进,课程多样,内容丰富,满足学生多元发展的需求,为学生升学、就业和终身学习构筑发展平台。

普通高中英语课程从课程发展现状出发,调整课程结构与要求,构建与课程目标一致的课程内容和教学方式,实现减负增效;重视现代信息技术的应用,促进信息技术与英语课程教学的深度融合,丰富课程资源,拓展学习渠道,促进学生的有效学习和英语学科核心素养的形成与发展;以学生为主体,指向英语学科核心素养的发展,倡导英语学习活动观和自主学习、合作学习、探究学习等学习方式,以主题为引领、以语篇为依托,通过学习理解、应用实践、迁移创新等一系列活动,重视学习过程,形成有效的学习策略,在实践中培养多元思维和批判性思维能力,提高英语学习能力和运用能力;重视评价的导教促学作用,采用形成性评价与终结性评价相结合的多元评价方式,关注学生在英语学习过程中表现出来的情感、态度和价值观,引导学生调整自己的英语学习目标、方式和进程,促进学生全面、健康而有个性地发展。

普通高中英语课程独特的育人价值在于学生通过英语学习逐步形成正确的价值观、必备品格和关键能力，发展语言能力、文化意识、思维品质和学习能力等英语核心素养，落实立德树人根本任务，培育社会主义核心价值观，弘扬中华优秀文化，充分体现英语课程的工具性和人文性的统一。在实施普通高中英语课程的过程中，要坚持"以德育为魂、能力为重、基础为先、创新为上"的原则，注重培养学生良好的政治素质、道德品质和健全人格。在发展学生综合语言运用能力的过程中，帮助他们树立人类命运共同体意识和多元文化意识，形成开放包容的态度，发展健康的审美情趣和良好的鉴赏能力。帮助他们学习、理解和鉴赏中外优秀文化，汲取世界先进文化精华，加深理解祖国文化，积极传播中华文化，培根铸魂，厚植中国情怀，坚定文化自信，拓展国际视野，增进国际理解，逐步提升跨文化沟通能力、思辨能力、学习能力和创新能力，形成正确的世界观、人生观和价值观，为学生未来参与知识创新和科技创新，更好地适应世界多极化、经济全球化和社会信息化奠定扎实的基础。

（撰稿：郑州市基础教育教学研究室　黄利军）

第一部分

高中英语新课程教学指导

第一章
课堂教学设计

第一节 基于不同课型的教学设计

根据高中英语课程标准,参照人教版高中英语教科书板块设计,高中英语学科课堂教学常见的课型分为听说课、阅读课、词汇课、语法课、写作课、视听课、习题课、复习课和试卷讲评课等,下面分别对这些课型的教学设计提出参考建议。

一、听说课

听、说是语言技能的重要组成部分,听属于理解性技能,说属于表达性技能,这两种技能在语言学习过程中相辅相成、互相促进、共同发展。在实际教学中,通过将听和说有机地结合在一起融合实施,即为常见的听说课型。在设计听说课时,建议教师:

(1)重视对学生听、说策略和微技能的培养。听力策略主要有预测、推理、选择性注意、监控、评价等。听力微技能主要包括根据所听内容记笔记;获取事实性的信息并对信息进行归纳和整理;理解所听内容的主旨和要义并对其进行分析和阐释;根据所听内容做出合理的推理与判断;理解和判断说话者的意图、情感和态度;识别说话者的交际身份和角色;借助说话者的语气、语调、停顿,识别说话者的讽刺、幽默等意图;理解说话者选用的词汇、语法结构和语音手段的特殊表达意图;理解说话者为提高话语的连贯性而使用的衔接和连贯手段;等等。

口语策略主要有重复、解释、举例、澄清、论证、总结、调控等,并借助肢体、动作、表情等非语言手段维持交际,提高交际效果。口语微技能主要包括根据交际需要发起谈话并维持交谈;通过重复、举例和解释等方式澄清意思;运用目光、表情、手势、姿势、动作等非语言手段表达意义;使用文字和非文字手段描述、概括事物特征和事实,传递信息、论证观点、表达情感;根据交际目的选择适当的语篇类型;根据表达的需要选择词汇、语法结构、正式或非正式语言;根据表达意图和受众特点,有意识地选择和运用语言;借助语调和重音突出需要强调的意义,使用恰当的语调、语气和节奏,提高表达的自然性和流畅性;等等。

这些都是提高听力理解能力和口语表达能力的重要手段,听力和口语微技能也是高考考查的主要内容。在训练学生的听力和口语微技能的同时,注重听力和口语策略的训练,二者同步发展,相互促进,使学生运用听力和口语策略逐步形成和提高听力和口语的微技能,从而提高英语听力理解水平和口语表达水平,提高交际素养。

(2)根据不同的情境和任务,听说课的侧重点可以有所不同。以听力理解为主,以口语表达为辅,侧重听力过程指导和听力策略培养,旨在让学生通过听来培养他们获取信息和处理信息的能力;或者以口语表达为主,以听力理解为辅,侧重口语表达能力培养和交际功能项目训练,旨在让学生通过说来培养他们口语表达能力和交际素养。人教版高中英语教科书非常重视听说教学,在每个单元都设计了两个听说板块,侧重点各不相同:一个是侧重听力训练的"听力与口语",一个是侧重口语训练的"听力与表达"。此外,在单元末还设计了"视频观看"板块,丰富了视听资源,强化了听、说、看的训练。

(3)注意听说兴趣的培养和维持,坚持准确性和流利性并重。听说课前介绍听力材料的相关文化背景知识,以扫除理解障碍,有助于培养学生的听说兴趣。可分层设计活动,提高学生的参与感,维持他们的听说兴趣。在新媒体广泛运用的时代,利用多媒体辅助手段,通过观看视频、动画等,提高学生的学习兴趣,辅助提高他们的听说能力。活动设计主题要与学生的生活相关,符合他们的认知范围和水平,让他们有话可说、愿开口说、能开口说,提高他们的口语表达水平。在口语教学中,要求学生语言表达准确,即用词、时态、句法结构正确,单词读音、句子语调正确。还要关注他们口语表达的流利性,关注他们的自信心、语感和所表达内容的丰富性。

(4)创设情境,视听说相结合,培养学生听、说、看的综合能力。随着信息技术的高速发展,人们获取信息的手段不仅仅通过听和说,还可以通过观看视频等。通过观看视频,学生能够从多维度获取信息,提高学习兴趣,加深对语言的理解。课标对视听训练有具体要求:在必修阶段视听活动每周不少于30分钟,在选择性必修阶段每周不少于40分钟。人教版高中英语教科书每个单元都提供了视频资源,生动丰富的视频资源为学生提供了真实的视听素材,还为他们提供了可以模仿的优质口语学习资源。此外,还可以根据需要为学生选择相关主题的视频资源,将视听说相结合,培养学生听、说、看的综合能力。

二、阅读课

阅读教学是英语教学的重要内容,课标和教材都给予阅读教学足够的重视。课标对必修和选择性必修阶段的阅读教学分别提出了要求,例如,必修阶段阅读技能主要有:从语篇中提取主要信息和观点,理解语篇要义;理解语篇中显性或隐性的逻辑关系;把握语篇中主要事件的来龙去脉;抓住语篇中的关键概念和细节;理解书面语篇中标题、小标题、插图的意义;辨认关键字词和概念以迅速查找目标信息;根据语篇标题预测语篇的主题和内容;批判性地审视语篇内容;根据上下文线索或非文字信息推断词语的意义;把握语篇的结构以及语言特征;识别书面语篇中常见的指代和衔接关系。课外阅读量在必修阶段,平均每周不少于1500词,整个必修课程阶段不少于4.5万词。选择性必修阶段平均每周不少于2500词,整个选择性必修课程阶段不少于10万词。根据课标对阅读教学的要求,人教版高中英语教科书为满足课堂阅读教学的需要,增加了阅读语篇,包括学生用书中的 Reading and Thinking 和 Reading for Writing,以及练习册中的 Reading and Writing 和 Expanding Your World 等。在设计阅读课时,建议教师:

(1)深入研究语篇,基于语篇设计教学。语篇是英语教学的基础资源,语篇赋予语言学习的主题、情境和内容,并以其特有的内在逻辑、文本特征和语言形式,组织和呈现信息,服务于主题意义的表达。语篇具有衔接和连贯的特征,阅读理解不能停留在句子层面上,应引导学生在理解单个句子意义的基础上关注句与句、段与段、主题句与支撑细节、首段与尾段、标题与正文以及文字与图表之间的关系。在语篇思维逻辑方面,应引导学生准确把握作者在组织信息时所使用的因果关系、比较关系、转折关系、并列关系、指代关系等。在判断这些逻辑关系时,应帮助学生学会识别一些常用的语篇标记词汇,例如 but、however 等表示转折关系,because、since、so、thus、finally 等表示因果关系,instead、then、on the contrary、by contrast、on the other hand 等表示对比关系,等等。

(2)加强阅读策略培养,发展学生阅读能力。阅读策略是指在阅读过程中有目的、有意识地选择和使用的一系列措施,旨在提高阅读理解能力,提升阅读速度,调控阅读行为。英语阅读策略主要包括激活背景知识、带着目的去阅读、略读、寻读、读前预测、读中预测、猜测词义、推理判断、了解重要细节、理解文章结构、理解指代关系、理解逻辑关系、分清事实与观点、把握时空顺序等。阅读教学重在教会学生有效阅读,成为独立、高效的阅读者。阅读策略的选择必须结合文本特征,选择最典型、最契合该文本特征的策略。阅读策略需要反复练习,不断巩固和提高,逐步形成使用阅读策略的意识,最终提高阅读理解能力。

(3)重视语篇意义的多层次解读,培养学生深度阅读的习惯。语篇意义就是语篇形式所表达的内容,通常是多层次的。理解句子层面的意义比较容易,而理解字里行间蕴含的意义,需要学生具有一定的语篇分析能力和语境建构能力,能够厘清文本的各种逻辑关系,进而把握作者的写作思路。对于语篇引申意义的理解,需要学生具有丰富的背景知识以及高阶思维能力,在语篇分析及语境建构的基础上,做出正确的理解和判断。在阅读教学中,应重视对课文进行不同层次的解读,提高学生在阅读过程中思维和情感的参与度,培养他们的阅读习惯。通过深度阅读语篇,理解并欣赏作者观点的深刻性和新颖性,获得感悟和认识,更好地表达自己的思想、观点和态度。

(4)设计有思维深度的活动,发展学生的思维品质。思维品质是指思维在逻辑性、批判性、创新性等方面所表现的能力和水平,体现英语学科核心素养的心智特征。思维品质的发展有助于提升学生分析和解决问题的能力,使他们能够从跨文化视角观察和认识世界,对事物做出正确的价值判断。思维品质具体包括观察、比较、分析、推断、归纳、概括、质疑、评判、建构、欣赏、创新等。为此,在阅读教学中,设计的阅读理解问题要分层次、有深度,可以从字面理解、推断性理解、评价性理解、欣赏性理解等方面考虑。此外,引导学生批判性地审视语篇内容,发展他们的批判性思维能力,根据所读内容表达自己的感想和观点等。

(5)基于主题的高度设计活动,发展学生的阅读素养。阅读是有目的、有意义的活动,阅读教学要帮助学生获取语篇信息、学习语言知识、培养阅读策略,弄明白为什么要获取信息、获取什么样的信息、获取这些信息要达到什么目的等。阅读课的设计要围绕语篇文本所阐述的主题展开,帮助学生树立主题意识,明白学习该语篇的意义,将语言知识的学习、语篇信息的获取与主题意义的探究有机结合起来。语篇中的语言知识和语篇信息是为语篇表达主题意义服务的。因此,要指导学生理解作者的写作目的、观点和态度,同时类比自己的观点与感受,进行反思、批判、质疑与欣赏,丰富和完善自己的知识结构、概念理解,提升审美情趣和人文修养,发展思辨素养和阅读素养。

三、词汇课

课标强调词汇在语境中的运用和表意功能,强调词块的学习与积累,强调理解词汇的内涵与外延,强调对词汇的实际运用。人教版高中英语教科书在词汇方面严格控制每单元的生词量,均衡安排每单元的词汇量,注重生词的及时复现,帮助学生巩固和加深对生词、词块的理解和记忆,注重词汇在语境中的呈现,引导学生关注生词在语篇情境中的使用特征。此外,练习册专门设计了独立的词汇练习板块,以全面巩固和练习本单元的生词和短语,同时还重视词块的学习与运用,培养学生的词汇搭配意识。在设计词汇课时,建议教师:

(1)重视对学生词汇量及词汇知识的培养。课标要求学生在必修阶段,在义务教育阶段学习的 1500~1600 个单词的基础上学习和积累约 500 个新单词,以及一定数量的短语,累计掌握 2000~2100 个单词。在选择性必修阶段,再学习和积累 1000~1100 个新单词和一定数量的短语,累计掌握 3000~3200 个单词。在必修阶段,课标对词汇知识的要求还包括借助词典等各种资源,理解语篇中关键词的词义和功能以及所传递的意图和态度等;了解词汇的词根、词缀,掌握词性变化规律,并用于理解和表达有关主题的信息和观点;在语境中,根据不同主题,运用词汇命名相关事物并进行指称,描述行为、过程内容和特征,说明概念等。在训练学生掌握词汇知识的同时,注意训练他们运用学习策略扩大词汇量,为语言学习奠定基础。

(2)树立语境意识,帮助学生在语境中理解和运用词汇。词语是通过一定的句法关系和语义关系与其他词语建立起一定联系的,并在语境中传递信息。词汇的学习离不开语境。因此,词汇教学设计要基于语境,充分利用语篇、语境开展词汇教学,帮助学生提高在语境中理解和运用词汇的能力,不能脱离语境孤立地开展词汇教学。人教版高中英语教科书非常注重词汇在语境中的呈现，在学生用书中用黑体凸显出来，引导学生关注词汇在语境中的使用特征。在词汇教学中，应充分利用一切资源为学生创造词汇学习的语境。要充分利用语篇资源，让学生在语篇情境中理解词汇的用法和表意功能。就表达而言，要围绕学生感兴趣的主题或话题设置语言表达任务，让他们在主题表达中有意或无意地使用一些目标词汇，并认识到词汇的学习是用来表达思想和意义的，不是用来记忆和考试的，在围绕主题的表达活动中逐步构建自己的词汇网络，将零散的词汇记忆结构化。

（3）树立词块意识，提高运用词汇准确理解和确切表达意义的能力。所谓词块，就是词的搭配组合。词块通常分为四个类型，包括词和短语、常见搭配、固定表达以及半固定表达。半固定表达也叫句子框架，通常为非连续性的结构化短语，例如"I'm sorry for…""Would you mind…?"等。这种词块往往是半固定、半开放性的，使用时可以根据实际情况填充自己需要的信息。在英语语言中，词块数量庞大，而且词块又是预制好的语言组块，不需要使用者临时按照一定的语法规则去组织单词来表达意义，但需要加强理解、记忆与运用。在词汇教学中，让学生学会合理、正确使用词块，能够提高语言理解和表达的准确性和流畅性，达到事半功倍的效果。

（4）发展词汇学习策略，培养学生自主学习词汇的能力。学习能力指学生积极运用和主动调整英语学习策略、拓宽英语学习渠道、努力提升英语学习效率的意识和能力。学习能力构成英语学科核心素养的发展条件。学习能力的培养有助于学生做好英语学习的自我管理，养成良好的学习习惯，多渠道地获取学习资源，自主、高效地开展学习。因此，掌握有效的词汇学习策略对于积累基础语言知识非常重要，应该帮助学生形成和发展词汇学习策略，培养他们自主学习词汇的能力。可以让学生利用英汉双解词典自主学习词汇，根据语境中的线索猜测生词，根据拼读规则、构词法和联想法等记忆单词，最好以词块为单位记忆单词，还可根据不同主题借助思维导图构建词汇语义网络等。

四、语法课

课标倡导以语言运用为导向的"形式-意义-使用"相结合的三维动态语法观。语法教学是在一定语境中，让学生通过学习活动观学习和运用语法知识，把握语法基本体系和语用意义。高中阶段的英语语法学习是义务教育阶段语法学习的延伸和继续，应在更加丰富的语境中通过各种英语学习和实践活动，进一步巩固和恰当运用义务教育阶段所学语法知识，学会在语境中理解和运用新的语法知识，进一步发展英语语法意识。在设计语法课时，建议教师：

（1）在语境中进行语法教学，避免枯燥单一的学习方式。为了避免枯燥讲解语法知识、使用孤立的没有意义的句子来解释语法结构，语法教学最好在语境中进行。语法结构本身并没有意义，只有在一定的语境中才能表达语用意义，实现表意功能。课标要求系统合理地安排语法教学内容、设计语法教学活动，尤其重视语法结构的表意功能，强调语法与主题、语境、语义之间的关系,充分利用语篇开展语法教学,培养学生有效运用语法知识进行理解和表达的能力。人教版高中英语教科书十分重视语法教学,在不同课程类型的教材中依据课标系统安排了语法知识项目,各语法项目与单元主题语境相关联、与学生的生活密切联系、与学生的认知水平相符合,充分体现"形式-意义-使用"相结合的三维动态语法观。因此,要运用语篇、图画、动画、动作、视频等来创设语言情境,在具体语境中呈现语法结构,并让学生感知、理解和运用语法结构。

(2)发挥学生的主观能动性,提高语法教学的效率。在语法教学中,要重视学生对语法学习的过程性参与,引导他们主动思考、发现和总结语法结构的特征,以学生为中心,发挥他们的主观能动性,提高语法教学的效率。语法教学设计应体现学生的学习过程,引导他们主动参与到语法学习的过程中,尤其要重视学生的思维参与,而不仅仅是行为参与。人教版高中英语教科书采用"感知-发现-总结-练习-运用"的模式来设计语法教学活动,就是为了引导学生主动参与语法学习,而不是被动接受教师对语法知识的讲解。

(3)关注语法的表意功能,灵活实施语法教学。课标对语法知识的教学要求从语言运用的角度出发,而不是从语言知识特征和系统出发,这就要求教师在进行语法教学时不仅重视语法的结构形式,更要关注语法结构所表达的意义和所使用的语言环境特征。语法教学应该包括语言形式、意义和使用,不能只停留在学生对语法知识的理解和记忆层面,要让他们在相对真实的具体情境中尝试理解语法知识和利用语法知识表达意义,进而掌握语法结构的使用特点和规律。英语语法教学通常采用归纳法或演绎法等,可根据学生的实际情况灵活运用合适的方法实施语法教学。要尽量为学生创造条件,引导他们主动发现语言规律,发挥他们在语法学习过程中的主体性。

五、写作课

写作属于表达性技能,课标对必修和选择性必修阶段的表达性技能都提出了具体的要求,例如必修阶段要求清楚地描述事件的过程,使用文字和非文字手段描述个人经历和事物特征,在书面表达中借助连接性词语、指示代词、词汇衔接等语言手段建立逻辑关系,根据表达目的选择适当的语篇类型,根据表达的需要选择词汇和语法结构,根据表达的需要选择正式语或非正式语等。在设计写作课时,建议教师:

(1)重视过程性写作,加强写作方法指导。写作课要遵照循序渐进的原则。首先,要加强基础写作训练,例如选词造句、汉译英练习等,可采用"词-句-文"的练习方式,训练组词成句、组句成段、组段成文等能力,不要急功近利,一味地按照高考写作题型设置写作任务,尤其是在高中起始年级。其次,要加强写作任务的过程性指导,侧重于教学生写作方法而非写作内容,可将整个写作任务分成若干步骤,引导他们积极参与,并为他们提供必要的写作样本和支架。从写作前明确写作目的和读者对象、选择写作手法、激发写作兴趣、准备写作素材,到写作中独立完成初稿、自我完善,再到写作后互评初稿、点评范例、展示作品等,都要指导学生训练基本的写作方法,帮助他们掌握基本的写作技巧和策略,进而提高书面语篇表达水平,形成自己的写作风格。

(2)创设真实写作情境,鼓励学生表达真情实感。设计写作任务时,要尽量创设符合学生认知心理、接近学生生活的真实写作情境,激发他们的写作兴趣和动机,使他们有话可写、有话想写、有话能写。课堂写作教学中,要鼓励学生写真实的生活,表达自己想说的内容,写出自己的真情实感,不要完全照搬从课本上学来的或头脑中记忆的句子、段落或模板。尽量为学生设置开放、自由、民主的写作活动,例如写作时间留宽裕,写作词数放宽松,写作格式不固化等。此外,对学生写作内容的评价不要过度纠正语言错误,要关注内容的丰富性与真实性、结构的逻辑性与完整性、语言的生动性与地道性。对于学生习作的评价,要以鼓励为主,可以采用学生自评、同伴互评、教师点评等。

(3)引导学生深度阅读,从阅读中寻找写作出路。深度阅读、勤于写作是提高写作能力的有效途径。读书是语言表达的基础和积累,读书多了,语言输入量就增加了,思考也就随之加深了。要引导学生深度阅读语篇,理解作者表达的信息,包括直接表达的表层信息和未直接表达的内涵信息,明白作者为什么这么写以及想要表达什么样的观点和态度,读懂作者是如何表达思想的。学生通过深度阅读,可以学习和背诵语篇中的一些优美词语、结构、句子或段落,积累写作语料,可以模仿所学语篇的文体结构、谋篇布局、基本框架等,进而理解和欣赏作者观点的深刻性和新颖性,学习如何更好地表达自己的思想、观点、意图和态度。

写作能力的发展得益于坚持不懈的写作实践,越写越会写,越写越能写,越写越爱写。人教版高中英语教科书专门设置了"Reading for Writing"板块,采用以读促写、读写结合的形式,重点培养学生的写作能力。该板块重视写作过程指导,逐步培养学生的写作策略与技巧,同时强调基于评价标准进行同伴相互评价,帮助他们提高写作修改意识,培养他们的相关调控策略,从而提高整体写作质量。在选择性必修教材中,人教版在"Using Language"板块安排了阅读与写作内容,学生通过阅读不仅获取语篇信息,更重要的是分析并学习语篇结构和语言特点,为后续写作做好准备。在写作技巧方面,最有效的方法莫过于引导学生从模仿开始,然后帮助他们形成自己的写作风格。另外,近年来,英语技能整合的趋势越来越明显,不仅体现在日常教学中,也体现在高考试题中,例如高考试题中增加了读后续写、读后写摘要等题型。因此,要重视该板块的读写教学,努力从阅读语篇中寻找写作的出路,将语篇中学到的语篇知识和语言知识自然地迁移到新的写作情境中,逐步提高写作素养。

(4)加强美文背诵,增加高质量的语言输入。大量的阅读和高质量的语言输入是提高写作能力的关键。在日常教学中,可以让学生背诵一些英语名言警句和美文。名言警句往往句式简单,用词通俗易懂,诵读起来朗朗上口且富含深刻的意义。美文一般是经典名篇,主要体现在内容美、语言美、结构美上,例如有些美文语言生动优美,讲述动人的故事,给人以心灵的启迪;有些语篇构思巧妙、修辞手法丰富,论述人生哲理,令读者沉思,回味无穷;有些生动实用,用词准确,条理清晰;等等。可以利用多种辅助手段,在深刻理解文章意义的基础上进行背诵。不过,背诵之后关键是内化,只有内化了语言和意义才能形成语感,写作时才能水到渠成,言之有物,言之有理。

六、视听课

语言技能除了听、说、读、写之外,课标还增加了"看"。"看"既是信息输入的方式,也是信息表达的方式。"看"不仅包括视频内容,还包括文字、图片、图表、标识等各种以可视化形象来表达信息的方式。信息时代为人们获取信息提供了多种方式,特别是观看视频已成为当下人们获得信息的主要途径之一。人教版高中英语教科书非常重视视听能力的培养,其中有大量图片、插图、图表,尤其是真实照片。每个单元的首页都是一幅主题图,画面美观、内涵丰富,能够激发学生对单元话题的联想与期待。每个单元的最后一个板块是 Video Time,旨在通过视频材料拓展单元话题内容,开阔学生的文化视野。在设计视听课时,建议教师:

(1)视听前激活学生对材料的认知。观看视频前,要介绍与视频内容相关的背景知识,或让学生阅读一篇有关该话题的语篇材料,让他们运用背景知识预测视频内容,充分激活思维。此外,根据需要处理一些可能影响视频内容理解的生词,布置相应的观看任务,激发学生对视频内容的联想与期待,提高观看效率。

(2)视听相结合,提高学生的视听能力。视听课要将看与听有机结合,例如第一遍观看时最好关闭英文字幕,使学生的注意力集中在画面上,同时结合听理解视频内容。第二遍观看时可以呈现英语字幕,让他们边看字幕和画面边听,以便更好地理解视频内容。也可以根据需要在播放过程中按下暂停键,让他们发挥想象,预测内容。分层次地播放视频有助于培养学生的视听能力和策略,调动他们的视觉感知。

(3)关注视频中的文化内涵,加深对单元主题的理解。在观看视频中,除了帮助学生理解视频的主要内容,还要引导他们关注视频中呈现的文化内容,提高文化意识,理解文化内涵。观看视频后,鼓励学生充分发挥想象并进行讨论,增进对中外文化的理解,提升他们对单元主题意义的认知。此外,可让学生在理解的基础上进行模仿配音,以提高视听课的挑战性和趣味性。

七、习题课

英语是一门语言,其学习过程就是不断复习和总结的过程。要熟练掌握这门语言,就需要进行反复练习。习题是巩固所学知识、提高运用能力的媒介,是检验学生对知识和技能掌握程度的手段之一。学生通过各种各样的练习实践活动,逐渐将知识转化为能力,进而解决社会情境中的实际问题,提升学习能力、语言能力和思维品质。在设计习题课时,建议教师:

(1)精心选择或设计习题,提高训练效果。习题课主要有两个目标,一是知识目标,二是技能目标。课堂上应该巩固哪些知识、扩展哪些知识、掌握哪些解题方法、培养哪些技能等,这些都要有明确的目标。习题的选择或设计要基于学习目标,照应学习内容,突出主干知识,提升关键能力,切忌随意和盲目。习题要有代表性、典型性,既要注意到知识的覆盖面,又要通过训练让学生掌握规律。习题要由易到难、由浅入深、分层递进,让所有学生通过练习都有收获,增强学习的自信心。习题在精而不在多,能达到巩固、提高、训练和渗透的目的即可。

（2）讲究训练方法,做到讲练结合。习题课教学主要是通过对典型问题的分析、讨论以及练习,使学生加深对相关知识和规律的理解,总结归纳出解决问题的方法与技能,从而达到发展思维、培养能力的目的。要结合教学内容,根据学生实际情况,采用灵活多样的方法,唤起学生的求知欲望,为他们创造良好的学习环境,增加学习的趣味性,激发他们学习的能动性与自觉性。习题课要讲练结合,有讲有练,边讲边练,精讲多练。学生通过自己的练习实践,掌握解题方法与技巧,提高解题能力。教师通过发现学生的问题,有针对性地精讲,及时予以纠正,帮助他们总结、归纳解题方法与技巧,进一步培养他们分析问题和解决问题的能力。

（3）引导学生勤于总结,积累经验,形成策略。教学中要引导学生及时总结和反思,分析错因,总结解题方法与规律。学生是学习的主体,讲评习题时,要留给他们合理的时间进行思考,让他们自己分析问题,得出结论,让他们在勤思考、多变通中提高思维的灵活性和创新性。可以让学生先自行探索思路,然后在教师引导或小组合作的基础上,运用合适的方法独立完成解题过程,并及时归纳整理解题办法,积累经验,形成策略。

（4）习题布置要适量,练习方式要多样。习题只是教学的辅助手段,目的是巩固知识、锻炼能力。但是,如果不控制习题的容量,就失去了锻炼的目的。学生注意力集中的区间是有限的,习题容量过大,会使学生慢慢产生厌烦的心理,出现应付、抄袭或不交作业的现象,结果完全背离了习题的目的。要想方设法让学生始终在兴奋中去解决一个又一个习题,在努力之后获得成就感。这样,学生不但解决了问题,还增强了信心,同时也有助于继续保持对英语学习的兴趣和动机。

要结合学习目标和学情,科学设计习题课,形式要多样,内容要丰富,激发学生的兴趣,调动他们的积极性。可以采用口头与书面相结合、独立完成与合作完成相结合、随堂练习与课外练习相结合、做题与讨论相结合、教师讲解与学生讲解相结合等方式。另外,习题课上,不要一味地让学生安静地做题,要给他们留出一定的空间,充分调动他们的积极性,鼓励他们提出问题,积极参与讨论,努力找到解决问题的办法,并及时对他们的表现给予积极的评价和鼓励。

八、复习课

复习课包括语言知识与运用以及语言技能与提高,涉及重点词汇、重点短语、重点句型、基础语法知识的复习等。复习课不是对学过的知识的简单重复,而是一个再学习、再认识、提高理解能力和运用能力的过程。在复习中,除了语言知识的巩固和语言技能的提高,还要培养学生的学习策略。在设计复习课时,建议教师:

(1)激发学习兴趣,培养学习策略。英语的语言知识点零碎复杂,内容繁多,学生需要不断复习,才能温故知新。设计时,要将知识的系统化与课堂的趣味性相结合,防止"汤剩饭"。要以学生为主体,设计形式多样的活动,让每个学生都参与其中,充分调动他们的学习兴趣和积极性,培养学习策略,提高复习效率。英语的学习策略主要是:有合作意识,愿与他人分享各种学习资源;及时发现学习中的问题,善于分析成因,制订切合实际的目标;根据目标,实施并监控计划的实施过程和效果,根据需要调整自己的目标与计划;进行阶段性反思,分析存在的问题和取得的学习成效,归纳和总结有效的方法,提高学习效率;有浓厚的英语学习兴趣和愿望,积极争取获得各种练习和运用英语的机会;理解并总结适合自己的学习方法,优化学习策略;有自主学习和合作学习的能力,乐于分享学习资源和学习经验,主动开展课外学习。课堂上,要激发学生的学习热情,使他们学会复习、善于复习,从而提高复习效率。

(2)精讲多练,查漏补缺。复习课是把所学的知识联系起来,让知识系统化,总结出规律,让学生融会贯通,加深对基础知识的理解,提高归纳概括知识的能力。要精选试题,所讲试题要有示范作用,让学生懂得方法,举一反三,触类旁通。要精讲多练,尽量少讲精讲,以练代讲,以练促讲,让学生在练习中感悟、归纳、巩固、提高,将复习指向学生语言能力和学习能力的提升。另外,强化复习学生在第一遍学习中暴露的薄弱环节,设计有针对性的练习,及时查漏补缺。

(3)突出重点,突破难点,有的放矢,强化训练。复习中既要抓系统,又要抓全面,更要突出重点,有的放矢,对症下药。复习到某个知识点时,要让学生知道命题人会从哪些角度来考查该知识点。复习重点应放在学生的难点、薄弱点上以及容易出错或失误的方面,努力做到有的放矢。针对学生容易混淆或感到困难的内容,要进行重点讲解,突破难点,解决疑问,并加强针对性训练,让学生通过复习解决问题,强化能力,提高有效运用语言的能力和灵活的应变能力。

九、试卷讲评课

试卷讲评是课堂教学中的一个重要环节,是以分析学生考试情况、纠正考试中存在的共性错误、弥补教学上的遗漏、帮助学生掌握所学知识和提高解决实际问题能力的一种课型。通过试卷讲评,使学生巩固所学知识、了解知识的内在联系、提高综合运用知识的能力,培养他们的思维能力,掌握分析问题和解决问题的方法。试卷讲评的环节主要包括考情分析、自主纠错、合作纠错、重点讲评、变式训练等。在设计试卷讲评课时,建议教师:

(1)提高时效性,加强针对性。每次考试评完试卷后,最好趁热打铁,及时讲评,提高时效性。不要仅关注学生的考试成绩,要及时分析考试数据,研究学生答卷,了解学生答题情况,找出存在问题,有针对性地选好案例,精心设计讲评教案,做到心中有数。

(2)深入研究试题,明确讲评目的。讲评前,要深入细致地研究试题的命题立意、考查目标、命题情境以及设题角度。通过试卷讲评,让学生知道重点学了什么、学会了什么、还有什么内容不会,知道自己的强项和弱项,以便寻求解决办法。通过试卷讲评,让学生掌握作答方法和技巧,减少失误,并且构建清晰完善的知识结构,加深对英语知识的理解,提高综合语言运用能力。

(3)突出讲评重点,做到精讲精练。讲评时,切忌逐题讲解、泛泛而谈,要根据考试数据和作答情况有目的地选取典型的、有代表性的题目进行有针对性的讲评,寻找问题的突破口,不仅让学生知道错在哪里、为何出错,还要让他们知道如何思考、怎么作答、遇到类似问题怎么避免犯同样的错误。讲评时,切忌就事论事、就题讲题,要以典型题目为切入口,从试题的广度和深度上分析,建立知识之间的关联,同时归纳总结规律,使学生做一题,会一类。要突出重点,少讲精讲,重点问题讲到位,疑难问题讲透彻,待学生理解、明白、消化之后,还要创设新情境加以强化训练,检测他们是否真正学会了,确保讲评的效果。通过试卷讲评,及时指导学生查漏补缺,提升综合语言运用能力。

(4)师生共同参与,指导思路和方法。讲评试卷既要有教师的讲评,又要有学生的参与。课前给学生一定的独立思考时间,将自己做错的或者有疑问的题目进行梳理,厘清做题思路和方法。讲评时,可以采用小组讨论的方式互帮互学,让小组成员对未解决的问题提出疑问,让答对的学生讲解思路、发表观点。最后,教师将遗留问题或者重点问题进行点拨、讲解。讲解时要明白命题意图,紧扣命题思路,引发学生思考,点拨作答技巧,重视解题能力和学习能力的培养。通过试卷讲评,帮助学生梳理知识,构建知识网络,同时帮助他们认识到自己学习中的不足,从中吸取教训。授人以鱼不如授人以渔,试卷讲评的关键是把解题思路、方法、技巧传授给学生。可以以某个题目为题眼,加强知识的纵横联系,进行归纳与拓展,加大知识摄入量。对某个知识点要从多角度、多方面、多层次和不同起点进行讲解,注重方法与思路,做到讲解有效,启发学生举一反三,触类旁通。

(撰稿:河南省实验中学 刘素芳)

第二节 基于课程结构的教学设计

一、课程结构

普通高中英语课程有三大类:必修、选择性必修和选修。

必修课程(6学分)是全体高中学生必须修习的课程,旨在构建英语学科核心素养的共同基础,使所有学生都能达到英语学业质量水平一的要求,可获得6个学分,这是高中毕业的基本要求。

选择性必修课程(8学分)是有学习兴趣和升学考试需求的学生的选修课程,与必修课程形成递进关系。学生完成选择性必修课程后,达到英语学业质量水平二的要求,可获得8个学分,这是高考的要求。因此,参加高考时,学生学完必修和选择性必修课程,共获得14个学分,达到课程标准规定的学分要求。

选修课程是学生自主选择修习的课程,包括国家设置的提高类、基础类、实用类、拓展类、第二外国语类等课程和学校自主开发的校本课程。其中,提高类选修课程由学校自主开设,供有意愿继续提升英语能力的学生选修,与选择性必修课程形成递进关系。学生完成提高类选修课程的6个学分且学业水平合格,可以达到学业质量水平三的要求。这是针对有不同需求、潜能、兴趣和意愿的学生开设的课程,可以自主选择。课程结构如表1-1所示。

表1-1 高中阶段英语课程结构

类别要求	必修课程 6学分	选择性必修课程 0~8学分	选修课程 0~6学分				
提高要求 ↑			英语10(2学分)	提高类	基础类	实用类	拓展类	第二外国语类
			英语9(2学分)					
			英语8(2学分)					
高考要求 ↑		英语7(2学分)						
		英语6(2学分)						
		英语5(2学分)						
		英语4(2学分)						
毕业要求 ↑	英语3(2学分)							
	英语2(2学分)							
	英语1(2学分)							

二、课程安排建议

按照教育部课程方案和课程标准,根据河南省普通高中课程设置方案,结合郑州市高中英语教学实际情况,以现行教材人教版普通高中英语教科书为依托,建议高中各学段课程内容安排如下(表1-2)。

表1-2　高中各学段课程内容安排

学段	课程内容 上学期	课程内容 下学期	学分	说明
高中一年级	课标:英语1、英语2 对应人教版教材:必修第一册、必修第二册(第1—3单元)	课标:英语2、英语3 对应人教版教材:必修第二册(第4—5单元)、必修第三册	6	必修课程由国家根据学生全面发展需要设置,所有学生必须全部修习,依次完成英语1至英语3的课程,达到高中毕业学业水平的标准。初、高中的过渡衔接教学内容除了人教版教材上的"Welcome Unit"以外,还可以根据学情自主选用其他有关过渡衔接的教材或资料。对于基础特别薄弱的学生,可以先修习基础类选修课程,然后再修习必修课程
高中二年级	课标:英语4、英语5 对应人教版教材:选择性必修第一册、第二册	课标:英语6、英语7 对应人教版教材:选择性必修第三册、第四册	0~8	选择性必修课程由国家根据学生个性发展和升学考试需要设置,在必修课程的基础上依次完成英语4至英语7的课程。参加高考的学生必须完成选择性必修规定的课程修习,其他学生结合兴趣、爱好或今后就业需求,可以选择部分内容修习
高中三年级	课标:英语8、英语9 对应人教版教材:选修(提高类)第一册、第二册或总复习	课标:英语10 对应人教版教材:选修(提高类)第三册或总复习	0~6	选修课程由学校根据学生多样化需求,当地社会、经济、文化发展的需要,课程标准的建议以及学校办学特色等设置,学生自主选择修习。学生完成选择性必修课程后,可以自主选择提高类的选修课程修习。其他基础类、实用类、拓展类、第二外国语类等选修课程和学校自主开发的校本课程,学生可以根据需要在高中三年内任何学期自主选择修习。建议有条件的学校开设选修课程。本学段,可以根据学生需求和实际情况,选择选修类课程继续修习,也可以转入总复习,为升学考试做准备

三、教学设计要求

(一)不同课程类别的基本要求

1. 必修课程

必修课程是面向全体高中学生、满足高中毕业要求的必须修习的课程,旨在帮助学生奠定必要的语言能力、文化意识、思维品质和学习能力四大核心素养的基础。

在实施必修课程的过程中,教师要优化教学方法和手段,重视对学生学习策略的指导,帮助他们养成良好的学习习惯,形成有效的学习策略,发展自主学习能力,确保他们顺利完成必修课程的学习,为继续学习英语和未来发展打好基础。进行教学设计时,教师要把握必修课程的基础性,从学生的实际语言水平和基本需求出发,按学期、学年制订切实可行的教学计划,努力使课程内容与义务教育有机衔接,分阶段、分学段完成必修课程英语1—3的教学任务,届时基本达到学科核心素养的级别一的要求以及高中英语学业质量水平一的质量描述要求。

2. 选择性必修课程

选择性必修课程主要是为参加高考的学生开设的课程,旨在循序渐进地提高学生的英语学科核心素养,为他们进入高校奠定良好的英语基础。同时,选择性必修课程也是为满足学生专业倾向和个性发展需求开设的课程。学生完成必修课程、达到高中毕业要求后,如果没有升学需求,可以不修习选择性必修课程。如果打算参加高考,必须修习选择性必修课程。如果对英语学习有兴趣,或者今后的就业规划对英语有要求,也可以修习选择性必修课程。

选择性必修课程与必修课程为递进关系,选择性必修课程既可以满足学生个性化发展的需求,又是有升学要求的学生的共同基础。进行教学设计时,教师要根据选择性必修课程提出的六要素的内容要求,采用丰富多样的教学方式和手段,进一步突出以主题为引领、以语篇为依托、以活动为途径的整合性教学方式,引导学生在活动中学习语言知识、发展语言技能、理解文化内涵、形成学习策略。在提升学生语言能力的同时,引导他们分析和审视事物和人物的真、善、美,评判不同的价值观,实现对主题意义的深层理解,充分体现课程工具性与人文性的有机融合,落实培养学生学科核心素养的目标。

学生完成选择性必修课程英语4—7的学习并且学业水平合格,可达到学科核心素养的级别二的要求以及高中英语学业质量水平二的质量描述要求。

3. 选修课程

选修课程是为在英语学习方面有更高需求的学生开设的课程,包括国家设置的提高类、基础类、实用类、拓展类、第二外国语类等课程和学校自主开发的校本课程。学生可以在高中三年的任何学期根据自己的实际情况和兴趣爱好,自主选修其中一门或多门课程。

提高类选修课程与选择性必修课程形成递进关系,学生完成选修课程提高类英语8—10 的学习并且学业水平合格,可达到学科核心素养的级别三的要求以及高中英语学业质量水平三的质量描述要求。基础类、实用类、拓展类、第二外国语类选修课程供不同水平、不同兴趣和不同需求的学生任意选修,体现学校办学特色的个性化课程设置,可根据具体情况在高一至高三年级的任何学期开设。

学生完成必修 1—3 的课程(6 个学分)和选择性必修 4—7 的课程(8 个学分)后,就可以参加高考了。如果没有继续提高的需求,也可以不修习选修课程。

(二)不同课程内容要素的基本要求

无论是必修课程、选择性必修课程还是提高类选修课程,在进行教学设计时,教师都要对应课程内容的主题语境、语篇类型、语言知识、文化知识、语言技能和学习策略六个方面的内容要求。

1. 主题语境

必修课程与选择性必修课程、提高类选修课程的主题语境内容要求相同,但是选择性必修课程在必修的基础上,体现更高层次的语言和思维水平、更广的主题语境和更深层次的意义内涵。提高类选修课程在选择性必修的基础上,从语言、思维以及内容等方面体现出相应的提升。

2. 语篇类型

必修课程的语篇类型体现基础性和通用性,选择性必修和提高类选修课程的语篇类型进一步丰富,更多关注语篇的内涵意义。随着学生学习内容的增加和深入以及认知水平的提高,语篇类型的广度和难度会增加,例如选择性必修中增加了议论文,侧重于论说文和评论等。在提高类选修中,议论文侧重报刊社论、专栏文章、书评、影评或学术论文摘要等。

另外,不同的课程类型中,对相同的语篇类型有着不同的内容要求,例如每类课程中都有说明文,必修课程侧重地点、事物、产品介绍等,选择性必修课程侧重现象说明、事实阐释等,提高类选修课程侧重机构介绍、科技成果介绍、操作指南、使用手册等。

3. 语言知识

必修课程、选择性必修课程和提高类选修课程在语音、词汇、语法、语篇和语用知识方面都有具体的内容要求,根据学生的认知水平逐步增加、加深或加强。例如,在语法知识的非谓语动词方面,三类课程类型中都有对动词不定式、动词-ed 和动词-ing 形式的要求——分学段逐步掌握它们的全部语法功能。在必修课程中没有安排名词性从句的内容,在选择性必修课程中安排了主语从句和表语从句的学习,在提高类选修课程中安排了同位语从句的学习,宾语从句在初中已经学过,在高中阶段就没有安排。

4. 文化知识

必修、选择性必修和提高类选修课程对文化知识分别提出了内容要求,旨在体现文化知识的积累和文化内容的丰富过程,反映对文化知识理解与感悟的深化,有利于分级实施和评价设计。尽管有些文化知识出现在不同阶段,但选择性必修和提高类选修课程的内容会在必修课程的基础上表现出更高层次的语言水平或更深层次的意义内涵,教师在教学过程中要注意层次的循环上升,把握好难度和深度的递进。

语言是文化的载体和思维的工具,文化是语言的灵魂。语言能力的提高与思维品质的发展以及文化意识的形成是同步的,因此教师要引导学生感知、理解、整合、内化语言和文化知识,获取信息、分析问题、解决问题、鉴赏评价、自主表达,使这一过程成为他们语言能力的发展过程、思维品质的提升过程、文化意识的建构过程和学习能力的形成过程。

5. 语言技能

必修、选择性必修和提高类选修课程都从理解性技能和表达性技能两方面对语言技能分别提出了内容要求,旨在体现语言技能的培养、发展和提高需要一个渐进的过程,语言运用能力的提高呈螺旋式上升。例如,在理解性技能方面,必修课程中有"批判性地审视语篇内容",选择性必修课程中变为"批判性地审视语篇涉及的文化现象",提高类选修课程中变为"批判性地审视语篇的价值取向、语篇的结构和语篇的连贯性",同样是培养学生的批判性思维能力的维度,从审视"语篇内容""语篇涉及的文化现象"到"语篇的价值取向、语篇的结构和语篇的连贯性",反映出对思维品质的培养由低阶逐步到高阶的一个循序渐进的上升过程。

6. 学习策略

发展学生的学习策略是提高学习能力的主要途径,是形成终身学习能力的基础,是教学的重要内容,也是英语学科核心素养的重要组成部分。必修、选择性必修和提高类选修课程都从元认知策略、认知策略、交际策略和情感策略四个方面对学习策略内容提出了不同的要求。学习策略随着课程的不同阶段逐步完善和提高,在教学中,教师可以根据教学内容的需要,鼓励学生跨级别选择适合自己的学习策略。

(撰稿:郑州市基础教育教学研究室 黄利军)

第三节 基于课程内容的教学设计

高中英语课程内容涵盖六个要素:主题语境、语篇类型、语言知识、文化知识、语言技能和学习策略。这六个要素相互关联,形成一个有机的整体,是培养学生英语学科核心素养的基础。

一、主题语境

主题语境包括人与自我、人与社会和人与自然三大类。主题为语言学习提供主题范围或主题语境。对主题意义的探究应该是学生学习语言的最重要的内容,直接影响着学生语篇理解的程度、思维发展的水平和语言学习的成效。主题语境不仅规定了语言知识和文化知识的学习范围,还为语言学习提供了意义语境,并有机地渗透了情感、态度和价值观。对主题语境和语篇理解的深度直接影响着学生的思维发展水平和语言学习成效。因此,教师要把对主题意义的探究视为教与学的核心任务,并以此整合学习内容,围绕语篇提供的主题语境,基于学生的生活经验、学习兴趣和语言水平,引导他们积极主动地参与到对主题意义的探究活动中,促进他们的语言能力、文化意识、思维品质和学习能力的融合发展。

对主题意义的探究是英语教与学的核心任务,对主题语境的理解多方位决定了学生的语言学习效果和思维发展水平。教师要高度重视主题意义的探究,创设丰富的主题语境,开展有意义的教学活动。

二、语篇类型

语篇类型指记叙文、议论文、说明文、应用文等不同类型的文体以及口头、书面等多模态形式的语篇,例如文字、图示、歌曲、音频、视频等。就课程类别具体而言,必修课程主要包括对话、访谈、记叙文、说明文、应用文、新闻报道、新媒体语篇以及其他语篇类型等;选择性必修课程主要包括专题讨论、讲座、报告、记叙文、议论文、说明文、应用文、新媒体语篇以及其他语篇类型等;提高类选修课程主要包括专题讲座、演讲、辩论、记叙文、议论文、说明文、应用类正式文体以及其他语篇类型等。在三种类别的课程中有些语篇类型大致相同,但学习的具体内容不同,例如记叙文,在必修阶段主要学习个人故事、人物介绍、短篇小说、童话、剧本等,而到了选择性必修阶段重点学习小说、科幻故事、幽默故事等。同样,到了提高类选修阶段重点学习文学名著、名人传记等。

语言教学中的语篇通常以多模态形式呈现,既包括口头和书面,也包括音频和视频,并以不同的文体形式呈现。语篇承载语言知识和文化知识,传递文化内涵、价值取向和思维方式。因此,接触和学习不同类型的语篇,熟悉生活中常见的语篇形式,把握不同语篇的特定结构、文体特征和表达方式,不仅有助于学生加深对语篇意义的理解,还有助于他们使用不同类型的语篇进行有效的表达与交流,也为他们发展语言技能和制定学习策略提供语言和文化素材,同时为他们形成正确的价值观提供平台。

语篇学习是主题学习的平台和依托,学好语篇意义重大。教师在教学时要认真研读和分析语篇,以主题探究为主导,以语篇为依托,整合语言知识学习、语言技能发展、文化意识形成和学习策略运用,培养学生的英语学科核心素养。整体而言,必修课程学习的语篇类型体现基础性和通用性,选择性必修和提高类选修课程的语篇类型进一步丰富并更多关注语篇的内涵意义。

进行语篇教学时,教师要选择能促进学生思维、体现文化差异、形成正确价值观等方面的语篇,让学生接触到真实、多样的语篇材料和形式,从而更好地适应未来学习、工作和生活的需要。同时,还要让学生通过学习语篇所承载的文化和价值观等具有深刻内涵的内容,学会欣赏语言和多模态语篇的意义和美感,丰富生活经历,体验不同情感,树立正确的"三观"。

三、语言知识

语言知识包括语音、词汇、语法、语篇和语用知识五个方面。语言知识是语言能力的有机组成部分,是发展语言技能的重要基础。在英语学习中,语言知识和语言技能是同步发展、不可分割的,但在教学中可以有所侧重。高中阶段的语言学习要以语言应用为目的,服务于语言理解和表达,服务于信息收集和处理,服务于思维和交流。学习语言知识旨在发展语言运用能力,因此要特别关注语言知识的表意功能。

学生在义务教育阶段已经具备了一定的语言知识和语言技能,这就要求教师在高中教学中不能不顾义务教育阶段所学知识,直接高起点、快节奏进行高中教学,造成学生学习断层现象。因此,做好初高中语言知识的衔接非常必要。

首先,语言知识的学习是理论与实践的结合统一,英语学习的实践就是听、说、读、看、写等语言活动,理论就是语音、词汇和语法知识的掌握。语言知识的来源和巩固都来自实践。同时,语言知识又进一步提高实践水平和深度。教师在语言知识教学时,要注意理论和实践的结合。其次,语音、词汇、语法、语篇和语用知识五个方面各有不同,教学时要注意做好特色教育。学习语言旨在在真实的语境中运用所学知识、理解意义、传递信息、表达个人情感和观点、比较和鉴别不同的文化和价值观。因此,要创设真实情境,引导学生学会使用得体的语言开展有效的沟通和交流。同时,将文化知识有机地融入语言学习之中,充分挖掘语篇中的文化和育人价值。

四、文化知识

文化知识指中外文化知识,其核心是文化,主要指一个国家的地理、交通、建筑、饮食等物质文化,以及风俗习惯、文学艺术、行为规范、道德修养、科学素养等精神文化两个方面。通过对中外优秀文化的学习和了解,不仅能够促进学生对英语的使用,帮助他们正确认识和理解他国文化,进一步理解英语语言及西方文明的文化内涵,拓宽国际视野,培养跨文化交际能力,更能够让学生在鉴赏、反思、接纳和吸收中外文化的差异中,加深对本国文化的理解与认识,增强文化自信,传播和弘扬祖国文化,并形成正确的价值观和道德修养,成为有文明素养和责任担当的人。

充分学习国内外文化知识是学生在语言学习活动中理解文化内涵、认同优秀文化、坚定文化自信的基础,同时也有助于促进他们的英语学科核心素养的形成和发展。教学中涉及的文化知识应与学生的日常生活、知识结构和认知水平等密切关联,通过显性的教学活动和隐性的潜移默化,激发学生学习英语文化知识的兴趣。

文化知识的教学应以促进学生文化意识的形成和发展为目标。要结合教材各单元主题以及教材中出现的与文化知识相关的内容,通过展示PPT、打印文案、观看视频等方式,有意识地让学生了解英美等国的文化背景知识、传统节日、著名人物的纪念日、重要事件的纪念日、近期重要事件等,理解、分析、讨论语篇所承载的文化内涵和价值取向,适度感受和体验有关文化习俗,正确对待他国文化,汲取精华,坚持民族文化和文化自信。要结合课标,恰当利用信息技术,基于语篇承载的文化知识,引导学生挖掘其意义、内涵和价值,帮助他们在语言练习和运用中学习和内化语言知识和文化知识,加强文化意识的熏陶和培养。通过感知、比较、分析和鉴赏,加深对文化异同的理解,提高对文化差异的敏感度和处理文化差异的灵活性,发展跨文化沟通策略和能力,增强家国情怀,自觉传播和弘扬中国特色社会主义文化。要结合课外活动,创造文化环境,开展主题演讲、文化专题作文比赛、诗歌朗诵比赛、知识竞赛、手抄报、戏剧演出、歌曲演唱、书法比赛等与文化知识相关的英语活动,为学生搭建丰富多彩的文化参与平台,让他们在活动中感受和体验文化,加深对多元文化的理解,汲取精华,从而坚定文化自信。也可以适当开展中外学校、学生之间的联系和联谊活动,以提升英语语言技能和跨文化沟通能力。

在教学中,不仅要做到语言教学和文化输出的有效结合,更要引导学生在学习过程中树立语言与文化相互促进的意识,帮助他们发展跨文化交际能力,用英语讲好中国故事,弘扬祖国传统文化和社会主义先进文化。

五、语言技能

语言技能是语言运用能力的重要组成部分,主要包括听、说、读、看、写等,其中听、读、看属于理解性技能,说、写属于表达性技能。在学习语言过程中,二者相辅相成、相互促进。语言能力的培养和提高应该与思维品质的发展和文化意识的形成同步,在帮助学生发展语言能力的同时,要把对他们的思维品质和文化意识的发展要求有机地融入语言知识和文化知识的学习中,促进他们思维品质的发展,引导他们树立正确的价值观。

学生能够通过听、读、看的相关活动,学会理解语篇要义,把握主要事件的来龙去脉,抓住语篇中的关键概念和细节,批判性地审视语篇内容,把握语篇结构及语言特征等。通过说和写的相关活动,学会根据表达需要发起对话、讲述过程、表达情感等。通过大量的专项和综合性语言实践活动,学生在人际交往中得体使用英语的能力、用英语获取和处理信息的能力、用英语分析问题和解决问题的能力以及批判性思维能力能够得到有效的发展和提高。

不管是老师还是学生,在语言运用过程中,听、说、读、看、写都不是单独使用的,而是兼顾多项技能同时使用的。因此,要注重当堂课训练的针对性,例如听说课重点训练听和说、阅读课重点训练读和看、写作课重点训练写等。另外,还要关注这五项技能的综合运用,例如可以设计一些听说结合、读中带写、边看边说的活动等。语言技能的训练和提高是建立在学生有兴趣并愿意主动去参与练习的基础之上的,因此,要关注学生的生活经验和认知水平,选择既有意义又贴近学生生活经验的主题,创设丰富多样的语境,激发学生参与学习和体验语言的兴趣。

根据学生的实际情况,设计由浅入深、由易到难的各种语言实践活动,要注意听、说、读、看、写等过程中微技能的培养,例如在听力中训练学生识别主旨、细节、意图、态度等技能,在阅读中训练学生预测、略读、扫读、猜测词义等技能,在写作中训练学生构思、拟提纲、打草稿、修改、完善等技能。

语言技能的发展不仅靠课堂教学,还可以借助课外的多种形式来实现。因此,要积极创造条件,鼓励、指导学生开展课外学习活动,例如电影赏析、听英语新闻、看经典名著、与外国人交流、写英文日记等。课内的听、说、读、看、写等教学活动重在培养兴趣、指点方法、提供示范、训练思维,而课外的学习活动旨在开阔视野、增强兴趣、运用技能、促进自主学习和养成良好的学习习惯。此外,要关注具体技能的单项训练以及综合运用,可以将看、听、说相结合,将看、读、写相结合,将看、读、说、写相结合,也可以将听、说、读、写相结合等,例如在听力训练中穿插看图、问答、讨论、记笔记等说、看、写的活动,在阅读训练中穿插看图预测、提取表格信息以及读前、读后讨论或写概要、续写等说、看、写的活动等。

六、学习策略

学习策略是指学生为了有效地学习语言和使用语言而采取的各种行动和步骤,包括元认知策略、认知策略、交际策略和情感策略等。其中,元认知策略是指学生为了提高英语学习效率,计划、监控、评价、反思和调整学习过程或学习结果的策略;认知策略是指学生为了完成具体学习任务而采取的步骤和方法;交际策略是指学生为了争取更多的交际机会、维持交际以及提高交际效果而采取的各种策略;情感策略是指学生为了调控学习情绪、保持积极的学习态度而采取的策略。通常,这些策略可以组合运用,以解决学习中较复杂的问题。有效的学习策略能提高学生英语学习的质量与效果,有利于他们形成自主学习的能力,实现个性化学习。

学生掌握学习策略,并将其运用到自己的学习过程中,是他们提高学习能力和效率的主要途径,也为他们可持续发展和终身学习奠定良好的基础。可见,学习策略是教学的重要内容,也是英语学科核心素养的重要组成部分。要增强学生的策略意识,突出策略训练的过程性,保证策略运用的实际效果,有意识地引导他们学习并尝试使用各种不同的学习策略,逐步形成适合自己的学习方法。还要指导他们学会规划自己的学习,适时反思学习的效果,在学习过程中调控自己的情感,利用多种资源开展英语学习。

将学习策略的培养融入学生的语言学习、信息整合、意义探究、文化比较和价值判断的学习活动中,结合学习内容有重点地训练他们有效运用各种学习策略,提高分析语言和文本结构的能力、理解与沟通的能力以及创建文本的能力。另外,还要根据不同的策略类型采取不同的教学方式,鼓励和指导学生组合运用多种学习策略,逐步掌握终身学习英语的行之有效的方法、技巧和策略,提高学习效率。再者,根据学生的不同特点,因材施教,使每个学生都能找到适合自己的学习策略,并能不断地调整以适应不同阶段的学习。

形成有效的学习策略需要一个循序渐进的过程,在此过程中,学生可以将语言技能和学习策略有效结合起来,通过规划、实施、反思、调整等学习方式,持续练习并积累学习策略,逐步形成并最终确立适合自己的学习策略,以提高学习效率、提升学习能力。

关于学习策略的学习和培养,人教版高中英语教科书中专门编排了相关的板块和内容,值得教师学习和研究,并在教学中通过主题活动传授给学生。在每个单元的"Assessing Your Progress"板块中都有"REFLECTING"一项,大多以问题的形式引导学生反思并评价自己对单元内容的整体学习情况,强调学生对学习的自我监控,让他们在总结和反思中调整学习策略,促进自主学习能力的提升。另外,在不同的板块中有不少关于学习策略的小建议,都是非常实用的。

(撰稿:郑州市第十六高级中学 郭玉章;河南省实验中学　王鑫)

第四节　基于学习阶段的教学设计

一、高中一年级教学设计

1. 做好初高中过渡衔接,尽快适应高中学习

高一年级作为高中起始年级,教师在教学伊始需要做好学生对初高中学习的衔接工作。在学习方法上,初中侧重知识的记忆和积累,高中则是在进一步积累知识的同时,侧重听、说、读、看、写等能力的均衡发展;初中英语学习重视听说训练,高中重点则转向读写和实际运用,要求培养可迁移、可运用、可创新的语言运用能力。在学习内容上,初中侧重基础单词、语法,高中则要求在初中学习的基础上,学习更高层次的词法、句法。初中英语学习内容相对较少,中考英语对知识和能力的要求不是很高,学生学习相对困难不大,但是高中英语学习内容繁多,知识体系复杂,能力要求较高,学生学习会有畏难情绪。

建议教师在讲授高一新课前,花一两周的时间引领学生把初中学过的重点知识梳理一下。开始阶段不宜追求进度,给学生的学习留下空间。同时,对高中英语的学习方法予以指导,使学生尽快适应高中英语的学习。

2. 面向全体学生,激发学习热情

教师要把握好高一学生的心理特点。大多数高一学生都把高一作为自己人生学习

的一个新起点。在高一阶段,初中时学习好的同学希望能够保持自己的优势并且得到提高,成绩不理想的同学希望能得到老师的关注和帮助,改变初中的学习方式,能够取得进步。因此,教师在教学安排中,要注意面向全体学生,激发他们学习英语的热情,尽量使每个学生都学有所得。

教师要把握好高一课程的基础性。从学生的实际语言水平和基本需求出发,根据高一课程的内容要求,制订合理可行的教学计划,努力使课程内容与义务教育阶段课程有机衔接。注意改进教学方式和方法,培养学生学习英语的兴趣,重视学习策略的指导,帮助学生树立学习英语的信心,养成良好的学习习惯,掌握正确的学习方法,完善学习策略,发展自主学习能力,提高学习效率。

3. 灵活安排教学内容,适当调整内容顺序

高中教材不仅在内容上信息量大增,而且内容安排上也更加灵活。教参只是给出每一个板块的教学建议,教师可以根据自己和学生的实际情况设计课时和教学步骤,不必循规蹈矩。在有计划完成整体教学目标和任务、不影响教材的完整性和系统性的前提下,可以根据实际情况对教材的内容进行适当的取舍或替换,对教材资源进行优化整合。必要时,可以根据学生的实际情况对教材内容的顺序进行适当的调整,以便提高教学效果。

教学中,教师要把握好课程的基本要求,围绕语篇提供的主题语境,与学生初中学段接触过的话题建立关联,基于学生现有的生活经验、学习兴趣和语言水平,引导他们积极主动地参与到主题意义的探究活动中来。把握单元教学设计的整体性和有序性,在单元教材教法分析的基础上,依据学情与学习风格,确立单元教学目标,开展单元学习活动,设计并实施相应的单元作业,形成单元评价机制并提供单元配套学习资源。

4. 把握教材特点,更新教学模式,拓宽教学渠道

教材以主题为引领,以语篇为依托,突出主题意义探究。每个主题分别含有一组子主题,并由一系列语篇和学习活动构成,体现知识积累、认知水平螺旋上升的特点。日常课堂英语学习以教材为载体,借助文本提供的语境开展学习活动。教师要研究教材的主题特点,考虑主题语境与学生实际生活的关联和意义,有序呈现词汇、语法、语篇等知识,以真实生活实际需求为目标,带动语言知识的内化和能力的转化,有效优化学习过程。

改变因循守旧的教学痼疾,拓展教学思路和渠道。教师在课堂教学中要改变"一言堂"的教学模式,给学生多留时间和机会,让他们充分表现、锻炼和展示。另外,还要给他们一定的自学或预习的时间,切忌一上课就开始讲新课的做法。要充分利用现代信息技术和现代教育手段丰富教学内容,拓展英语学习渠道,打造多模态形式的学习资源,例如录音、音像、电视、电影、实物、图片、幻灯、图书、杂志、网络信息等,激发学生的学习兴趣,培养他们利用各种资源自主学习的习惯,提高学习效率。

5. 实践英语学习活动观,指导学习策略

指向核心素养发展的英语学习活动观是教师在设计教学活动时需要深入领会和践行的行动指南。活动观的提出为整合课程内容、实施深度教学、落实课程总目标提供了有力保障,也为变革学生的学习方式、提升英语教与学的效果提供了可操作的途径。教师要依据课程的总体目标,围绕某一具体的主题语境,结合教学内容,注重整合语言技能和学习技能,充分体现英语学习活动观,创造性地设计符合高一学生认知水平的教学活动,吸引和组织他们积极参与,通过学习理解、应用实践、迁移创新等层层递进的语言、思维和文化相融合的活动,引导他们加深对主题意义的理解,培养他们的综合语言运用能力,让他们通过体验、实践、讨论、合作、探究等方式,学习和使用英语,掌握语言技能,构建完善的知识体系,在实践中逐步形成交际能力,促进核心素养的有效发展。

努力使学生养成良好的学习习惯、形成有效的学习策略是英语课程的重要任务之一。教师要有意识地加强对学生学习策略的指导,有意识地引导他们学习并尝试使用各种不同的学习策略,让他们在学习和运用英语的过程中逐步学会并形成适合自己的学习策略和方法,提高自主学习的能力,提高学习效果。

6. 拓展学生的视野,丰富课外活动,坚定文化自信

努力使学生在学习英语的过程中获得文化知识,特别是英语国家的背景知识、风土人情、风俗习惯、行为规范、社会公约、社交礼仪等,理解文化内涵,比较文化异同,汲取文化精华,拓展学生的文化视野,坚定文化自信。

结合高一学生的年龄特点和兴趣爱好,积极开展各种课外活动,有助于他们增长知识、开阔视野、发展智力和个性、展现才能。教师要有计划地组织内容丰富、形式多样的英语课外活动,例如朗诵、唱歌、讲故事、演讲、表演、英语角、英语墙报、主题班会和展览等。要善于引导,保护学生的好奇心,培养他们的自主性和创新意识。

二、高中二年级教学设计

1. 面向全体学生,为学生全面发展和终身发展奠定基础

高二年级的课程要力求在高一课程的基础上,循序渐进地提高学生的英语学科核心素养,为学生参加高考、进入大学奠定良好的英语基础。教学设计要符合高二学生的生理和心理特点,遵循语言学习的规律,力求满足不同类型和不同层次学生的需求,使每个学生的身心得到健康的发展。

2. 整体设计目标,对教材内容进行适当的补充和删减

教材为教师提供了丰富多彩的教学资源,但是由于学生的英语水平有差异,教师要依据课程标准的具体要求,根据学校的办学特色、育人目标和学生的实际情况,整体设计教学目标,适当调整和补充教材内容,使之更加符合学生的需要,贴近学生的实际生活。对教材内容进行调整、补充或删减时,不能影响教材的完整性和系统性,也不能为了考试而随意对教材内容进行调整和删减。必要时，教师要一起研究，甚至与学生一起商讨，确定补充或取舍哪些内容。另外，教师要把教材内容与现实生活联系起来，以提高学生的学习效果。

3. 进一步落实英语学习活动观，加强对学生学习策略的指导

积极探索有效的教与学的方式，研究如何在教学中将语言知识转化为学生的语言运用能力。在设计单元学习活动时，教师可以从教材内容着手，根据其主题语境、语篇类型、语言知识、文化知识等，确立学习活动的目标。然后，结合学生的学习兴趣、学习风格、认知水平以及心理和年龄等特点确定学习活动的内容和要求。

教师要依据课程的总体目标并结合教学内容，创造性地设计贴近高二学生实际的教学活动，组织、引导、鼓励他们积极参与，培养他们综合运用语言的能力。要遵循"理解-发展-实践"的原则，以主题为纲设计单元任务。整合课程内容的六要素，通过学习理解、应用实践、迁移创新等英语学习活动，引导学生探究主题意义、学习语言、发展思维、运用策略，培养英语学科核心素养。

教师要有意识地强化学生的良好学习习惯和有效学习策略，进一步培养学生的自主学习能力。此外，还要帮助学生感受学习英语的价值和意义，了解英语语言的结构和语用习惯，学会选择适合自己的学习方法和策略，主动参与学习活动并尝试自我评价和同伴互评，养成反思的习惯，在体验自主学习、合作学习和探究学习的过程中学会学习。

4. 进一步拓展文化视野，发展跨文化交际的意识和能力

语言与文化密切相关，语言是文化的重要载体。教师要处理好二者的关系，努力使学生在学习英语的过程中了解外国文化，特别是英语国家的文化，帮助他们提高理解和恰当运用英语的能力，不断拓宽文化视野，加深对本民族文化的理解，培育家国情怀，坚定文化自信，培养国际视野，形成正确的世界观、人生观和价值观，发展跨文化沟通和传播中国文化的能力。

5. 结合高二学生特点，尽可能多地组织生动活泼的课外活动

根据高二学生的年龄特点和兴趣爱好，教师要有计划、有组织地开展丰富多彩、生动活泼的英语课外活动，鼓励学生积极参与。鼓励他们自主设计英语课外活动，培养他们的创新意识。让他们通过各种各样的活动，巩固加强学过的知识和技能，丰富他们的语言体验和实践经历，达到学以致用的目的，帮助他们逐步形成素养、发展素养、提高素养。

三、高中三年级教学设计

（一）高三复习课要求

1. 认真研究课程标准、中国高考评价体系与高考试题，科学制订备考计划

开学伊始，备课组长要组织教师认真研究课程标准中高考学业质量水平标准、考试

评价体系与近年高考试卷,剖析高考命题特点,分析学生实际情况,科学制定复习备考目标和计划。在复习备考阶段,要注意四个结合:板块训练与综合训练相结合,知识巩固训练与能力养成相结合,知识技能培训与心理素质培养相结合,应考技能训练与应考习惯培养相结合。

2. 做好整体规划,搞好三轮复习,做到目标明确

在复习之前,备课组要一起商讨,做好高三复习的整体规划,明确具体目标和任务,确定核心工作和要求,并且有相应的保障措施。根据郑州市教学实际,建议高三复习分三轮完成。

第一轮以基础知识复习为主线,以核心素养培养为核心。从本年8月下旬开始到12月底,学习提高类选修课程英语8—10,也可根据实际情况直接转入复习必修课程英语1—3和选择性必修课程英语4—5。第二轮以专题复习为主线,以核心素养发展为核心。从次年1月中旬开始到3月底,复习选择性必修课程英语6—7,然后进行专题复习和综合训练。第三轮以模拟训练为主线,以核心素养提升为核心。从4月初到6月初,搞好模拟训练,做好查漏补缺,提升综合语言运用能力。

3. 重视词汇记忆和应用,突破基础语法知识

课程标准要求学生掌握必修和选择性必修课程要求的约3000个单词和三大类语法项目,这是高考命题的词汇和语法范围。在第一阶段复习中,要督促学生采取多种形式记忆单词和短语,掌握单词的词性和基本词义,并在语境中加深理解和应用。让学生理解基础语法的概念,掌握语法的使用场合和表现形式,关注语法的语用和表意功能。在第二阶段,学生可通过多种练习形式,掌握常用单词的主要用法和搭配,把词汇练习和语法应用结合起来,例如在句中练习单词拼写、在多模态语篇中用单词的正确形式填空、进行单句或短文改错练习、做汉译英练习、做书面表达练习等。在第三阶段,巩固词汇以及语法知识的记忆、理解和应用,可采用高考各种题型进行训练。

4. 加强阅读训练,重视写作训练

近年来,高考阅读理解一直保持较大的阅读量,坚持阅读素养导向,加强对阅读能力的考查。命题者往往选择涉及文化背景和文化差异、情感态度和价值观的语篇,设计题目考查学生对文化差异的理解和判断、对语篇反映的情感态度和价值观的分析和阐释。因此,一定要让学生加大阅读量,同时关注文化意识方面的题材,理解语篇承载的文化内涵,理解文本的深层含义,体味作者的思想和写作意图,以及蕴含的情感、态度和价值观,这有益于文化意识的培养和思维品质的提高。建议对学生进行限时训练,提高阅读速度,掌握阅读技巧,养成良好的阅读习惯。训练时,可以按照高考试题模式进行整体限时阅读,训练学生略读、跳读、寻读、推断、猜测生词、预测下文等技能。做完后,督促学生在限定的参考时间内,要仔细检查、反复琢磨,不要急于核对答案。检查时,提醒学生一定要看懂题目,在文中找到支撑所选答案的词或句子,确保作答的准确性。

近年的书面表达命题形式不断创新,尤其是增加读后续写新题型,突出对学生的核心价值观、应用写作,以及语言表达、批判性思维和创造性思维等能力的考查。鉴于此,要对学生加强写作基本功训练,提高表达的准确性。对一些常用单词、短语和句型要让学生加强记忆和应用,例如经常进行汉译英单句练习;掌握基本的语法知识,例如弄清词性与句子成分之间的关系,注意主谓一致和名词的单复数形式,正确把握句子的时态和语态等;掌握五种简单句的基本结构及特点,能用简单句进行书面表达,进而逐步学习使用较复杂的句子结构以提高表达的准确性。此外,还要注意单词的拼写和书写,以及字母的大、小写和标点符号的正确使用。鼓励学生坚持写作训练,掌握必要的写作技巧,养成良好的纠错习惯。训练时,建议学生在规定时间内完成一篇写作任务,包括审题、列提纲、打腹稿、修改、誊写和检查。学生写完后,让他们不要急于上交或查看参考范文,要认真审查,自我纠正错误,也可以跟同伴交换修改,还可以请老师批改。纠错时,不要仅限于语法和词语方面的语言知识错误,还要注意文章的结构、层次、连贯和逻辑,更要关注文章的内容是否能够达到交际的目的。

(二)高三三轮复习要求

1. 第一轮复习

以课标中的语言知识要求为抓手,以教材和复习资料为载体,对课标要求的单词、短语、句型、语法、功能和话题等基础知识进行全面系统的复习,构建知识网络。

教师可以整合教材各册各单元的同类话题,甚至不同版本教材中的同类话题,基于六要素的内容要求整合教材资源,围绕主题语境设计综合活动,引导学生挖掘意义的内涵,探究背后共同的文化价值,分析语篇结构的共同特征和行文格式对意义表达的作用,发现语言结构在组织语篇中的价值,引导学生深刻体会语言的魅力,欣赏文化内涵,从而提高鉴赏能力和批判性思维能力。

基于三大主题语境描述的内容要求,基于对主题意义的探究,以解决问题为目的,整合语言知识和语言技能的学习与发展,将特定主题与学生的生活建立密切关联,鼓励他们学习和运用语言,让他们在主题意义的探究中积累主题词汇、探究主题知识内涵和外延、建立主题间的联系。

第一轮复习目标是夯实基础,关键抓落实。回归教材,使学生对其中的基本知识结构有清晰的认识。坚持基础性、系统性、全面性、全体性、层次性的原则,在构建学科知识体系的同时,兼顾能力渗透。讲解要突出重点,抓住关键,突破难点;练习要讲求效果,克服简单重复。通过复习,对所学知识进行综合归纳,连成线、结成网、形成树,要求学生看书与练习相结合,练习以基础知识和基本技能为主。在复习过程中,可以通过月考、中考、联考等形式检查复习效果,掌握学生的水平和能力状况,及时实施补救措施。

2. 第二轮复习

以课标中的语言运用技能要求为抓手,以知识板块为突破口,分专题对学生进行指导和训练,全面提升他们的听、读、写能力。

关注对学生核心素养的培养,细读课标学业质量水平标准,在真题研究中探索核心素养的考查与落地。培养学生用语言做事的能力,涉及语言知识、语言意识和语感、语言技能、交际策略等。培养学生的思辨能力,包括分析、推理、判断、理性表达、用英语进行多元思维等活动。培养学生的文化意识,包括理解主要英语国家的文化内涵,比较异同,汲取精华,尊重差异等。发展学生的学习策略,包括元认知策略、认知策略、交际策略和情感策略等。

围绕"一主二辅"三条线做文章:"一条主线"即专题训练,"两条辅线"为基础知识强化和仿真模拟训练。指导学生突破基础词汇关,培养词汇活用能力。根据词性、词语的习惯搭配和主题内容,构建不同词汇语义网,积累词块,扩大词汇量。强化专题复习,优化复习课堂模式。合理进行综合训练,适时进行查漏补缺。针对各种题型进行差别化训练,注重基础知识和综合语言运用能力,包括识词能力、阅读及理解能力、逻辑推理和判断能力等。

第二轮复习目标是提升能力,形式主要是专题训练,旨在培养学生的听、读、写能力,把握解题方法与技巧,提高分析问题和解决问题的能力,把目标瞄准中档题。第二轮复习要符合课标要求,突出新颖、准确与导向性。教师要编写一定数量的能力训练题对学生进行检测,力求做到能力训练步步提高,专题训练层层落实,综合训练融会贯通。

3. 第三轮复习

精选高考模拟试题和高考真题对学生进行全方位训练,提升他们的综合语言运用能力是这一阶段的重点。

重视课堂教学的有效度和学生课前的投入度、课后的巩固度,以生为本,以问题解决为导向,注重解题技巧的点拨。引导学生做好错题分类、错误归因,力争做到"错一题、会一类",达到"举一反三、触类旁通"。确保"复习四化":考点专题化、方法条理化、训练科学化、热点题目化。按照考点之间的横纵联系,形成知识网络和完整的知识结构。

回归高考真题,做好知识点的梳理和整理。根据课标词汇、教材词汇、考试词汇、词根词汇、话题词汇,引导学生做好思维导图。以阅读训练为主线,以熟词生义、一词多义、词类活用为基点,以中心词提取、长难句分析、主题句归纳为抓手,帮助学生熟悉话题语境、把握篇章结构、剖析问题设计、洞悉作者意图、态度和命题规律,实现知识结构化、思维自动化、学习体验化。

第三轮复习目标是强化能力,提高学科核心素养。建议先用三周时间进行模拟训练,从知识到能力、从规范做题到心态调整全面训练,并密切注意高考信息和动态。在模拟训练阶段,要以学生的演练为主,教师可根据他们的答题情况精讲、少讲,多给他们思考、反馈、消化、梳理和调整的时间。进一步点拨解题方法与技巧,培养学生分析和解决综合、复杂问题的能力,进一步提高思维能力。再用一周时间,让学生自主复习,自行梳理一年来复习的内容,查漏补缺,使学生从中获益,取得主动权。最后,组织学生做一下近五年的高考试题,提高对高考的适应能力。做模拟题不要求多,但要求精,让学生深入理解文本内容,透彻理解题目,明白考查意图,弄懂答案的来龙去脉。在这一阶段,要指导学生培养并加强考感,指导他们做题程序,强调如何审题、规范答题。教师利用这段时间来整理、反思整个复习过程,研究考前来自各地的新信息,准备好辅导答疑和考前指导。

（撰稿:郑州市第十一中学　谷战峰）

第二章
课堂教学实施

第一节 课程理解

一、精准分析课标、教材

（一）课标分析

普通高中英语课程的具体目标是培养和发展学生在接受高中英语教育后应具备的语言能力、文化意识、思维品质、学习能力等学科核心素养。

语言能力目标：具有一定的语言意识和英语语感，在常见的具体语境中整合性地运用已有语言知识，理解口头和书面语篇所表达的意义，识别其恰当表意所采用的手段，有效地使用口语和书面语表达意义和进行人际交流。

文化意识目标：获得文化知识，理解文化内涵，比较文化异同，汲取文化精华，形成正确的价值观，坚定文化自信，形成自尊、自信、自强的良好品格，具备一定的跨文化沟通和传播中华文化的能力。

思维品质目标：能辨析语言和文化中的具体现象，梳理、概括信息，建构新概念，分析、推断信息的逻辑关系，正确评判各种思想观点，创造性地表达自己的观点，具备多元思维的意识和创新思维的能力。

学习能力目标：树立正确的英语学习观，保持对英语学习的兴趣，具有明确的学习目标，能够多渠道获取英语学习资源，有效规划学习时间和学习任务，选择恰当的策略与方法，监控、评价、反思和调整自己的学习内容和进程，逐步提高使用英语学习其他学科知识的意识和能力。

（二）教材分析

人教版高中英语教科书依据《普通高中英语课程标准》编写，全面贯彻落实立德树人的根本任务,培育社会主义核心价值观,弘扬中华优秀文化,充分体现英语课程的工具性和人文性的统一,发展学生的英语学科核心素养,体现英语学科特殊的育人价值,培养具有家国情怀、国际视野和跨文化沟通能力的社会主义建设者和接班人。

教材注重思想引领,融入课程思政;体现时代特色,关注学生发展;强调语言实践,指向素养发展;突出文化意识,培养思维品质;激发学习动机,提升学习效率;满足不同需求,促进个性发展。教材紧紧围绕人与自我、人与社会、人与自然三大主题语境选材,配选多模态语篇类型,关联学生现实生活,符合学生认知水平,语言真实、地道,适当控制语言难度,保证语言梯度,在语言及其情境的真实性和语言的难度之间找到最佳平衡点。

教材注重中华文化的比重,体现文化自信;以主题为引领,基于活动观设计教学活动;将语言学习与思维能力发展融合,注重思维品质的提升;有机渗透学习策略指导,重视自主学习能力的培养;多角度提升语篇质量,强化语篇教学意识;精选视频资源,落实"看"的微技能培养;增加选择性内容,体现教材的弹性。

具体到每个单元,学生用书和练习册通盘考虑,整合设计,两部分内容有机结合。每个单元都围绕一个主题语境展开,单元的每个板块都有一个小主题,每个小主题都为单元大主题服务。必修教材的单元教学内容按照语言技能和认知规律划分为:Opening Page(开篇页)、Listening and Speaking(听力与口语)、Reading and Thinking(阅读与思考)、Discovering Useful Structures(语法探究)、Listening and Talking(听力与表达)、Reading for Writing(阅读与写作)、Assessing Your Progress(自我检测)、Video Time(视频观看)八个板块。练习册分为Using Words and Expressions(词汇运用)、Using Structures(语法运用)、Reading and Writing(阅读与写作)、Expanding Your World(视野拓展)四个板块,每一个板块都由不同类型的语篇来支撑。

选择性必修教材的单元教学内容做了合理的整合,与必修教材略有不同,但同样按照语言技能和认知规律划分,包括Opening Page(开篇页)、Reading and Thinking(阅读与思考)、Learning About Language(语言学习,包括词汇学习和语法探究)、Using Language(语言运用,包括听力与口语以及阅读与写作)、Assessing Your Progress(自我检测,包括语言知识检测、单元内容评价、自我反思、项目活动)、Video Time(视频观看)六个板块。练习册分为Using Words and Expressions(词汇运用)、Using Structures(语法运用)、Listening and Speaking(听力与口语)、Reading and Writing(阅读与写作)、Expanding Your World(视野拓展)五个板块。

二、明确核心知识的功能与价值

高中英语学科的核心知识有语言知识和文化知识,其中语言知识包括语音、词汇、语法、语篇和语用知识,文化知识包含中外文化知识。这些知识是发展学生英语学科核心素养的主干知识和必备知识。

(一)语音知识

语言和语音是不可分割的,语言通过语音来实现交际功能。语音传递的不仅是说话者要表达的内容,同时也向听者传递说话人的个人信息,例如身份、地位等属性。

语音是掌握语言知识与获取语言技能的基础。学好语音,对学习语法、记忆单词、发展口语、提高听力有较大的帮助。正确掌握语音,有助于表达思想,有利于发展听、说、读、写各项技能。高中阶段,学生阅读量的增加对他们的词汇量也提出了更高的要求,对词汇的掌握体现在对该词汇发音、拼写和意义的掌握。语音学习能够帮助学生记忆词汇,从而为阅读打下坚实的词汇基础。

语音在听力理解中也发挥着很大的作用。学生能够通过听力材料中说话人的语调、重音和节奏等对说话人的情感和意图进行推测。英语语音是口语的起点,高中阶段的英语教学注重培养学生的交际能力,直接体现在学生的口语能力上。正确的语音能够给学生增加自信心,增强交流意愿,提高口语交际能力。

语音知识的学习和语音能力的培养都应该在语境中进行,要根据高中学生的特点,组织丰富多样、切合学生实际的语音实践活动,引导学生进一步体验、感知、模仿英语的发音,注意停顿、连读、爆破、节奏等,帮助他们形成良好的英语发音和一定的语感,并通过学习相关语音知识,形成一定的语音意识。同时,还要提供大量的语音实践活动,使学生学会逐步借助语音知识有效地理解说话人的态度、意图和情感,同时表达自己希望传递的意义、意图、观点和态度。

在高一阶段必修课的学习中,应重视通过听力练习、口头模仿和朗读训练,帮助学生形成一定的语感、提高表达的自信心和流畅性。在选择性必修和提高类选修阶段,可以通过英文诗歌朗诵、戏剧表演、影视配音等活动提高学生发音的准确性和表达的流畅性。

人教版高中英语教材必修第一册至第三册专门设置了语音教学内容,作为"Listening and Speaking"板块的有益补充,除了常见的拼读规则之外,重点学习或复习重要的语音知识,训练学生的朗读技巧,例如语音、语调、句子重音、连读、停顿、失去爆破等,为提高学生的听说能力服务。

(二)词汇知识

任何词语都是通过一定的句法关系和语义关系与其他词语建立起一定联系的,并在语境中传递信息。学习词汇不仅要记忆词的音、形、义,更重要的是在语篇中通过听、说、读、看、写等语言活动,理解和表达与各种主题相关的信息或观点。

词汇教学是英语教学的重要组成部分,对学生今后更深层次的听力、阅读、写作和口语交流等方面的学习非常重要。掌握足量的词汇是成功运用英语的关键。高中阶段的词汇教学除了引导学生更深入地理解和更广泛地运用已学词汇外,重点是在语境中培养学生的词块意识,并通过广泛阅读,进一步扩大词汇量,提高运用词汇准确理解和确切表达意义的能力。

词汇学习不是单纯的词语记忆,也不是独立的词语操练,而是结合具体主题、在特定语境下开展的综合性语言实践活动。学生通过听、说、读、看、写等一系列活动,根据词性、词义、词语的习惯搭配和主题内容,构建不同词汇语义网,积累词块,扩大词汇量,并在大量的语言学习活动中,强化语感,提升词语运用能力,最终做到词语内化。

教学中,要引导学生利用词语的结构和文本的语境理解词语的意思,借助词典等资源,学习词语的用法,并大胆尝试使用新词汇表达自己的意思。要结合主题语境不断复现相关词汇,根据主题语境引导学生使用思维导图梳理词汇。注意词块的呈现,帮助学生关注动词词组、介词词组、名词词组、形容词词组和副词词组的习惯搭配和表达。

人教版高中英语教科书必修第一册至第三册在阅读与思考板块后都设计有一个专门的词汇学习活动,让学生在新的语境中及时巩固与运用语篇中的重要词汇和词块,实现知识的有效迁移。在自我检测(Assessing Your Progress)板块,专门安排了本单元重点词汇和语法知识的检测活动,练习册中也有相对应的练习(Using Words and Expressions)。

(三)语法知识

高中阶段英语语法知识的学习是义务教育阶段语法学习的延伸和继续,应在更加丰富的语境中通过各种英语学习和实践活动进一步巩固和恰当运用义务教育阶段所学的语法知识,学会在语境中理解语法的功能和运用新的语法知识。

在语言运用中,语音、词汇、语法、语篇和语用知识总是交织在一起,成为语篇意义建构的重要基础。语法参与传递语篇的基本意义,语法形式的选择取决于具体语境中所表达的语用意义。在语法教学中,应重视在语境中呈现新的语法知识,在语境中指导学生观察所学语法项目的使用场合、表达形式、基本意义和语用功能,并通过课内外和信息化环境下的练习和活动,巩固所学语法知识,在语境中帮助他们学会应用语法知识理解和表达意义,引导他们不断加强准确、恰当、得体地使用语言形式的意识。在选择或设计练习和活动时,应根据学生的实际需求,围绕"形式-意义-使用",设计不同类型的实践活动,以多种活动来引导他们发展英语语法的意识和能力,帮助他们既关注意义,又关注形式,同时体会因形式变化而带来的意义上的变化。

在语法教学中,要善于利用教材、灵活使用教材、合理开发教材,通过设计符合学生认知规律和认知水平的学习活动,进一步增强学生对语法的应用能力。课标倡导语法教学要从运用的角度出发,重在增强学生的实践意识,要与逻辑思维、语言意识、篇章语境、题材体裁、词汇用法和文化联系起来。要为学生搭建支架,在"呈现—发现—归纳—实践—活动"等环节中为他们提供充分实践的语言情境,使他们在一个充满趣味、真实、轻松的环境中学习和掌握语法知识。

人教版高中英语教科书必修第一册至第三册专门安排了语法探究(Discovering Useful Structures)板块,重视语法结构"形式—意义—使用"的有机统一,采用"发现式"设计教学活动,引导学生先在具体语境中发现目标语言的结构,进一步认识和总结该语言结构的特征,然后加以实际运用,从而得到巩固和提高,旨在引导学生自主发现语言规律、培养自主学习能力。在教材的练习册中还专门安排了语法运用(Using Structures)的练习,旨在进一步巩固和提高运用语法知识的能力。

(四)语篇知识

语篇是学习语言的主要载体,学习语言应以语篇为单位来进行。语篇知识主要包括了解不同文体语篇的主要写作目的、语篇的结构特征、语言特点等,学习语篇中的显性衔接和连贯手段,理解语篇成分(例如句子、句群、段落等)之间的逻辑语义关系,例如次序关系、因果关系、概括与例证关系等。

学习语篇知识是发展语言运用能力的基础,在语言理解和表达过程中起着重要作用。在口头和书面表达过程中,语篇知识有助于有效理解听到或读到的语篇,例如利用语篇中的立论句、段落主题句、话语标记语等有助于把握文章的脉络,提高阅读效果。语篇知识有助于选择恰当的语篇类型、设计合理的语篇结构、规划语篇的组成部分、保持语篇的衔接性和连贯性,例如在写作中恰当运用语篇知识来组织语篇结构,使逻辑更加清晰、内容更有条理。

在语篇教学中,要引导学生从语篇全局出发,宏观把握语篇的框架,以自上而下的阅读方式确定段落要义以及各段落之间的显性或隐性逻辑关系,通过分析语篇的语体、文体、结构特点、衔接方式和语言特征,明确阅读目标、明晰语篇结构、深化语篇主题,加深对语篇所表达的意义的深层理解,为更好地运用语篇知识组织信息、有效传递信息和表达意义奠定基础。同时,要引导学生学习语篇中的显性衔接和连贯手段,理解语篇成分之间的逻辑语义关系,关注语篇的语言形式,包括词汇、语法、句式结构、修辞(比喻、拟人、反讽、夸张等)等特征,体会它们的具体含义。

高中英语教材中常见的阅读语篇有记叙文、说明文和议论文等文体,不同的文体都有不同的体裁特征和写作目的。记叙文通常叙述人物的经历或事件的发展过程,以体现人物的思想情感变化或性格特点。说明文以说明为主要表达方式,以传授知识为根本任务,介绍事物、阐明事理,说明事物的运动、变化和发展规律。议论文则是通过摆事实、讲道理,提出某种主张等。

(五)语用知识

掌握一定的语用知识有助于学生根据交际目的、交际场合的正式程度、参与人的身份和角色,选择正式或非正式、直接或委婉、口头或书面等语言形式,得体且恰当地与他人沟通和交流,达到交际的目的。因此,学习和掌握一定的语用知识有利于提升学生有效运用英语的能力和灵活的应变能力。

在教学中,要增强语用意识,在设计口头、笔头交际活动时,努力创设接近真实世界的交际语境,明确交际场合、参与人的身份及其关系,帮助学生认识到语言形式的选择受到具体交际情境的影响。要注意增强学生对交际对象情感距离的感知,合理使用表达方式,体现对交际对象应有的尊重和礼貌,确保交际得体有效。要有意识地帮助学生学习不同的书面文体及其特有的文体结构和语言表达特征,以便他们恰当地使用书面语篇进行交流。还要帮助学生了解不同文化的价值观和社会习俗,有效地实现与他人的沟通与合作。

(六)文化知识

文化知识是学生在语言学习活动中理解文化内涵、比较文化异同、汲取文化精华、坚定文化自信的基础,掌握中外多元文化知识,认同优秀文化,有助于促进英语学科核心素养的形成和发展。学习中外优秀文化,有助于学生在对不同文化的比较、鉴赏、批判和反思过程中,拓宽国际视野,理解和包容不同文化,增强对中华优秀传统文化、革命文化和社会主义先进文化的认识,形成正确的价值观和道德情感,成为有文明素养和社会责任感的人。

文化知识的教学应以促进学生文化意识的形成和发展为目标,文化学习需要知识的积累,深入理解其精神内涵,并将优秀文化进一步内化为个人的意识和品行。要基于语篇研读,找准文化视角,通过创设有意义的语境,恰当利用信息技术,引导学生挖掘其意义与内涵,帮助他们在语言练习和运用的各种活动中学习和内化语言知识和文化知识。通过感知、比较、分析和鉴赏,加深对文化异同的理解,提高对文化差异的敏感度和处理文化差异的灵活性,帮助学生坚定文化自信。

在研究语篇的过程中,要基于教材,超越教材,立足于本体文化,注意挖掘显性和隐性的中华文化元素,可采取多种措施,围绕文化知识开展教学。结合教材单元内容,依据英语学习活动观设计教学活动,有意识地帮助学生了解英美等国家的文化背景知识,理解、分析、讨论语篇所承载的文化内涵和价值取向。针对教材中出现的与文化习俗相关的习语和成语等,提供背景资料,可设计相关情境进行巩固性、交际性操练。遇到英美等国家主要传统节日、重要事件纪念日等时,可向学生推荐相关的专题阅读材料,并组织丰富多样的活动让学生感受和体验有关的文化习俗,同时引导他们正确对待不同文化,防止盲目效仿。此外,结合课外阅读,创造文化环境,积极开展形式多样的文化活动。

三、准确探查学情

广义的学情是指学生的情况,即学生的身体、心理、情感、智力、学习等方面的情况。狭义的学情是指学生的学习情况,涉及学生的知识、技能掌握与运用,学习习惯与学习方法等情况。从备课有效性的视角来看,学情主要指狭义上的含义,学情分析是指对与教学活动相关的学生情况进行研究与分析的一种活动。在课堂教学中,建议教师做到以下几点:

(一)深入研究学情,搞好教学设计

学情分析是以学生为中心的教学理念在教学设计中的具体落实,它与教学目标的设定、教材的处理、教学方法的选择、教学活动的设计有着密切的关系。学情分析是设定教学目标的基础、处理教材的依据、选择教学策略和设计教学活动的落脚点。学情分析应贯穿于备课、教学过程、课后反思以及作业批改等各个环节,对学习效果产生重大影响的学生情况都属于学情分析的内容,旨在更好地指导教师完成教学目标、帮助学生完成学习任务。通过学情分析,不仅可以在确定教学起点时,能够从学生的实际出发,提高教学设计的针对性,而且能够发现学生的学习难点,从而制定和调整教学策略。

学情分析的群体往往以班级为单位,也可以在班级内以英语学习水平的划分层次为单位进行研究。学情分析涉及教学阶段和内容,从各年级、学期、学段学生的学情,到各模块、单元、课时学生的具体学情,都要做深入细致的分析,这样才能增强教学设计的可行性、针对性、实用性,从而做到分层教学、因材施教。

(二)把握学生起点水平的前在状态和发展可能

学情分析是教学目标设计和课时划分的基础,是教学活动设计的依据,也是教学策略选择的落脚点。分析学情时,一是分析学生起点水平的前在状态,即了解教学活动开始前学生在认知、情感、态度等方面已经达到的水平,该水平标志着学生能够做什么;二是分析学生的发展可能,即了解教学活动结束后预期学生在认知、情感、态度等方面必须达到的状态,这种状态的结果就是教师在教学设计中确定的教学任务与学习目标。为了在教学中实现该学习目标,教师要对教学前和教学后两种状态的差距做到心中有数,这样才能根据学生的实际情况和学习目标确定真正切合教学实际的实施方案。

除了要了解学生的原有生活经验、知识基础、技能水平和接受能力外,还要了解学生的年龄特点、兴趣爱好、性格气质、意志品质、思维方式、学习态度、学习风格、学习方法、学习能力等,重视学生多元智能的挖掘。在全面了解学情的基础上进行备课,才能使学生的内部智力与外部智力得以充分发展。

(三)关注学生的课堂动态和学习状态

促进有效生成课堂教学的对象是学生,学生在课堂上的行为不可能完全按照教师的设计意图来进行,因此要关注学生的动态,真正的学情源自课堂,最有效的学情分析应是对课堂教学的高度关注。一方面,通过认真观察和倾听,及时了解学生的所思、所想、所为,并据此适时调整教学策略;另一方面,要密切关注学生的学习状态,准确了解他们的体会和感受,从有利于他们全面发展的实际需要出发,有效利用课堂教学中的生成性资源。调整教学的原则,不是教师牵着学生走,而是学生的思维推着教师走,使学生的个性得到充分、自由发展。既不抑制学生的看法,又不搁置他们的问题,而是顺着他们的思维探究下去，时刻体现心中有学生的教学理念。

四、基于学业质量要求明确教学的深度和广度

学业质量是学生在完成本学科课程学习后的学业成就表现，英语学业质量标准以英语学科核心素养及其表现水平为主要维度，结合课程内容，对学生学业成就表现进行总体刻画。依据不同水平学业成就表现的关键特征，学业质量标准明确地将学业质量划分为不同水平，并描述了不同水平学习结果的具体表现。高中英语学业质量以学生的核心素养为基础，结合高中英语课程的内容以及高中学生英语学习的进阶情况，重点描述了他们在特定问题情境中运用英语解决问题的能力和表现。

高中英语学业质量水平根据问题情境本身的复杂程度、问题情境对相关知识、技能、思维品质的要求，以及问题情境涉及的情感态度和价值观等设置了三个水平标准。每一级水平主要表现为学生在不同复杂程度的情境中，运用知识、技能以及各种重要概念、方法和观念解决问题的关键特征。

学业质量水平既是指导教师开展日常教学的依据，也是阶段性评价、学业水平考试和高考命题的重要依据，明确教学的深度和广度尤为重要。这里的深度指高考水平（水平二）以及有特殊需求学生的水平（水平三），广度指高中毕业水平（水平一）。高中英语学业质量三级水平所涉及的内容对比如表1-3所示。

表1-3　高中英语学业质量三级水平所涉及的内容对比

水平	检测内容	对应命题类型
水平一	必修课程	学业水平考试
水平二	选择性必修课程	高考
水平三	提高类选修课程	其他相关考试或测评

高中英语学业质量的三个水平标准在课标中都做了具体的质量描述。首先，要深入学习和研究，熟悉各个水平的相关要求，多做对比，了解不同的项目，明白相同项目的不同要求，在对应的学段，按照对应的课程类别逐一细化并落实这些标准，根据水平标准制定教学目标和内容，不要超前实施，也不要超标。其次，要重视课程的基础性，保证必修课程的广度，辩证地处理教学与考试的关系，把握好选择性必修课程以及提高类选修课程的深度。最后，要面向全体学生，关注他们的最近发展区，开展分层教学，力求做到因材施教。

五、科学制定并叙写教学目标

教学目标是有效教学的前提，是评价教学效果的依据，是学生学习的方向。教学目标要体现对全体学生的基本要求，同时兼顾学生的个体差异。

教学目标分为单元教学目标和课时教学目标。单元教学目标是上位的、综合性的大目标，以发展学生的英语学科核心素养为宗旨，围绕以主题引领的学习活动进行整体设计。单元教学的大目标基于课时的小目标，同时又对各课时的教学目标具有统领作用。课时教学目标是下位的、相对具体的小目标。每个课时目标的设定都要为达成单元整体目标服务，有机融合课程内容六要素，并根据教学实际需要有所侧重。为此，对教师制定和叙写教学目标给出以下几点建议。

（一）科学制定教学目标

制定教学目标时，往往依据时间维度来划分：首先是整个学段的教学目标，例如高中英语课程总目标；其次是阶段性教学目标，例如必修阶段目标、选择性必修阶段目标，或高一阶段目标、高二阶段目标；再次是单元整体教学目标；最后是课时教学目标。

制定教学目标时，首先要认真分析课标中的课程目标、内容标准、学业质量标准等，把握确定教学目标的上位准则。其次，要深入分析教材单元教学内容，梳理概括与主题相关的语言知识、文化知识、语言技能和学习策略，与课标相关内容标准形成关联，并根据学生的实际水平和学习需求，确定教学重点，把握教学难点，统筹安排教学。再次，分析学生的发展现状，例如学生已经掌握的内容、薄弱知识与技能、学习特点与需求、学习本单元可能遇到的困难等。最后，围绕课程内容的各个要素，细化分解单元教学目标，把整体目标分解并落实到每个课时，逐步把单元目标要求转化为可以检测的学生行为表现。因此，教学目标的制定必须根据课标整合单元教学内容，提炼核心素养要素，设计学习活动任务，分配具体课时目标，在教学活动过程中逐步达成单元整体教学目标。

（二）规范叙写教学目标

叙写教学目标时，要以课程内容六要素的相关内容标准和学业质量水平相关标准为参照，结合教材内容和学情，指向学生英语学科核心素养的发展，做到科学、严谨、具体、清晰、简明、规范，并且可操作、可观察、可测量、可评价，促成教、学、评一体化，发挥导学、导教、导测评的功能。

整体教学目标比较宏观、上位，高度概括，比较笼统，容易表述。但是，教学目标落到每个课时，就需要细化分解单元整体目标，目标越小就要越具体，表述的难度就越大。教学目标的规范叙写一般包括以下三方面：

1. 行为主体

学生是学习的主体，要表述学生的学习行为，而不是教师的教学行为。往往省略主语"学生"，用"能（能够）认出……""能解释……""能设计……""能写出……""能对……做出评价"或"能根据……对……进行分析"等方式表述，要清楚地表明达成目标的行为主体是学生。

2. 行为动词

要采用可达成、可操作、可检验的显性行为动词来表述,例如"认出""说出""描述""说明""分析"等,这些行为动词意义明确,行为易于达成、便于检验。

3. 行为条件

要表明学生在什么情况下或什么范围内用什么手段或方法完成指定的学习任务,例如"用所给的材料探究……""通过合作学习或小组讨论……"等。因此,规范的教学目标的叙述大致是这样一个样式:"在……条件下,通过……手段,把……做到……程度"。这样的教学目标,表述了学什么、怎么学、学到什么程度等。在具体制定教学目标时,可以省略行为主体和条件,但需要保留主要元素,即"学什么"和"学到什么程度"。无论是采用"教学目标"还是"学习目标",最后都要落实到学生会做什么事情、会把某事做到什么程度,而非教师把某个内容教到什么程度。

六、有效整合课程资源

有效整合课程资源指的是适时、恰当地使用课程资源,使教学效率最大化。整合课程资源,要符合课标要求、学生认知水平以及教学情境的需要。基于课程的总目标,普通高中英语课程的具体目标是培养和发展学生在接受高中英语教育后应具备的语言能力、文化意识、思维品质、学习能力等学科核心素养。根据学生的年龄特点和认知能力,教学中涉及的课程资源要与学生的日常生活、知识结构以及认知水平密切相关。

(一)充分使用传统英语课程资源

教材是重要的课程资源,是学生学习和教师教学的重要内容和手段,是英语课程资源的核心部分。英语教材主要有教科书、教师用书、练习册、活动册、卡片、挂图、多媒体光盘和配套读物等。在使用教材的过程中,要根据教学的实际需要,在不影响教材的完整性和系统性的前提下,对教材内容可以适当地替换、调整、补充。

(二)灵活利用信息技术和互联网络

利用计算机和互联网技术,为各个层次的英语教学提供丰富的信息资源,为学生的个性化学习和自主学习创造条件。利用各种媒介可开展移动学习和教学,例如指导学生合理利用单词背诵软件,强化单词记忆;开展基于网络的同伴互评,发挥学伴资源作用等。应给予学生充分的指导,确保网站信息的健康、合适、可用,并引导他们注意网络资源使用的安全性。

(三)积极开发多种新型资源

如果现有的课程资源不足,可以开发新的课程资源,这也属于整合课程资源。随机英语资源展示了鲜活的生活场景,对学生有较强的吸引力,例如英文公共标识、英文版参观手册、机场英文广播等，教师可有意识地存储类似的影音资料以及实物资料。某些平台提供的在线评卷系统可移动阅卷，可及时反馈学生答题结果，供教师精准把握学情。电子词典笔可查阅单词、练习听力、纠正发音、长句扫译等，功能强大，可以作为课程资源合理利用。

七、发挥学科专有技能的独特价值

英语是一门语言学科，英语语言技能主要包括听、说、读、看、写等，课标在语言技能方面按照课程类别从理解性技能和表达性技能两个维度做了具体的内容要求，这是对学生的要求（侧重必修和选择性必修阶段），更是对英语教师的要求，包括高中课程的全部类别，尤其是提高类选修阶段的要求。要求学生掌握的技能，教师必须全部掌握，并且比学生在广度和深度上要求更高。因此，对于英语教师来说，除了掌握听、说、读、看、写等语言技能，还要有"译"的能力（包括口译和笔译）。具体来说，英语教师的学科专有技能主要包括英语演讲技能、口语交际技能、跨文化交际技能、全英教学技能、读懂英语文献和读物技能以及全英写作技能等。教师在教学中要发挥自身的优势，发挥自己专有技能的独特价值，展示自己的实力和才华，为学生树立榜样，为他们营造浓厚的学习英语环境，全面提升他们的综合语言运用能力。

教师的英语语言能力在很大程度上决定着学生的英语水平。作为英语教师，具有良好的口语表达能力是立身之本。课堂上，教师操一口流利的英语，发音标准、语调优美、声音柔和、语速适中、语言流畅、思维连贯、表达清晰、表情丰富，再加上得体的肢体语言和措辞，自然会成为学生的榜样，这会对学生的英语学习产生至关重要的影响。教师坚持用英语设计教学、用英语授课、用英语与学生交流，不仅提高了自己的英语演讲技能、口语交际能力、全英授课水平，也逐步培养和提高了学生的听力理解和口语表达能力，同时促使学生逐步养成了用英语思维和交流的习惯。

课标要求培养学生的文化意识和跨文化交际能力，已经纳入英语学科核心素养的培养范围。跨文化交际（cross-cultural communication 或 inter-cultural communication）指任何在语言和文化背景方面有差异的人们之间的交际。教师需要掌握主要英语国家（例如英国、美国、澳大利亚、加拿大、新西兰等）的文化知识，例如该国的地理概况、历史、哲学、科学、教育、文学、艺术、节日、建筑、服饰、饮食、交通、旅游资源等，还有价值观念、道德修养、审美情趣、社会规约、风俗习惯、社交礼仪等。同时，掌握中国的基本文化知识，例如中华传统节日、中华优秀传统文化的表现形式（例如京剧、文学、绘画、园林、武术、饮食文化等）及其内涵，了解中国对外经济、政治、文化的积极影响，感悟中华文明在世界历史中的重要地位。教师不仅需要具备这些文化知识，还要有跨文化意识，理解文化内涵，比较文化差异，尊重文化的多样性，汲取文化精华，坚定文化自信，这样才能培养学生的跨文化意识和国际视野，形成人类命运共同体意识，树立正确的世界观、价值观和人生观，自觉坚定文化自信，用英语讲好中国故事，积极传播中华优秀传统文化和社会主义先进文化。

阅读是获取知识、习得语言、吸收文化、开阔视野、增强语感、锻炼思维、促进写作、发展策略、提高兴趣的重要途径,英语教师自身的阅读能力是阅读教学的基础。大量的世界名著、经典文学作品、学术论文、科研报告、研究成果以及影视作品等都是通过英语传播的,英语教师要充分利用自身的专有技能积极阅读、深入思考,不断提升阅读水平,这样才能在阅读教学中培养学生的阅读技能,发展阅读策略,提高逻辑思维能力、批判性思维能力和创新思维能力。同时,学生在教师的指导下通过大量的阅读,也促进了写作能力的提高。

(撰稿:郑州外国语学校　智敬谊;郑州市第二高级中学　马青)

第二节　教学实施

一、关注教、学、评一体化设计

教、学、评一体化教学是一种课堂教学设计的理念和指导思想,它强调课堂教学目标、教师的教学活动、学生的学习活动和教学评价的一致性,要求教师在进行教学设计时整体考虑教、学、评等环节和内容。

"教"是指教师把握英语学科核心素养的培养方向,在吃透课标教学理念、深挖教材文本、精准把握学情后,制定切实可行的教学目标,通过基于学习理解、应用实践和迁移创新等一系列教学活动,有效组织和实施课内外教与学的活动,达成学科育人的目标。"学"是指学生在教师的指导下,通过主动参与各种语言实践活动,将学科知识和技能转化为自身的学科核心素养。"评"是指教师依据教学目标确定评价内容和评价标准,通过组织和引导学生完成以评价目标为导向的多种评价活动,以此把控学生的学习过程,检测教与学的效果,实现以评促学、以评促教。

简单地说,教学目标即"你要把学生带到哪里去",教学活动设计和教学策略即"你打算怎样把学生带到那里去",教学评价即"你如何知道学生已经到了那里",即看学生学到了什么,并且能够用所学的内容做什么。教、学、评一体化,从"要到哪里去"的教学目标入手,接着通过逆向设计的达标评价来回答"怎么证明我到了"。教学的起点从学生"已知"出发,进行先行组织,进而设置问题作为课堂的主题、线索和主线,通过若干学习活动解决"怎么去"的问题。教、学、评一体化要求教师采用"评价先于教学"的逆向教学设计,将过程性评价贯穿课堂始终,时刻关注教师"教得怎么样"与学生"学得怎么样",保持教、学、评一致。

教师要充分认识英语教学活动首先是学生的"学",然后才是教师的"教","教"是为"学"服务的。要改变自己单一传授知识的角色,成为多元的辅助角色,激活学生的认知图式、启动学习活动、促进学习活动等,确保学生主动开展学习活动。学生的英语学习活动从时间维度可以分为活动前、活动中和活动后三个阶段,与其相对应的有前测、过程性评价和终结性评价,不同的评价起不同的辅助功能,但是最终目的都是要确保促进学生的主动学习。

二、尝试指向学科核心素养的教学方式

指向学科核心素养的教学方式是以主题为引领、以语篇为依托、以活动为途径的整合性教学方式。教学中,应该以主题意义为引领,以语篇为依托,整合语言知识、文化知识、语言技能和学习策略等学习内容,创设具有综合性、关联性和实践性的英语学习活动,引导学生采用自主、合作的学习方式,参与主题意义的探究活动,并从中学习语言知识,发展语言技能,汲取文化营养,促进多元思维,塑造良好品格,优化学习策略,提高学习效率,确保语言能力、文化意识、思维品质和学习能力同步提升。英语学习活动是英语课堂教学的基本组织形式,是落实课程目标的主要途径,需要有机整合课程内容,精心设计学习活动,以实现目标、内容和方法的融合统一。

以知识点为站位的备课,看到的目标只是了解、理解、记忆。但是,以单元为站位的备课,看到的目标则是学科育人的关键能力、必备品格与价值观念。因此,要关注主题意义,制定指向核心素养的单元整体教学目标。指向核心素养的大单元整体教学设计是一个完整的学习故事,包含六个要素:一是单元名称与课时,即为何、要花几课时学习此单元?二是单元目标,即期望学会什么?三是评价任务,即何以知道已经学会了预设目标?四是学习过程,即需要经历怎样的学习才能完成目标?五是作业与检测,即真的学会了吗?六是学后反思,即需要通过怎样的反思来管理自己的学习?从某种程度上讲,素养不是直接教出来的,而是通过一系列基于主题语境的相互关联的学习活动而逐步形成和发展的。

三、创设真实且富有价值的问题情境

在以主题意义为引领的课堂上,教师要创设与主题意义密切相关的情境。这种情境创设要尽量真实,注意与学生已有的知识和经验建立紧密联系,力求直接、简洁、真实、有效、有价值。课程标准提倡通过提出问题、解决问题来提高学生学习能力的教学方式,这就需要创设合适的问题情境,改善学生学习的主动性。

创设问题情境时,教师要依据教学目标以及学生的认知水平,以主题为引领,以语篇为载体,有目的、有意识地创设真实、有效的问题情境,激发学生的学习兴趣。要思考如何将被动学习转化为主动学习,让学生成为思考者,使他们产生进一步学习和探究的动力,积极思考并参与到课堂中,促进他们有效地学习。

创设问题情境是为语言学习和思考提供一个支架,帮助和引导学生获得信息和观点,检测或测试学生的理解、知识和技能。例如在阅读理解教学时,依据英语学习活动观

创设基于主题意义探究、由浅入深、层层递进、螺旋上升式的问题,学生在学习语言知识的同时,他们的思维品质在问题思考中得以培养和提升,让英语核心素养真正落地于课堂。尽量少设计或不设计那些只关注文本细节和事实性知识理解的是非题和选择题,尽可能多地设计审辩性、开放性、发散性、挑战性、创造性和有思维深度的问题,增加问题的有效性和价值性,尽可能多地设计从理解到应用、从分析到评价等有层次的问题,引导学生的思维由低阶向高阶稳步发展。

四、精心设计学习活动

普通高中英语课程倡导指向学科核心素养的英语学习活动观和自主学习、合作学习、探究学习等学习方式。教师应设计具有综合性、关联性和实践性等特点的英语学习活动,使学生通过学习理解、应用实践、迁移创新等一系列融语言、文化和思维为一体的活动,发展他们的多元思维和批判性思维,提高英语学习能力和运用能力。

在设计学习活动时,应以促进学生英语学科核心素养的发展为目标,围绕主题语境,基于口头和书面等多模态形式的语篇,通过学习理解(基于语篇的感知与注意、获取与梳理、概括与整合)、应用实践(深入语篇的描述与阐释、分析与判断、内化与运用)、迁移创新(超越语篇的推理与论证、批判与评价、想象与创造)等层层递进的语言、思维、文化相融合的活动,引导学生加深对主题意义的理解,帮助他们在活动中习得语言知识,运用语言技能,阐释文化内涵,比较文化异同,评析语篇意义,形成正确的价值观和积极的情感态度,进而尝试在新的语境中运用所学语言和文化知识,分析问题、解决问题,创造性地表达个人观点、情感和态度。

五、积极发挥课程思政的育人功能

课程思政是指各学科通过发掘课程本身所蕴含的思政教育元素,在系统、科学地进行知识讲授的过程中,有意识地开展理论传播、思想引领、价值导向、精神塑造和情感激发的教育方式。这与我们以往在各学科教学中渗透德育教育的要求基本上是一致的。简言之,课程思政就是在非思政专业课程(思想政治理论相关系列课程)中贯穿思想价值引领的主线,发挥各门课程的育人功能,这是实现全员全程全方位育人理念的重要途径。

高中英语课程思政的目的是推动社会主义核心价值观进教材、进课堂、进头脑,通过阅读、分析、探究中国传统优秀文化、革命文化和社会主义先进文化等相关文本,帮助学生在价值观形成的关键时期,在提升语言知识和语言技能的同时,不断增强"四个自信"和爱国主义情感,逐渐形成正确的世界观、人生观和价值观。因此,教师在实施高中英语教学中,要以立德树人为目标,以课程标准为依据,以核心素养为导向,以教学资源为依托,将政治认同、家国情怀、文化自信和道德修养等思政教育与高中英语课程的知识传授和技能发展有机地融合成一种教育实践活动,坚定"四个自信",讲好中国故事;理解和内化社会主义核心价值观;用英语表达中华优秀文化,培养爱国情怀;提高人类命运共同体意识和跨文化沟通能力等。

基于立德树人的高中英语课程内容为英语课程思政提供了丰富的教学资源,使得英语学习的过程成为培养学生人文素养、价值取向、国际视野、文化自信的课程思政过程。基于此,教师要充分挖掘教材中的思政元素,在教学中潜移默化地渗透思政教育,设计活动对学生进行德育熏陶,例如采取读写结合以发展学生的语言能力并借此弘扬核心价值,以读促说以培养学生的文化意识并借此讲好中国故事,读思并重以提升学生的思维品质并借此贡献中国智慧,读演结合以培养学生的学习能力并借此厚植中国情怀等。同时,还要拓展英语语言文化教学的国际视野,以正确的价值观和态度引导英语教学行为,尊重文化的多样性和差异性,开阔学生的文化视野,引导学生批判性地接受他国文化,汲取文化精华,坚定文化自信。

六、做到现代教育技术与学科教学有机融合

普通高中英语课程应重视现代信息技术背景下教学模式和学习方式的变革,充分利用信息技术,促进信息技术与课程教学的深度融合。根据信息化环境下英语学习的特点,科学地组织和开展线上、线下混合式教学活动,丰富课程资源,拓展学习渠道。在课程实施过程中,教师要营造信息化教学环境,及时了解并跟进科技进步和学科发展,合理利用计算机和互联网技术,充分发挥现代教育技术对教与学的支持与服务功能。鼓励学生通过计算机和网络,根据自己的需要,选择学习内容和学习方式,例如利用各种媒介开展移动学习和教学,指导学生合理利用电子词典等工具开展学习,使用数字化技术设计个性化学习平台,利用新媒体语篇开展主题阅读,通过网上专题讨论区开展写作教学,开展基于网络的同伴互评等。给学生布置网络学习任务时,教师要先浏览相关网站,确保网站信息的安全、健康、可用,并引导学生注意网络资源使用的安全性,确保现代教育技术有助于促进学生有效、高效地自主学习,促进学生形成和发展英语学科核心素养。

此外,有条件的学校教研组可以建立自己的英语教学网站,开发多层次、多类型的英语网络课程,进一步增强教学的开放性和灵活性,满足学生不同层次的需求。但是,要确保新技术的应用有助于学生的有效学习,不能一味追求课程资源的多样性,更不能造成课程资源的浪费。

七、实施衔接教学

(一)初中与高中的过渡衔接

英语课程是一门学习及运用英语语言的课程,与义务教育阶段的英语课程相衔接。在义务教育阶段,学生已经达成了初中课程标准要求的语言知识、语言技能等目标,形成了基本的学习策略以及情感、态度、价值观等,但是升入高中后,由于学习环境的改变、课程的增加、学习内容的加深、认知要求的提高,学生往往会感到不适应。因此,在正式实

施高中新课程和新教材之前,教师有必要做好初、高中英语教学的过渡衔接,使学生尽快适应高中英语的学习。首先,要帮助学生认识初、高中英语学习的差异,形成良好的学习习惯和思维方式,缩短从初中到高中英语学习的适应期。其次,可以选择合适的初、高中英语衔接教材或基础类选修课程中的基础英语进行必要的学习铺垫。

在实施衔接教学中,教师要把握好必修课程的基本要求,围绕具体语篇提供的主题语境,与学生初中接触过的话题建立关联,基于他们现有的生活经验、学习兴趣和语言水平,引导他们积极主动地参与到对主题意义的探究活动中来,尤其要特别关注英语基础薄弱和英语学习有困难的学生,根据他们的实际水平扎实地做好补习工作,例如帮助他们认读和理解基础词汇、句子和课文,多朗读文章中的重点短语、句子和段落,尽量使用教材中的短语和句子尝试说英语和写英语;适当补充难度稍低的听读材料,增加他们的语言体验,确保他们通过英语必修课程的学习,掌握基础的学习内容,形成必要的学习策略,顺利完成必修课程的学习。

(二)必修与选修课程的衔接

必修课程(英语1—3)是所有高中生必须修习的课程,选择性必修课程(英语4—7)是参加高考和有个性发展需求的高中生必须修习的课程,选修课程是学生可以自主选择修习的课程。选择性必修课程与必修课程形成递进关系,提高类选修课程与选择性必修课程也是递进关系,需要学生依照自己的高中生涯规划按照顺序依次修习这三类课程。

这三类课程都有对应的课程内容六个要素方面的具体要求,不同的课程类型有不同的内容要求,不同的课程类型对相同的内容要求逐步完善、发展、循序提高。这三类课程中,前者是后者的基础,后者是前者的提高,中间是两者的桥梁和纽带,例如在语音知识的重音、语调和节奏等方面,必修课程要求"根据重音、语调、节奏等的变化感知说话人的意图和态度",使用了行为动词"感知";选择性必修课程要求"运用重音、语调、节奏等比较连贯和清晰地表达意义、意图和态度等",与必修课程的要求相比,行为动词变为"表达",并且增加了程度副词"比较连贯和清晰地",要求进一步提高;提高类选修课程要求"运用恰当的重音、语调、节奏等有效地表达意义、意图和态度等",与选择性必修课程的要求相比,对"重音、语调、节奏等"的要求有所提高,使用了修饰语"恰当的",并且行为动词的程度副词变为"有效地",要求逐步提高。

这三类课程也有对应的学业质量水平具体要求,学业质量的三个水平与必修课程、选择性必修课程以及提高类选修课程有关联性,水平一主要检测必修课程的学习结果,水平二主要检测选择性必修课程的学习结果,水平三主要检测提高类选修课程的学习结果。这三个水平的质量描述侧重学生在特定的问题情境中运用英语解决问题的能力和表现,从水平一到水平三,是呈螺旋式上升的。因此,在整个高中英语学习过程中,需要层层落实,逐级达成。对于多数高中生来说,达到水平二就可以了,就可以准备参加高考了。

这三类课程与英语学科核心素养水平的级别划分没有完全对等的关联,核心素养水平的三个级别与学业质量的三个水平也不是对等的。但是,核心素养的形成和提升与高中阶段的英语课程是有关联的,是在学习过程中逐步形成的,不针对课程类别或课程内容的学习来衡量。由于课程实施受区域整体教育水平、教育资源、学生的基础以及其他因素的影响,课程学习的过程和结果具有一定的不平衡性和动态性,例如大部分学生在完成选择性必修课程后,学业质量标准可以达到水平二,但是他们的素养水平是不一样的,学习能力可以达到素养水平三级,语言能力和文化意识可以达到素养水平二级,思维品质却只能达到素养水平一级。随着办学条件的改善以及教学水平的提高,大部分学生在完成选择性必修课程后,虽然学业质量标准仍然处于水平二,但是他们的素养水平就可能发生变化,语言能力和学习能力都可能达到素养水平三级,文化意识和思维品质也都可能达到素养水平二级。

八、开展有效的课堂教学评价

高中英语课程标准指出,基于英语学科核心素养的教学评价应以形成性评价为主并辅以终结性评价,定量评价与定性评价相结合,注重评价主体的多元化、评价形式的多样化、评价内容的全面性和评价目标的多维化。评价结果应能全面反映学生英语学科核心素养发展的状况和达到的水平,发挥评价的激励作用和促学功能,对英语教学形成积极正面的反拨作用,促进英语课程的不断发展和完善。

(一)突出评价主导和主体地位,发挥评价的反馈作用

突出核心素养在学业评价中的主导地位,着重评价学生的发展与成长。突出学生在评价中的主体地位,关注学生的全面发展和进步。关注课堂教学过程,通过英语活动实施各种评价。注意评价方式的多样性和合理性,切实开展好形成性评价。正确处理日常评价与阶段性评价的关系,选择恰当的测试方法,发挥评价的反馈作用,实现评价为教和学服务的目的。

(二)遵循基本原则,科学合理实施教学评价

遵循目标性原则,评价目标和手段要与课程目标一致、实现评价目标与学科核心素养的一致,评价结果与后续决策和措施的一致。体现主体性原则,开展自我评价和相互评价,使学生积极参与自我表现的评价,促进自我监督学习,并在相互评价中不断反思,取长补短。坚持过程性原则,重视对学生学习过程、认知过程和成长过程的评价,并及时进行指导、帮助和反馈。采用多样性原则,形成性评价与终结性评价相结合,以形成性评价为主,定性与定量评价相结合,以定性评价为主,教师与学生评价相结合,以学生评价为主,综合和单项评价相结合,以综合性评价为主。注重发展性原则,以友爱、信任、尊重的态度,从发展的视角、用发展的观点、以发展的眼光去评价学生,充分肯定他们的

优点和进步,正确对待他们的错误和缺点,鼓励他们不断发展和完善。注意动态性原则,根据学生的个性特点和发展潜能,因材施教,根据各种动态因素的变化及时调整评价的主体、内容和形式,保证评价结果客观、公正、准确地反映学生的发展状况。

(三)通过多种途径实施课堂教学评价,保证评价的真实性和有效性

可以通过观察学生在课堂上听课、交谈、使用教材或运用语言的情况评价他们的学习情况;可以指导学生建立学习档案袋,记录自己在学习过程中所做的努力和取得的成绩,增强他们的参与意识和学习热情,并作为自我评价的依据;可以让学生定期总结和归纳所学内容,分享进步的喜悦,反思不足,总结经验;可以让他们做读书笔记,通过写读后感来思考问题,表达自己的思想;可以通过问卷调查引导学生正确、有效地评价自己的学习,从而认识自我、激励自我、调整自我;可以通过与学生面谈,了解他们对自身学习情况的感受和看法,以评价他们的发展;可以通过座谈、讨论,给学生提供相互交流的机会,也为教师提供具体的评价机会;可以通过听写、提问、演板、展示、小组活动、角色扮演、作业设计、作品展示、反馈等形式针对所学内容进行随堂检测,达到复习学习重点的目的,温故而知新;可以利用学生的自评和互评来培养他们的协作能力和合作精神,促进他们自主学习和自我发展。总之,评价方式和途径的选用要视具体情况而定,根据任务要求、教学目标、学生情况等实施动态的评价和监控。

(四)合理利用评价手段,促进教与学的发展

课堂评价活动应贯穿教学的全过程,为检测教学目标服务,以发现学生学习中的问题,并提供及时的帮助和反馈,促进他们更有效地开展学习。可以根据评价活动的目的和学生的特点,选择即时反馈或延后反馈。反馈要关注师生、生生有意义的互动,促进学生高层次思维和文化意识的发展。不宜过早给出对与错或好与差的评论,要注意为学生创造自我反思和自我调控的机会。要充分肯定学生的努力,委婉地指出他们有待改进和提高的地方,对他们的学习困难及时提供帮助。在阶段性教学结束时,可以通过多种形式开展终结性评价,检验学生的学习效果和教师的教学效果,为下一阶段调整教学提供依据和方向。反馈要服务教学、促进教学,反馈的过程和结果要有利于学生不断体验英语学习过程中的进步与成功,有利于他们认识自我,建立和保持英语学习的兴趣和信心。

(五)根据难易程度分层设计作业,使各个层次的学生都能受益

根据学生的实际情况,按照低、中、高三个层次设计作业,即基础类、提高类和综合类。基础类针对学习基础薄弱的学生,只完成与教学内容相关的基础知识,重在知识的验证和记忆,减轻心理压力,保证学生能保质保量完成,增强自信心和成就感。提高类针对中等程度的学生,侧重基础知识的熟练掌握和灵活运用技能的提高。综合类针对那些"学有余力、吃不饱"的学生,重在不断提高他们的应变能力和创造性思维能力,满足其旺盛的求知欲,增加知识的储备。

设计作业时,要关注各种评价活动和结果对学生学习和教师教学的反拨作用,要反思是否促进了学生英语学科核心素养的形成和发展、是否促进了学生自信心的建立和全面进步、是否反映了学生的学习成就或不足、是否反映了教师教学中的成功与不足等。在此基础上,客观分析和认真研究评价结果,找出教学中存在的问题及原因,及时调整教学计划和教学方法,并针对学生的具体情况与他们进行不同形式的交流,及时提出建议,给予指导,并注意与学生家长开展交流,争取家长的有效合作。

(撰稿:郑州市第九中学　邓俊成;郑州市第四高级中学　彭佩霞)

第三节　课堂生态

一、关注思维品质的养成教育

在课堂教学中,注重培养和提高学生的学习能力和思维品质比单纯教授知识更为重要,而学习能力与思维品质的培养,首要取决于思维品质的培养。思维品质主要包括思维的逻辑性、批判性、创新性等方面。

(一)培养学生的逻辑思维能力

思维的逻辑性是指思考问题时,条理清楚,推理准确,有因有果,严格遵循逻辑规律。逻辑思维较强的学生在分析论证问题时,能够多角度、全方位地认识事物,全面、客观地分析事物,并且层次分明,推理严谨,令人无懈可击。思维的逻辑性集中表现在进行思维活动时,善于深入思考问题,抓住其本质和规律,从而圆满地解决问题。

(二)培养学生的批判思维能力

思维的批判性主要表现为思维能够依据客观条件的变化而及时变化,从而适应各种不同的情况,这需要有准确的判断和自我批判的态度。思维的批判性表现在学习中能够对所学东西的真实性、精确性、性质和价值进行个人判断,从而对做什么和相信什么做出合理的决策。

(三)培养学生的创新思维能力

思维的创新性是指思维方法的多样性和思维成果的新颖性,它是通过探索,尝试发现新规律,得出新结论的一种认识活动。思维的创新性体现在它的创造性、独特性、发散性和新颖性。

在课堂教学中,学生思维品质的养成教育,提出问题的过程,往往也是问题开始解决的过程。学生自己解决不了的问题,可以通过自主学习、合作交流研讨解决,还可以通过教师精讲或教师指导解决,这个过程虽然费时间,可能比较艰难,但是锻炼了学生的思维,拉近了同学之间的关系,学生合作探究的意识进一步提高。同时,也拉近了师生之间的关系。在此过程中学生的自主意识、实践意识、探索意识、合作意识和创新精神得到培养,他们的自主学习能力也得到发展。教师的角色发生了转变,由知识的传授者变成了学生学习的引领者、促进者。学生的角色也发生了转变,由被动的接受者变成了知识的探究者、课堂活动的主要展示者。

二、营造尊重、关爱、包容的课堂氛围

教师要尊重学生的人格,关注个性差异,满足不同学生的学习需要。因而,在课堂教学中,教师要把关爱学生的身心、尊重学生的人格作为首要任务来完成。

(一)关爱学生身心,关注生命发展,构建生命化课堂

在课堂上,教师只有真正关爱学生,学生才会感到被信任,才会接纳该教师的全部,才能向教师毫无保留地敞开自己的心扉,提出自己的疑问,说出自己的见解。尊重学生,关注生命的发展。生命的课堂应该是尊重生命的独立,呵护学生身心成长的历程,在和谐、平等的师生互动中,共享学生身心成长的真实体验。理解和包容学生,促进生命的个性发展。在课堂教学中,教师的职责是组织和引导学生学习。好问是学生的天性,面对那些天真无邪的学生,面对他们提出的各种"幼稚"的问题或"古怪"的回答,我们提倡教师尊重学生、包容学生,给他们应有的鼓励和指导,不要轻易地讽刺、挖苦、打击他们的学习积极性。包容的课堂有利于不同学习需求的学生得到满足,形成持续性发展能力,有利于提高教学质量,形成课堂教学特色,提高课堂教学实效性。

(二)面向全体学生,创设和谐环境,构建生态化课堂

尊重、关爱、包容的课堂教学不遗忘每一个学生,课堂教学的设计能够使不同层次的学生都得到参与、表现、提高的机会。教学活动设计应体现分层意识,环节活动目标针对性强。课堂上学生参与的深度与广度是学生发展的重要基础。学生在学习过程中,心理状态应处于宽松和谐的氛围,这样才能产生学习的积极主动性,有主动参与的愿望,在参与中不怕出现错误,能够善于倾听,不断吸纳,主动修正自己,从而体验参与的快乐与成就感。

(三)学会激励学生,构建生动的课堂

学生的发展需要激励,激励能够使人愉悦,使人发展欲望更加强烈。英语课堂教学要给予学生展示自己的机会,教师要善于发现学生的发展与变化,适时、机智、真诚地给

予学生激励。教师要把宽容、关爱、鼓励作为重要教学理念。了解学生心理需求的教师,才是真正的好教师。

三、培养创新精神

在课堂教学中培养学生的创新精神,教师要想方设法拓宽学生的知识面,用大量生动有趣的题材去激发学生的求知欲,激发学生的创造思维和创新精神。激发学生的积极性,提高课堂教学效率,要从改革教学方法入手。

(一)运用多媒体教学,丰富课堂内容,拓展创新思维

以多媒体计算机及网络技术为核心的现代教育技术作为一种创新型教学手段,具有直观性、交互性、生动性等特点,有利于适时拓展教学内容,最大限度地发掘学生的创造力。在教学中运用计算机多媒体技术,把教材中单调的文字内容通过文字、声音、动画、符号、表格、图像、视频等相结合的多媒体方式,形象、生动、逼真地展示出来,创设出更具直观性、感染力和挑战性的情境,使整个过程图文并茂、声情并茂、视听结合,渲染课堂气氛,激发学生的参与意识和创新意识,使其主观上产生对新知识追求的动力。

(二)合作互动,人人参与,激发学生的创造力

合作学习是开展任务型教学的核心,也是培养学生创新意识的一种有效方法。在合作学习中,同学之间的互补作用可以得到充分发挥,他们的合作能力和思维能力,特别是创新能力可以得到发展。课堂上,老师布置一些练习、任务后,学生在小组内可以互相请教、讨论。在老师的指导下,学生在合作中动脑、动手、动口,彼此沟通,相互弥补、借鉴、启发和点拨,取长补短。在合作完成任务的情境活动中,充分发挥学生内在的积极性和创造力,激起他们的创新动力,培养他们的创新思路,开发他们的创新思维,形成交互的思维网络,从而拓展学生的创造性思维能力。

(三)培养发散和求异思维,提高创新思维能力

研究表明,讨论式、质疑式的教学有利于发散思维、创新思维的发展。要想使学生丰富想象、积极探索求异、坚持独立见解,教师要善于挖掘教材中蕴含的创造性因素,通过创设情境,给予每位学生参与的机会,引导和鼓励他们打破思维定式,让他们积极运用所学知识,大胆进行发散创造,从多侧面、多角度思考问题。在课堂活动中,教师作为教学的组织者,要善于设计新颖别致、能唤起学生共鸣的问题,并采用课堂讨论的形式,集思广益,积极鼓励学生标新立异,让他们自由地求异发散,用自己的独特见解来回答问题,让他们凭自己的能力解决新问题、掌握新知识。这样,学生相互启发、相互交流、相互学习、共同提高,在此过程中他们的创新实践能力得以真正提高。

四、建构和谐的师生关系

良好、和谐的师生关系是教育和教学成功的重要条件之一,建构新型和谐的师生关系既是新课程实施和教育教学改革的前提和条件,又是新课程实施与教学改革的内容和任务。那么,如何建构和谐的师生关系呢?

(一)尊重学生的人格

教师应当注意自己的言行举止,以身作则,任何情况下都要尊重学生,不讽刺、不挖苦、不体罚、不斥责、不侮辱学生。在与学生谈话时,以平等的朋友关系,以沉着镇定、言语文明的形象出现在学生面前。

(二)尊重学生的情感

学生有丰富的情感世界,他们很重视师生、同学、朋友、亲人之间的情感,特别是异性同学之间的情感。作为教师,不能用简单粗暴的方式来对待学生的情感问题,而要积极地引导学生对待情感问题,让他们保持清醒的头脑,有正确的人生观、世界观和价值观,使这种珍贵、纯洁的情感向着有利于生活和学习、有益于身心健康的方向发展。

(三)主动与学生交流沟通

为建立良好的师生关系,教师要积极主动地与学生多交流沟通。教和学的互动是在师生的交流中产生的,教师要利用各种机会加强与学生之间的感情交流。同学生交流要缩小与他们之间的心理距离,主动关心、亲近学生,与他们交心、谈心,坦诚相待。

(四)注意交流方法和策略

在与学生交流时,有时老师的一个微笑、一个目光、一句鼓励,都会引起他们的内心波动,对师生关系产生正面的影响。因此,教师在与学生交流中,要讲究方法和策略,针对不同的学生、不同的情况采用不同的方法,让学生感觉到教师善解人意、亲切友好和平易近人,把教师当成知心朋友,这对良好师生关系的建立一定会起到积极的作用。

五、培养积极进取的学习态度

学习态度是学生在家庭、学校和社会生活中,通过交往,接受别人的示范、指导和建议而逐渐形成的。学习态度影响着学生对学习活动的选择,与学习效果密切相关。那么,如何培养学生积极向上、健康的学习态度呢?

(一)激发学习动机

学习动机是学习态度最直接的制约因素,学习动机的发展会引起学习态度的改变。

学习态度和学习动机一样,会对学习效果产生重要的影响。积极主动的学习态度对学习会产生积极作用,而消极被动的学习态度则会对其产生消极的影响。教师让学生认识到学习是自己的权利和义务,从而让学生养成热爱学习、自觉认真地完成学习任务的习惯。

(二)增强自信心

教师要帮助学生在学习上获得成功,消除学习中的消极情绪。有些学生由于学习方法不当,或努力程度不够,学习成绩不好,这样的学生缺乏自信心,久而久之会形成严重的挫折心理。这些学生受挫时,得不到老师的帮助、疏导和鼓励,他们在心理上会形成"学习即痛苦"的消极情绪,滋生不爱学习甚至逃避学习的思想。因此,在学习过程中,教师要帮助他们找出学习失败的原因,指导他们运用科学的学习方法,增强他们完成学习任务的信心,让他们能够以积极的态度对待学习中的困难。此外,教师还要教会学生按照学习任务进行自我调节、自我规划和自我改进,使他们能够积极学习,并自觉抑制与学习无关的活动。

(三)发挥榜样的力量

不是聪明的孩子常受表扬,而是表扬会使孩子更聪明。有时候,教师的一个拥抱、一个微笑、一句鼓励的话,甚至一个眼神都是对学生思想行为的认可、鼓励和支持,这是教师做学生思想工作的一个重要手段。当教师看到学生犯错或成绩不理想时,当面对学生的胆怯时,要多鼓励,要善于发现他们身上的闪光点,在班里树立榜样。教师的及时表扬和树立榜样是学生改变不良态度、端正学习态度的重要策略。

(撰稿:郑州市第一中学 刘朋宇)

第四节 案例分析

一、教学案例一 阅读与思考

(一)教学分析

课时信息

主题语境:人与社会——体育与健康、体育精神
语篇类型:记叙文——人物介绍
授课时长:一课时(40分钟)

教学内容:《普通高中教科书 英语 必修 第一册》(2019年人教版)

UNIT 3　SPORTS AND FITNESS

Reading and Thinking:Choose your favourite athlete—LIVING LEGENDS

教材分析

本文是一篇杂志上的人物介绍,情境是某杂志社让读者来信选举自己心目中"体育界的活传奇"的一项活动。本文主要介绍体育健将,也可归为人物传记。文章结构清晰、语体特征明显,由标题、导语和正文组成,正文包括两篇对国内外知名运动员的介绍:郎平和迈克尔·乔丹。另外,文中带有插图,最后一段还有补充信息"Send your suggestions for 'Living Legends of Sports' to LLS@sport.net",也突出了杂志文章的特点。

文本分别从人物取得的成就、面对的困难以及精湛的技艺、永不言弃的精神力量等几个方面逐一展开介绍。重点词汇有 master、honor、failure、determination、fall apart、lose heart、graceful、give up 和 mental strength 等,主要涉及体育健将的成就和品质。学生通过本文的学习,能够体会到"不懈奋斗,团结协作,永不言弃"的体育精神。通过对文本的梳理以及人物描写的对比,能够了解体育明星取得的令人瞩目的成就以及他们闪光的个人特质和魅力,总结出体育传奇人物的评选标准,例如 masters in their sports、set good examples for others 等,从而推荐自己心目中的体育健将,并给出推荐理由。本文旨在引领学生从这些体育健将身上领会和感悟做人与做事的道理。同时,通过选举体育健将的活动,培养学生理性思考问题和客观评判的思维品质。

学情分析

本班学生是郑州外国语学校英语基础较好的高一学生,他们的学习态度认真、学习热情高涨、思维活跃、方法灵活、学习成绩优秀。他们基本具备在阅读过程中准确捕捉细节信息的能力,部分学生能够用英语自如地表达自己的观点。在老师的指导下,他们能够意识到阅读过程中不仅要读懂文字的表层意思,更要读懂文本字里行间和作者未言明的深层意义。此外,他们对该话题兴趣浓厚,有自己崇拜的体育健将,但是如何用合理的结构和准确的语言来介绍和描述自己的偶像,如何在学习和生活中养成不畏艰难、团结协作的精神,尚需进一步培养和提高。

学习目标

在本课学习结束时,学生能够:

1.依据文本的标题和版式推测文本的主要内容,并分析其结构特征。

2.通过合适的阅读策略获取文中关于两位运动员的细节信息,并推断上下文暗含的信息。

3.通过文本内容总结两位体育传奇人物的品质,并介绍自己心目中的传奇运动员。

教学重点

学生通过阅读文本,获取关于郎平和迈克尔·乔丹的事实性信息,推断并总结使得他们成为传奇人物的优秀品质。

教学难点

学习如何从成就和品质两个方面介绍一位体育健将,如何通过文本推断暗含的信息,如何在介绍自己崇拜的体育健将时做到有理有据。

学法指导

互动式:在师生之间平等交流、探讨的过程中,达到不同观点的碰撞交融,进而激发学习的主动性和探索性,提高教学效果。这种方法主题明确,条理清楚,探讨深入,能充分调动学生的积极性、创造性。

参评式:教师从学生角度出发,设定学习目标,完成教学设计,进行教学评价。通过灵活的教学方法、环节设计激励和督促学生积极参与课堂学习过程及教与学的评价中。师生互相促进,共同参与,互相评价,共同产出。

教学资源和设备

教材、学案、多媒体课件、电脑、投影仪、黑板、粉笔等。

（二）设计思路

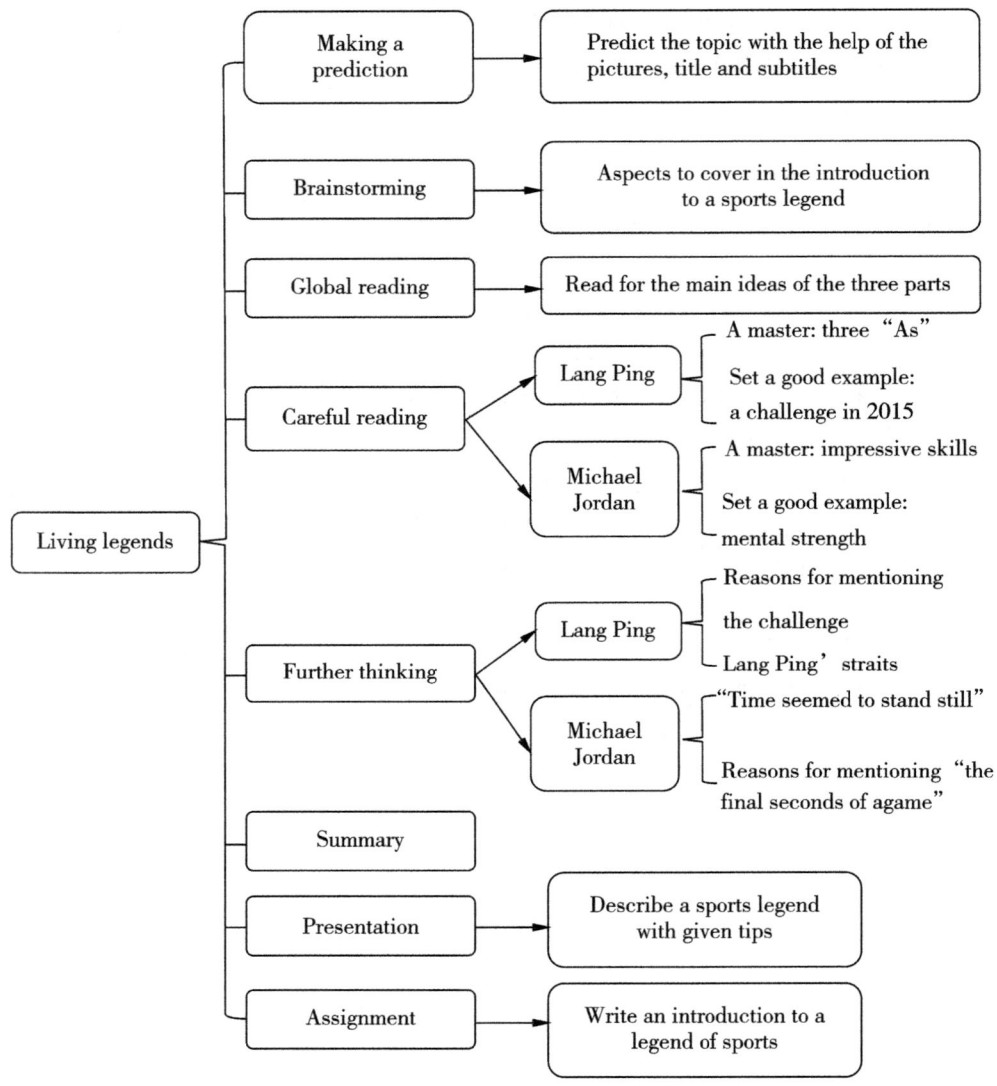

（三）教学过程（实录）

Lead-in：

T：Good morning, ladies and gentlemen! How are you feeling today? Let's look at the screen. With the help of the picture, can you make a guess of what we're going to talk about today?

Ss：Famous sports people.

T：We have a lot of clues to help us predict the topic, such as the lead paragraph, the titles, and the subtitles. From the layout, we can know the passage might be about the living legends in sports. If we are going to introduce Lang Ping and Michael Jordan, what aspects do you think should be covered?

Ss: Achievements, spirits, experience, skills, etc.

T: Very good! To introduce a famous sports person, we should cover many aspects. Now, please read the whole passage quickly, including the lead paragraph. After reading, you are supposed to summarize the main ideas of the three parts.

Global reading:

T: You can share your ideas with your group members. What's the main idea of the lead paragraph?

Ss: The definition of a living legend.

T: The definition is to tell us what kind of person can be called a living sports legend. So, what are the standards?

Ss: The person must be a master in a certain event, and he or she must set a good example for others.

T: OK. A master refers to the skills and setting a good example refers to the qualities. What about the passage of Lang Ping?

S1: It's about Lang Ping's abilities to organize everything well.

S2: Also the contributions she made.

T: Quite good! The passage is about Lang Ping's achievements and her challenges. What about Michael Jordan?

S1: His impressive skills.

S2: And also his mental strengths.

Careful reading:

T: Now, let's read more carefully to find out how the writer introduces the two legends to us. The first legend, Lang Ping, former leader of the Chinese Women's Volleyball Team. Please read to find the supporting details the writer uses to prove she is a master and how she sets a good example for others.

Ss: The writer tells us Lang Ping brought honor and glory to her country as a player; she also led the team to medals and champions as a coach.

T: Well, then, what is the writer actually telling us about Lang Ping by saying so?

Ss: It's about her success, or achievements.

T: Very good words! To introduce her achievements, the writer uses three "as". The three "as" not only make the structure logical, but also make the language powerful. For example, have you ever heard of "I came, I saw, I conquered!"? Who said this? Julius Casear.

This kind of expression sounds quite powerful and rhythmic. How does the writer prove Lang Ping sets a good example?

Ss: By giving the example of the 2015 World Cup.

T: What happened then?

Ss: Her team fell apart, one of the players was injured, and even the captain had to leave.

T: Faced with the great challenge, how did she solve it?

Ss: She let her team work together. She was very confident.

T: How do we know she was confident?

Ss: Because it says that she didn't lose heart, and she knew they could win if they worked together.

T: Why does the writer use this example?

Ss: Because describing a great challenge she met is very convincing.

T: Quite good! How she overcame difficulties may be even more impressive than just telling us how great she is, or how many medals she had won. The example says it all. The second question to think: What kind of person do you think Lang Ping is?

Ss: She's determined and confident.

T: How do you know that?

Ss: She didn't lose heart and she knew they could win.

T: When we say she had faced difficulties before, what quality can we infer from this?

Ss: She's experienced.

T: Exactly. According to the passage, we know Lang Ping is a legend because of her achievements and her qualities. By using three "as", and an example, the writer makes the introduction logical, impressive and convincing. Well, how does the writer introduce Michael Jordan to us? Please read the passage about Michael Jordan by yourselves. And then you're supposed to work in groups and draw a mind map to help you analyze the passage like how we analyzed the passage of Lang Ping. Pay attention to the contents, the structure and the layout, which means how you arrange your mind map. Later, I'll invite some groups to share their introductions with us.

S1: This article consists of three parts. The first part tells us his nickname "Air Jordan", which vividly shows us his ability to fly in the air is quite great. Then the writer uses a transitional sentence to tell us not only his impressive skills but also his mental strength make him unique.

S2: Michael Jordan never gives up, keeps trying and he learns from his failures. Also, the writer uses Michael Jordan's words to prove his qualities. The writer says Jordan shares his success with others, and I think it is also about his mental strength. Our group also have some extra information. His identity as a basketball player, his identity as the CEO of his own brand and also he is a person devoted to charity. What we can learn from him is that we should never give up, keep trying and try to be diligent, work hard and try to be a strong-willed person.

T: This group analyzed the passage clearly, the different parts, and also they added more information to the passage. Even better, they've learned a lot from Michael Jordan.

S: The passage tells us his impressive basketball skills and his mental strength. His graceful moves and his jumps lead to his nickname "Air Jordan". Also the quote "I can accept failure; everyone fails at something. But I can't accept not trying." shows us that he is a person who keeps trying despite difficulties and failures. Michael Jordan started a club to help young people, which tells us he is a caring person. All in all, he is someone who deserves our respect and love.

T: Very impressive. It's good for your group to use the word "quote", which means the exact words the person says.

Further thinking questions:

T: Think about these following two questions:

Question 1: What does this sentence "When Michael Jordan's feet left the ground, time seemed to stand still." mean?

Question 2: Why does the writer mention "the final seconds of a game"?

You can have a short discussion in your groups.

S: The sentence shows Michael Jordan's skills.

T: What does "stand still" mean?

Ss: It means "stop".

T: Can time stop?

Ss: No.

T: So, why does it say "time seemed to stand still"?

Ss: Because people are cheerful, they are amazed, and they are focused. They are holding their breath. It seems that time stops.

T: Well, why is "the final seconds of a game" mentioned?

Ss: To prove Michael Jordan never gives up. Even in the end, he tries to throw the ball into the basket.

T: That means he fights till the end. It shows how persevering he is. Besides this, what other qualities do you think it shows?

S: It also shows Michael Jordan is very skillful. As we know, in basketball matches, even in the last few seconds, the result can be totally changed. Michael Jordan is the one who changes the result, with his impressive skills and his confidence.

T: By using these expressions, the writer draws such a vivid picture of what kind of person Michael Jordan is.

Summary:

T: After reading these two introductions, we've known that as for Lang Ping, the writer introduces her achievements and her challenges. As for Michael Jordan, we know about his impressive skills and his mental strength. This is the structure of the article. Can you help me find some useful expressions we may use while introducing a sports legend?

Ss: Athletes, champion, determination, bring glory and honor, injured, impressive, unique, set a good example for, give up, mental strength, graceful, failure, lose heart, etc.

T: Very impressive! Now, I would like you to introduce a sport legend to us. Here I've got several pictures of sports legends, and you can work in groups to form an introduction to the person. If you have no knowledge of the person, you can change with other groups or ask me to change for another one.

Group work:

T: Before you prepare for your presentations, keep the following tips in mind:

The person must: ①be a master in the sport; ②set a good example for others.

You should: ①follow the structure: introduction + supporting details (examples, quotes, etc.); ②use the words and expressions.

Presentation:

S1: Hi, everybody! Welcome to our talk show! Today, we are going to meet Ma Long, the captain of our ping pang team. He's the greatest table tennis player. No one can match him. He even becomes a national hero. As a table tennis player, he has brought great honor and glory to our country, despite his injuries and all odds. He gains popularity at home and abroad. He always teaches his fans how to play table tennis and shares his skills with other competitors. He's even called the destructive dragon of the empire by his Japanese rivals, from which we can see how expert he is at the sport and how respectable he is. Though he is in his thirties, he is still robust.

S2: My favourite sports legend is Cristiano Ronaldo, a Portuguese soccer player. He is considered the most beloved footballer in the world. He holds many ambassadorial roles for various charities and set several records, which make people admire him a lot. But to me, why he is loved by so many people is his self discipline, his perseverance and his strong desire to win. After being injured in games, he doesn't give up. Instead, he insists on playing on the field even with blood on his face. But he will cry after he loses a game. When it comes to winning or losing, he says it's not that important to him. He just enjoys the game. That's why I like him so much.

T: Now, I want to introduce a sports legend in my mind. She is Oksana Chusovitina, a 46-year-old gymnast in Uzbekistan. Many athlete fight for love, some fight for honor, some fight for fame, but she fights for money to cure her son, who was diagnosed with leukemia. The reason why I admire her is that she not only shows us what an excellent athlete she is, with her 32 medals and appearance in eight Olympic games, but also she lets us know what a great mother she is. Her bravery and devotion make people respect her and learn a lot from her.

Assignment:

T: Today, we've learned what kind of athletes can be called a sports legend and we read about Lang Ping and Michael Jordan, two great masters in their own fields who both set good examples for others. Also, we've shared with each other our favourite sports legends. After class, I'd like you to write an introduction to "A Legend of Sports". Here are some requirements:

(1) Contents: be a master+set good examples.

(2) Structure: introduction+supporting evidence.

(3) Language: useful words and expressions.

T: So much for today. Thank you for your cooperation! Goodbye, everyone!

Ss: Goodbye, Miss Kong!

(四)专家点评

孔雪老师的这节阅读课框架清晰,课堂生成自然,教学目标达成度高。整个教学过程中,孔老师给学生充分的阅读时间,让学生深入解读文本内容,获取语篇主旨,真正感悟、内化。在阅读过程中,她既引导学生关注语言表达的本身,同时又关注文章的体裁、写作特点以及语篇中修辞手法的应用,能让学生在初读时将写作教学理念和文本解读相融合,潜移默化地将写作教学理念和文本框架贯穿于阅读教学设计中。另外,她对两个平行文本分别采用了表格和思维导图形式,培养学生获取文本主干信息和框架结构的技能。

孔老师的问题设计层次清晰,有助于培养学生的逻辑思维能力。学生在老师的带领下,既获取了事实性信息,又读出了文本的言外之意,对文本的理解很到位。另外,她善于捕捉学生回答问题的亮点,及时追问和设问,而且注重使用不同的评价手段,关注学生的表现,包括口语展示活动设计和作业设计,学生能够基于文本的思想和语言表达,得体地表达自己的思想和观点,做到了教、学、评一体化。

(撰稿:郑州外国语学校　孔雪;点评:北京市海淀区教师进修学校　刘晓波)

二、教学案例二 视频观看

(一)教学分析

课时信息

主题语境:人与社会——极限运动(攀岩)
语篇类型:介绍性视频
授课时长:一课时(40分钟)
教学内容:《普通高中教科书 英语 必修 第一册》(2019年人教版)
UNIT 3　SPORTS AND FITNESS
* Video Time:The Karsts of China:A Vertical Journey

教材分析

本单元以运动和健康为主题,从邀请朋友参加体育运动、学习传奇运动员的故事、体育精神到体育与身心健康的关系等不同角度去讨论体育运动,让学生明白体育运动的趣味性,明白体育运动除了竞赛目的,更多的还是为了身心的健康。Video Time 涉及的话题是极限运动攀岩。视频内容将中国西南方独具特色的喀斯特地貌与攀岩运动结合在一起。视频中展示了我国壮丽的喀斯特自然景观,也呈现了极限挑战运动员不断挑战自我、勇于冒险的画面。在雄伟壮丽的大自然面前,渺小的人类可以通过不懈努力,在人与自然和谐共处的前提下,享受自然、挑战自然。攀岩作为一种极限运动,对参与人员的体力、耐力和技巧有很高的要求。这种需要冒险精神的运动符合当下年轻人追求刺激和冒险的特点,也能培养他们热爱自然、征服自然、克服困难的顽强精神。

学情分析

本班学生是郑州市第四十七高级中学英语基础较好的高一学生,他们的学习热情很高,大部分学生比较活跃。他们基本具备通过观看视频获取信息的能力,部分能够用英语较为自信地表达自己的观点。对于本课时的话题"攀岩运动",大部分学生只是听说过,并不太了解。大多数学生没有极限运动的经历,对于极限运动的看法仅限于很酷、刺激等,并没有太深层次的理解。

学习目标

在本课学习结束时,学生能够:
1.通过阅读文本,说出中国喀斯特地貌的相关事实性信息。
2.通过观看视频,说出攀岩运动的益处。

3.通过小组讨论,结合视频信息以及自身实际,表达自己对极限运动的看法。

🎯 **教学重点**

通过观看视频,说出攀岩运动的益处。

⚠ **教学难点**

运用视频中学到的信息和表达方式,结合自身实际,表达自己对极限运动的看法。

📋 **学法指导**

迁移式:引导学生将视频中获取的与攀岩相关的信息和知识,通过思考、讨论和迁移,转换为自己的知识。

渗透式:将学习内容渗透到学习过程的各个环节之中,让学生按照教师的教学思路,在潜移默化的训练过程中领悟新的信息和知识。

📐 **教学资源和设备**

教材、学案、多媒体课件、电脑、投影仪、黑板、粉笔、攀岩装备等。

(二)设计思路

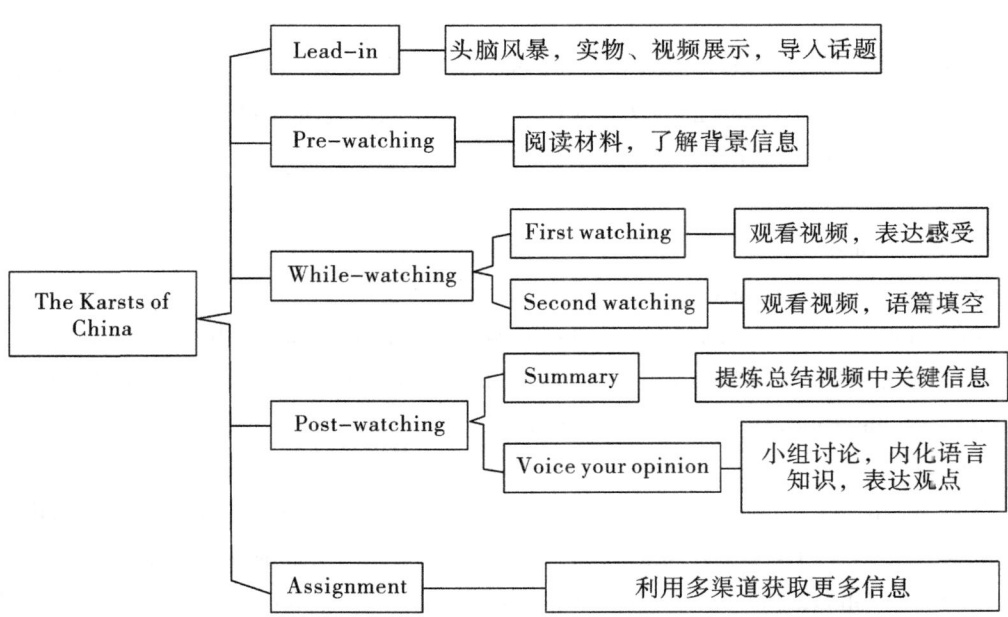

(三)教学过程(实录)

Lead-in:

T:Good morning,everyone! How are you feeling today?

Ss:Great! /Just so so. /Fine!

T:I hope you will have a relaxing time in today's class. Today, we will continue to learn Unit 3 Sports and fitness. Speaking of sports, what is your favorite sport?

Ss:Basketball. /Football. /Skating. /Ping-pong. /Tennis…

T:Well, I'm glad all of you can find a sport that you love to do, because we all know doing sports is really good for our health, right?

Ss:Yes.

T:I also have my favorite sport and I want to introduce it to you today. But I want you to guess it first. Look at my equipment first and guess what sport I like.

When I do my sport, I will need this—a safety helmet. (*T shows Ss a helmet.*) I also need this one. See if you know what it is. (*T shows Ss a climbing safety belt.*) And I also need this— a bag of chalk. I will use it to keep my hands dry. (*T shows Ss a bag of chalk.*)

S1:Rock climbing!

T:Rock climbing. Yes, you got it! And the last and most important thing I need when I do rock climbing is a pair of climbing shoes. (*T shows Ss a pair of climbing shoes.*) You can see the shoes are special, different from our normal shoes. So, I need all of these while doing rock climbing. Have you ever tried rock climbing?

Ss:No.

T:No? That's great! Because I want to share my experience with you. I will show you a video and see if you can find me. (*T shows a video of her doing rock climbing.*) Did you find the little tiny me on the rock?

Ss:Yes.

T:Am I brave?

Ss:Yes, you are so brave.

T:Thank you. It does take courage to do rock climbing. As a climber, I'm always eager to go to certain beautiful places in China. They attract not only tourists but also rock climbers from all over the world. Do you know where they are?

Ss:No.

T:It seems that none of you know about them. But you will figure it out after reading. So, please open your books and turn to Page 46. Read the two paragraphs quickly and find the answers to the following two questions. (*T shows the two questions on the screen: Where are the places? Why do they attract climbers?*)

Reading:

(*T gives Ss 2 minutes to read the two paragraphs on Page 46.*)

T:Time is up. Have you found the answers? Where are the places?

Ss:In southwest China.

T:And the most famous one is...?

Ss:Guilin.

T:Great! Why do they attract climbers?

S1:Because of the beautiful natural sculptures—Karsts.

T:Thanks. What are karsts?

Ss:They are rock formations made of limestone.

T:Yes. You've learnt it in your geography class, right? I'll show you some pictures of Karsts. (*T shows the following pictures.*)

T:They are beautiful, right? And I guess you are all familiar with the last one. Seeing these beautiful pictures, would you like to have a go at karst climbing? Why or why not?

S1:I will probably go and have a try, because you see it is thrilling and it requires great mental and physical strength. It is very exciting.

T:Thank you. It's exciting and you want to challenge yourself, right? Anyone else?

S2:I don't want to try it, because it seems dangerous and if I don't pay attention, I may fall down and die.

T:Thank you for your sharing. You think it is too dangerous to try. Yes, a lot of people think rock climbing is a very dangerous and difficult sport, but why do you think the rock climbers go climbing?

Ss:Chase the excitement./Challenge themselves...

T:Nice try. You can keep the question in mind and we will watch a video later and see if you can find more reasons from the video.

1st watching:

T: Next, we are going to watch the video and for the first watching, I hope you can pay more attention to the pictures and keep the following questions in mind: What impresses you most? And why? (*T shows the video to Ss.*) All right. That's all for the video. Could you share your impressions with us?

S1: While watching, I was impressed by the beautiful scenery. It seems climbing in such a beautiful environment can make us feel relaxed.

T: Thank you. I agree with you. The scenery is so beautiful and different from what we see here in our hometown. Anyone else?

S2: I was impressed not only by the scenery but also the climbers. It really shocked me when I saw they fell. I know they have a safety belt to protect them, but it is still a great shock to me when they just release their hands and jump. That was really impressive.

T: Thank you for your sharing. You were impressed by the brave climbers. We can see in the video that the climbers are climbing. The rock is so huge and the humans are so...

Ss: Tiny.

T: Yes, humans are so tiny but they are still trying their best to explore nature. Anyone else?

S3: I was impressed by the diverse landscapes. Each stone has their own shape and they are so beautiful.

T: Thank you all for your sharing. I agree with you. I was also impressed by the unique and beautiful landscape and the tiny but brave humans in front of nature. And I want to share two more scenes with you. Do you still remember these two scenes?

T: What are they doing?

Ss: Dancing. / Giving high-five to each other.

T: How might they feel?

Ss: Proud. / Happy.

T: Yes, we can feel their happiness or maybe a sense of achievement at that time.

2nd watching:

T: That's all for the first watching, in which we focused more on the pictures. Next, we are going to watch it for a second time. This time, I hope you can focus more on the language. On your learning sheet, you will find a gap-filling exercise. You need to fill in the blanks after the second watching. Now, you will have 2 minutes to look through the passage quickly. (*Ss look through the gap-filling exercise and then watch the video again.*)

T: OK. Have you got the answers? Let's do a peer check first. Check your answers with your partners first. And then share your answers with the class. (*Ss check their answers with each other. T walks around to see if they need help.*)

T: All right. I walked around and found most of you had got the answers. Who can share your answers to Blanks 1 & 2 with the class?

S1: The first one is "diverse" and the second one is "natural".

T: Do you agree with her?

Ss: Yes.

T: Great! How about Blanks 3, 4 & 5?

S2: "Interact, athletic", but I didn't get the 5th one.

T: You missed the 5th one. Anyone else who can help?

S3: "Adventurous."

T: Well done! How about Blanks 6, 7 & 8?

S4: "Mentally, unexplored" and "inspires".

T: Awesome! All of you have done a great job. After watching the video twice, I guess you probably know why climbers love rock climbing, right?

Ss: Yes.

Summary:

T: Our next task is to do a summary. Try to summarize the benefits of rock climbing based on what the speaker said. You will find Activity 4 on your learning sheet. First, think alone and write down your answers. You have 2 minutes. (*Ss think alone and write down the benefits of rock climbing. T walks around and sees how everything is going.*)

T: Now, share your answers with your group members and have a discussion if you have different answers. (*Ss work in groups sharing answers and T walks around to see if anyone needs help.*)

T: OK. Anyone who wants to share your answer with us?

S1: First, they can interact with beautiful nature and experience natural wonders while climbing. Second, rock climbing offers athletic and gymnastic movement.

T: Nice. Make us interact with nature and offer athletic and gymnastic movement. That is an exercise for our…

Ss: Body.

T: Yes. It can build up our body.

S1: It can make us push ourselves physically and mentally.

T: Yes. It means it can build up our body and mind. Right? Great! Anyone who has more to share?

S2: It gives us a chance to see something new.

S3: It inspires the climbers and changes them.

T: Thank you. I am so proud of you. You've got a lot of benefits of rock climbing. Since there are so many benefits of rock climbing, are you becoming more interested in it now? Do you want to try it?

Ss: Maybe yes.

T: It is true that it can be dangerous to do rock climbing. And you may get hurt. That is why it is called an extreme sport. It requires a lot more when you do it. In the world, there are a lot more extreme sports besides rock climbing. Let's see some of them. (*T shows Ss another video which is about different extreme sports.*)

T: How does that look?

Ss: Even more exciting.

T: Yes, it looks more exciting and more adventurous.

Discussion and opinions:

T: Next, we are going to have a group discussion. Make a group of 4 and talk about the following question:

Do you have any experience of extreme sports?

If so, share the experience and your feelings with your partner. If not, do you think it is worthwhile to try? Why or why not? (*Ss discuss in groups while T walks around to offer help.*)

T: Time is up. I heard some interesting stories about extreme sports just now. Who can share your story and opinion with the class?

S1: I've tried skating. It was really exciting. When you skate, you can feel the high speed. And you can hear many others screaming. You will fall down, get up to continue and fall again. It is quite safe and it doesn't hurt. You just don't want to give up.

T: Nice experience! It seems that you enjoy the speed skating brings you. Even though you may fall down, you can always stand up and keep going. Thank you. Anyone else?

S2: I've tried bungee jumping. I think it is beyond my words. It is extremely exciting. Before I jumped, I thought I was going to die. It is quite safe, of course. When you jump, you lose the gravity and you can fly.

T: Wow! You are so brave! I am afraid of jumping from such a high place. It seems that you enjoy the feeling of flying. Anyone else? It's OK if you don't have any experience. You can share your opinion.

S3: I don't have any experience of extreme sports. But I think it is worthwhile to try. Of course, safety comes first. Life is short and we should have some extraordinary experiences so that we can recall when we are old. Maybe that is the value of life.

T: You want to try and create some unforgettable memories. Thank you. Anyone else?

S4: As is shown in the video, there is one extreme sport I really want to try. That is, wing outfit flight. It gives some ideas about the beautiful scenery from the mountains to the ground. If I have a chance to try, I would like to fly like an eagle. It is a symbol of freedom. It makes me excited, so I will definitely try it if I have a chance.

T: Thank you. You also enjoy the feeling of flying. Fly freely and fly like an eagle.

S5: I don't think it is worthwhile to try. If you are not so enthusiastic about extreme sports, there is no need to try, because it is expensive and you are risking your life. If you are not so interested in it, then don't push yourself so hard. After all, we should cherish our life.

T: Yes. It is totally OK not to try extreme sports if you think they are too risky. You can always find other sports to do to keep you fit. OK, one more volunteer.

S6: I would like to try parachuting. It is a chase for height. I know a little about it. First, I know there is always a backup for these extreme sports. If the first parachute doesn't work, there will be a backup. I know it is safe, but I'm not going to do it many times and I just want to try it once. I want to feel falling freely from a very high place and feel the wind through my fingers. I want to jump from a very high place and so maybe I can have a longer time to think about the meaning of life while flying in the air.

T: Interesting thoughts to think about the meaning of life in the air. Thank you all for your sharing. One thing some of you mentioned is that safety comes first. Yes, I agree with you. Whatever extreme sports you do, you need some training and protection, like I always wear my equipment while doing rock climbing. Safety is the most important. And it doesn't matter if you don't like extreme sports. You can always find some other ways to keep fit and get relaxed.

Assignment:

T: That's all for today's learning. Here comes your assignment. Search the Internet for more extreme sports. Choose one that attracts you most and introduce it to the class. Thank you for today. Class is over. See you!

Ss: See you, Miss Wang!

(四)专家点评

王晓培老师基于对教材和学情分析,确定了本节课的教学目标,设计了环环相扣、前后呼应的课堂活动。导入环节通过互动检测学生对攀岩运动的了解,检测学生现有的知识认知和语言表达能力,课中通过观看视频以及填空等活动进行语言和信息输入,最后通过小组讨论检测学习成果,通过学生的展示,可以看出他们的语言以及认知层面的提升。同时,王老师对教材进行了合理和适度改编。将教材的单句填空改编为语篇填空,强化了语篇意识,填空围绕攀岩的魅力进行设计,为下一步活动信息的内化、表达提供了语言支撑,做了有效的铺垫。观后讨论能够结合学生自身的经历和认知,设置了开放性较强的讨论问题,侧重培养学生的思辨能力。

本节课属于视听课,在教材中是选修课,王老师没有因此而删减教材内容,而是认真设计,并取得了较好的教学效果。这节课为我们的视听教学做了一个比较成功的引领,值得借鉴和学习。

(撰稿:郑州市第四十七高级中学　王晓培;点评:北京市海淀区教师进修学校　刘晓波)

第二部分

指向核心素养发展的高中英语单元整体教学设计

第 三 章
高中英语单元整体教学设计研究与实践

第一节 基于大观念的高中英语单元整体教学设计探析

一、学科大观念

（一）学科大观念的内涵

大观念，英文为 Big Ideas 或 Big Concepts，多被译为"大观念、大概念、核心观念或核心概念"等。学科大观念是指向具体知识背后本质的、核心的概念和思想，以其来统摄和组织教学内容，将更为充分地揭示知识间的纵横关系。由此，对于学科大观念，我们可以理解为它是反映学科本质、联结学科内容、统摄学科架构的一种整合性思想。

（二）英语学科核心素养背景下的大观念

《普通高中英语课程标准》首次使用了"大概念"（等同于"大观念"）一词，指出学科课程标准"进一步精选了学科内容，重视以学科大概念为核心，使课程内容结构化，以主题为引领，使课程内容情境化，促进学科核心素养的落实"。

大观念就像是黏合剂，有了大概念才能调动相应的知识和技能去解决问题，因此大观念是素养形成的关键。如果说素养体现为"做"的话，那么大观念就是大脑的"思"。只有想对了，才能做得对。

（三）课程标准中大观念的体现

课标指出学科核心素养是学科育人价值的集中体现，是普通高中英语课程目标的核心。英语学科核心素养中，语言能力是基础要素，文化意识是价值取向，思维品质是心智特征，学习能力是发展条件，它们共同服务于英语课程的总目标。这四个要素紧密联系，相互促进，体现整合性的课程目标。课标为实现课程目标而构建的英语课程六要素体现整合性的课程内容。关注主题意义,制定指向核心素养的单元整体教学目标。单元是承载主题意义的最基本和完整的单位,每一个单元都以一个主题来编排。以主题意义为引领的六要素整合的英语教学活动,要关注主题,不要只关注某一个篇章、某一个段落或者某一个词语或语法,而是从单元整体的角度去设计教学目标。

因此,教师要认真分析单元的教学内容,梳理概括与主题相关的语言知识、文化知识、语言技能和学习策略,明确语篇类型和文体特点。关注单元目标,要思考核心素养的四要素,把培养学生的核心素养作为单元目标设计的宗旨。

二、基于大观念进行英语教学设计

(一)当前教学设计普遍存在的问题

1. 教学指导思想形式化

教师通常摘抄课标中的论述作为教学指导思想,未能将其转化为支撑个人教学设计的大观念。

2. 教学内容碎片化、浅表化

教师过度关注生词的孤立讲授、句子的分析,聚焦技能和技巧的机械训练,割裂了语言形式学习和语言意义学习,忽视单元或语篇主题内容的全貌,未能把握语篇所承载的大观念。

3. 教学过程无序化

机械训练,刷题刷分,"满堂灌"缺乏层次和逻辑连贯。教师缺乏以意义探究统领活动设计的意识,导致活动之间无逻辑关联等。

4. 教学目标扁平化

简单地把教参中的教学要求作为单元目标,经常出现活动设计背离单元整体目标的现象。

以上这些问题导致了英语课堂上要培养的学科核心素养无法有效落实,根本原因在于缺乏学科大观念的统领,可以说是"一叶障目,只见树木不见森林"。

(二)英语学科大观念的特点

学科大观念是落实英语核心素养目标、有效组织课程内容和开展教学设计的重要抓手。英语学科大观念是指向学科本质的语言大观念,具有以下特点:

第一,从全局视角审视整个单元的学科育人价值,实现教学目标立体化。

第二,在充分考虑各部分内容之间关联的基础上,统筹安排教学内容,避免教学内容碎片化。

第三,根据主题意义和语言习得的规律有序设计教学活动,避免教学过程模式化。

第四,从单元整体角度评价教与学的效果,反思、改进教与学,实现教、学、评一体化。

三、明确基于大观念设计英语教学的方略

(一)基于大观念进行英语教学设计的方法与策略

1. 从学科本质视角,基于大观念确定指导思想,把握教学方向

英语课程以培养学生的核心素养为目标,在教学设计中应体现课程工具性和人文性的融合统一,即学生通过语言学习,提升用英语理解和表达意义的能力,同时在主题意义探究中更好地认识自我、认识社会和认识自然。例如认识自我,丰富自我,完善自我;学会维持良好的人际关系和社会交往;了解科技发展与信息技术创新、科学精神、信息安全;理解人类生存、社会发展与自然环境的关系等。基于此,教学设计既要关注学生语言能力的发展,又要落实立德树人和学科育人的教育目标。教师要学会从学科大观念的高度确定教学设计的指导思想,特别是要形成对学科本质、课程内容和教学方式的大观念。

以《普通高中教科书 英语 必修 第二册》(2019年人教版)第一、二单元为例,教学指导思想可以提炼为以"学会分析问题,解决问题,并付诸实践"的大观念为核心,分别围绕保护文化遗产、保护野生动物的主题展开,带领学生思考如何解决文化遗产保护与野生动物保护方面的问题,并鼓励学生积极参与、付诸行动。

2. 从课程内容视角,基于大观念研读语篇内容,挖掘核心价值

研读语篇是教师把握教学内容的抓手。通过深入研读语篇,梳理呈现主题意义和主要内容的语言知识,分析篇章结构与修辞手法,形成结构化知识。通过挖掘和提炼单元大观念,把握文本核心育人价值,为制定教学目标、组织教学内容、设计教学活动、选择评价方式奠定基础。

(1)基于单元主题,梳理语篇核心价值与内容关联。语言学习应围绕主题意义建立内容要素之间的有机关联。基于这一大观念,教师需要围绕单元主题,提炼语篇背后的深层育人价值,通过反复揣摩语篇的"课眼",对单元内的语篇间存在的隐性关联进行深度剖析,在主题和内容之间建立显性的关联,体现教学的整体观。例如《普通高中教科书 英语 必修 第二册》(2019年人教版)第一、二单元的知识内容结构如表3-1所示。

表3-1 《普通高中教科书 英语 必修 第二册》(2019年人教版)第一、二单元的知识内容结构

单元	主题	主题意义	大观念(关联)
Unit 1	文化遗产	我们应该积极思考如何解决文化遗产保护的问题,并付诸行动	学会分析问题、解决问题,并付诸行动
Unit 2	濒危动物	我们应该保护濒危动物,维护生态平衡,与自然和谐共处	

经过深入研读教材可知,Unit 1 要解决的是文化遗产保护的问题,Unit 2 要解决的是野生动物保护的问题。两个单元的主题和主题意义各不相同,但却通过"学会分析问题、解决问题,并付诸行动"这一大观念联系在一起,帮助学生进行更深层意义的构建,更有利于学生将所学知识迁移到真实世界中,真正学会分析问题、解决问题,并付诸行动。

(2)基于语篇的文体特征和交际目的,梳理篇章结构与修辞手法。语篇具有特定的文体结构和语言特征,承载语言知识和文化知识,传递文化内涵、价值取向和思维方式。遵循这一大观念,语篇不再是一个个割裂语言点的简单拼接,而是通过其文体特有的结构和语言有效地传递意义。研读语篇时,应注意挖掘不同语篇为实现其特定交际目的而呈现出的篇章结构和语言修辞,并以此为据进行教学,从而有效地引导学生从语篇表意的角度把握文章脉络,深入理解语言特征,在语言输出时也能有意识地根据交际需要,运用所学的语篇知识,连贯地表达意义,实现将学科语篇知识转化为语篇能力,再迁移至新的情境,用于创造性的意义表达。

以《普通高中教科书 英语 必修 第二册》(2019 年人教版)第一单元的 Reading for Writing 为例,来引导学生阅读梳理文本结构和语言特征。

该板块的教学重点是引导学生掌握新闻报道的常见结构和语言特征,并指导学生写一篇语言连贯、结构清晰的简短新闻报道。

文本是一篇有关利用数字技术制作敦煌莫高窟文物图像的新闻报道,短小精悍、结构简明,具有典型的新闻内容和语言特征。标题使用了短语动词,体现了简明概括的特点。导语是第一段中的前两句,讲述了该文化遗产保护项目的概况,包括时间、地点、人物、事件等要素,使读者对该新闻报道的要点一目了然。导语之后是一些支撑性细节信息。主体是第二、三段,报道了莫高窟的重要历史文化价值和制作莫高窟文物数字照片对传承历史文化,增进国际文化理解、交流与合作的重要意义。报道使用了直接引语、背景介绍等新闻写作手法。

在梳理的基础上进行概括总结:新闻报道一般具有比较鲜明的文体结构特征,包括标题(headline)、新闻导语(lead)和主体(body)。标题一般短小精悍、生动形象,常用短语、省略或缩略词和一般现在时态,单词首字母大写或所有字母都大写;导语简述新闻梗概,往往是新闻的第一段的开始部分,给出 who、what、when、where 等信息;正文部分描述事件发生的过程及结果,一般按照事件的重要性来排序(有时也按照时间先后等方式来排序)。此外,新闻报道多用直接引语、被动语态,一般不发表主观评论,常提供背景信息等,以体现其客观、真实、有说服力等特征。

(3)基于语篇的主题意义,建构梳理知识结构。英语学习的过程是一个依托语篇开展主题意义探究的过程,学生需要在这一过程中逐步建构起基于主题的结构化知识。从这一大观念出发,研读语篇时,教师首先要概括、整合语篇信息,提炼结构化知识,为引导学生合理利用多种工具获取梳理信息、形成结构化知识奠定基础。将知识结构化,有利于学生在零散信息和新旧知识之间建立联结,促进语言的整体习得和语篇意义的深层理解,为学生迁移知识结构、创造性地解决真实情境中的问题提供条件。

以《普通高中教科书 英语 必修 第二册》(2019年人教版)第二单元为例,对Discovering Useful Structures 板块进行知识结构梳理。

【活动主题】该活动主题为"报告正在发生的事"(Report an ongoing event),目标语法结构是现在进行时的被动语态。珍稀野生动物正在遭受大规模的盗猎,物种处于濒危的边缘,拯救行动正在展开。"正在""遭受"等正是现在进行时被动语态表达的意义。

【目标结构】本单元学习的语法知识是现在进行时被动语态的用法,它与现在进行时的主动语态、一般现在时的主动语态和被动语态在形式、意义、功能上有所不同,因此在语言理解和语言表达过程中应注意区分。学生在熟练掌握现在进行时被动语态的形式和意义的基础上,能够在语篇层面正确运用,使语言表达得更准确、生动。

【教学重点】引导学生在语境中理解并正确运用现在进行时被动语态。既关注语言形式,又重视意义的理解。

【活动设计】本板块的活动设计围绕动物保护主题来展开。活动1让学生发现所给句子中的现在进行时被动语态,初步感知其形式与功能,并在本单元寻找更多含有现在进行时被动语态的句子。活动2通过选词完成句子,引导学生在单句中辨别现在进行时被动语态和主动语态以及一般现在时被动语态三种语言形式的意义和功能,并初步运用,通过对比,让学生加深对现在进行时被动语态的理解。活动3是语篇填空活动,要求学生利用现在进行时被动语态填空,使语篇完整。聚焦现在进行时被动语态,学生用不同动词构成现在进行时被动语态,反复使用该语法结构,在更加丰富的语篇层面进一步体会并熟悉其形式、意义和用法。活动4让学生讨论当地正在采取哪些措施保护动植物,就动植物保护提出自己的建议,并在全班展示。

这样设计,避免了脱离语篇主题和语境,干巴巴地一味地说教和反复机械操练主动语态到被动语态的变化规则:找出句子宾语作为被动句的主语,找出谓语动词进行变换(am/is/are doing 变为 am/is/are being done),然后在介词 by 后加上原句主语。

3. 从课程实施视角,基于大观念设计教学活动,落实教学评价

基于单元大观念,教师要依据目标有序地规划教学,使学生的探究活动围绕主题意义展开。通过一系列逻辑连贯、层层递进的教学活动,引导学生自然而然地生成对大观念的理解和把握,形成对自我、对社会和对自然的新的认知、态度和价值判断。

(1)语言学习活动体现学生主动探究意义的过程。语言学习活动是学生基于语篇和主题语境,在教师的指导下主动开展意义探究的活动。教师要设法通过语言学习活动的设计,将自己对语篇的理解转化为学生对主题的探究。活动设计应基于特定主题,引导学生在探究主题意义的过程中,整合性地学习和运用语言知识,自主地去建构新的结构化知识,深化对单元主题的理解与认知,并在主题意义探究中获得知识、提升技能、发展思维、塑造品格。

(2)基于活动观设计有层次、有逻辑、内在关联的学习活动。教师要规划服务于目标

达成的教学活动。例如导入主题的活动可采用逆向思维方式，从学生需要建构的单元大观念出发，思考需要激活学生的哪些储备知识，铺垫哪些背景知识，以及铺垫哪些语言知识；同时，要考虑完成这些目标需要哪些材料和资源的支持等。为确保课堂教学活动之间紧密的内在逻辑关联，教师可以适当重组单元教学语篇，调整语篇教学顺序或补充相应教学材料。

教师可以通过设计体现主题意义探究、逻辑严谨的问题链，将问题的讨论逐渐引向深入，帮助学生在主动参与问题解决的过程中，形成以大观念为统摄的结构化知识，并能将其迁移到新情境中解决新问题。教学活动的设计应逐步从学习理解到应用实践再到迁移创新，最终形成一个逻辑关联的活动链，助力将知识转化为能力，将能力转化为素养。

以《普通高中教科书 英语 必修 第二册》（2019 年人教版）第二单元 Reading and Thinking 板块为例，可以设计五个活动，既体现整个阅读过程，又体现阅读理解的不同思维层次（表 3-2）。

表 3-2 《普通高中教科书 英语 必修 第二册》（2019 年人教版）第二单元教学活动设计

活动	从阅读过程来看	从思维层次来看
1	读前思考和讨论的环节，激发学生的好奇心，引起学生的阅读兴趣，并激活已有的关于藏羚羊和羌塘国家自然保护区的知识和体验	激活学生的背景知识
2、3	阅读中的信息获取、分析和推断环节，其中活动 3 培养"区分字面意义和隐含意义"的阅读策略	涉及阅读材料的细节理解，包括事实细节、词汇意义、推理判断等方面。其中活动 3 培养学生的阅读策略，即区分字面意义和隐含意义的能力
4	训练学生初步运用阅读材料中学到的新词汇	训练学生在相似情境中正确应用本单元新词汇的能力
5	阅读后的批判性思维活动，学生结对讨论是否同意作者的观点，引导学生进一步思考如何行动才能与自然和谐共处	基于文本主题的内容拓展及观点表达的高阶思维活动。作者在阅读文本中提出了"为了拯救地球，人类必须改变自己的生活方式，并学会与自然和谐相处"的观点。学生要根据自己的理解来思考作者的观点，形成自己的判断，并提出自己的想法和观点

这些阅读活动不仅体现了信息的获取、分析和处理的过程，而且也将语言理解与表达有机地结合起来，思维深度和挑战性逐渐加大。

（3）基于教、学、评一体化大观念，确保目标、活动与效果的内在统一。教、学、评一体化是落实英语学科核心素养目标的重要保障。遵循这一大观念，教师需要设计反映学生学习表现和学习成效的评价活动。基于大观念的教学旨在帮助学生建立知识间的纵横联结、助力知识结构的应用迁移,课堂评价的重点不是考查学生对某个知识点的记忆,而是考查学生对结构化知识的建构与内化以及能否将其运用到新情境中解决问题。在这一过程中,教师要注意观察学生是否能够整合性地运用所学语言,能否阐释对语篇主题意义的新认知,能否有理有据地表达个人观点、体现正确的价值判断。学生课堂学习的实际获得、实际体验和实际表现是检验教学目标是否落实和教学活动是否有效的唯一标准。

评价指标应与教学目标保持一致,具有可观测性和可检测性的特点。评价工具的设计应符合单元大观念教学框架的要求,从多个维度开展综合性评价,考虑通过收集学生作品,提供学生展示机会,借助可视化工具呈现大观念的理解过程,使用观察、提问、展示、反馈等方式确认学生对主题意义、文体结构、语言修辞以及语篇背后大观念的理解。在评价活动中,教师和学生同为课堂评价的主体。例如通过自评、互评、共评等方式,充分参与课堂评价,持续思考新旧知识间的关联,反思对大观念的理解与迁移程度,及时调整学习思路与计划,提升元认知水平。教师应充分认识到评价不是游离于教学活动之外的附加环节,而是教学过程的有机组成部分,应确保教学与评价过程的一致性,实现以评促学、以评促教。

目标源于课标,基于课程标准制定学习目标,明确学习方向(学习什么);教学活动依据目标,基于学习目标设置教学活动,明确学习方式(怎样学习);课堂评价源于课堂教学,基于课堂教学进行课堂评价(学得怎样)。因此,教师需要做到目标与课标匹配、教学与目标匹配、评价与教学匹配,确保教、学、评一致。

(二)基于大观念的单元整体教学设计

基于大观念的英语单元整体教学设计是以大观念为统领,以教材中的单元为基础,以单元意义为导向,对教材内容、教学目标、教学活动和教学效果评价的整体化设计。

基于大观念的单元整体教学设计有助于教师从整体的视角审视整个单元教学内容的学科育人价值和意义;有助于教师在充分考虑各部分内容之间关联的基础上,统筹安排教学内容;有助于教师制定适合恰切的单元教学目标;有助于教师根据意义建构的逻辑和语言习得的规律整体设计学习活动;有助于教师从单元整体的角度评价单元学习效果,反思和改进教学。单元整体教学设计可以帮助教师克服碎片化教学,形成整体化的教学思维,有助于提升课堂教学的实效。

基于大观念的单元整体教学设计是一个整体设计、统筹安排的过程,是在充分分析课标、教材和学情的基础上,明确单元主题、确立单元目标、整合单元内容、设计单元学习活动、制定单元评价标准的过程。

以《普通高中教科书 英语 必修 第一册》(2019 年人教版)第四单元 Natural Disasters 为例,探讨基于大观念的单元整体教学设计的策略。

1. 探究关联,明确单元主题

发现关联,以关联来统摄单元各部分,形成结构化整体。英语学科单元内的教学目标的确定、学习内容的整合、教学活动的设计都应围绕主题意义探究而进行,主题意义起着关联和统摄各部分内容的作用。

在整体设计单元教学时,探究各部分内容之间的关联,明确单元主题,是构建结构化整体的基础。教师首先要分析组成单元的各部分内容所传递的意义,然后将其整合,发现其关联,并从育人的角度考虑课程的价值,即分析单元内容对学生成长的价值和意义,明确整个单元的课程体现的主题意义。

Natural Disasters 这个单元的教学内容共涉及 6 个语篇,其中前 4 个语篇是教材的主体部分,后 2 个语篇来自练习册部分。本单元所涵盖的教学内容见表3-3。

表3-3 《普通高中教科书 英语 必修 第一册》(2019年人教版)第四单元教学内容梳理

语篇	语篇类型	语篇内容	语篇主题
1	新闻报道(听说)	灾害报道	认识灾害(知识)
2	报告文学(阅读)	唐山大地震	认识灾害、应对灾难(行为、态度)
3	新闻采访(听说)	地震自救措施	应对灾难(知识、技能)
4	新闻报道(读写)	东南亚海啸	认识灾害(知识)
5	记叙文(读写)	旧金山火灾	认识灾害、应对灾难(行为、态度)
6	说明文(阅读)	中国国际救援队	应对灾难(行为、态度)

从上表可知,单元语篇围绕认识灾害和应对灾难这一主题,内容包括灾害种类、特点、原因,以及应对灾难的知识与技能、行为与态度等。此外,教师应从学生需求视角考虑学生对灾害的了解程度,以及他们是否知道如何正确应对灾难。综合教材分析和学生需求分析,可以确定本单元的主题意义是灾害和灾难教育。学生学习本单元后能了解灾害,掌握应对灾难所需的知识与技能,探究应对灾难应具备的行为和态度。

2. 围绕主题,整合单元内容

单元作为承载主题意义的基本单位,其主题起着关联和统领整个单元内各部分内容的作用。教师可以围绕单元主题,依据学生情况,对教学内容进行整合和重构,使学生能循序渐进地不断拓展和深化对主题的认识。教师可以从横向拓展和纵向深化的角度整合内容,体现主题意义建构的过程。在整合内容时,还要考虑学生的认知基础和发展需要,尊重语言习得的规律。

使用教材教、有效处理教材的方法(SOAR 技术):增补(supplement)、删减(omit)、调整(adjust/adapt)、替换(replace),让教材贴近自己学生的实际。

针对 Natural Disasters 的学习,在整合内容时可以围绕灾害和灾难教育这一主题,综合考虑意义建构、语言习得等因素,制订如下的单元内容整合方案(表3-4)。

表3-4 《普通高中教科书 英语 必修 第一册》(2019年人教版)第四单元内容整合方案

课时	语篇内容	语篇主题
1	语篇1:灾害报道	认识灾害:初步了解不同灾害的基本特点
2	语篇2:唐山大地震	认识灾害、应对灾难(行为、态度):获取描述唐山地震发生的全过程及其危害,推断唐山重生的原因,分析应对灾难应具备的行为和态度
3	语篇3:地震自救措施;其他灾难自救措施(补充材料)	应对灾难(知识、技能):获取应对地震及其他灾害应具备的知识和技能,丰富应对灾难的知识储备
4	语篇4:东南亚海啸	认识灾害:了解海啸的基本特点
5	语篇5:旧金山火灾	认识灾害、应对灾难(行为、态度):获取旧金山火灾造成的危害,重点分析火灾中人们行为的描述,阐释人性的光辉
6	语篇6:中国国际救援队	应对灾难(行为、态度):评价中国国际救援队的行为,探讨人类命运共同体的理念,阐释责任和担当的内涵
7	制作灾难生存手册:认识灾害,应对灾难	单元综合输出任务:巩固和内化所学内容,并在完成任务过程中能将所学内容内化输出

教师从横向拓展和纵向深化的角度对本单元内容进行整合,帮助学生建构主题意义。横向拓展体现在对主题内容的拓展。学生通过学习以上语篇,了解不同灾害的基本信息、具体特点、形成的原因、造成的危害,以及人类面临灾难时应对灾难的知识、技能和行为、态度。纵向深化体现为对主题意义不断深入的探究。在编排课时的时候,可以将语篇1—3、4—6分别整合为两个学习小单元。在语篇1—3学习小单元,学生在理解不同灾害基本特点的基础上,获取应对灾难应具备的知识、技能和行为、态度。在语篇4—6学习小单元,学生除了理解在第一个学习小单元中获得的信息之外,重点分析关于人们在灾难中行为的描述,阐释责任和担当的内涵。这种螺旋上升式的课时内容安排,使学生对主题的认知不断深入,有助于学生的语言习得和思维发展。课时7是单元综合性输出任务,学生将再次内化前6个课时所学的内容并进行综合性表达,这是学生学习本单元后认知变化、素养提升的综合评价。

3. 依据主题和课程标准,确立单元目标

单元学习目标是学生在完成某个单元的学习后应达到的标准和要求,涉及"学什么"(学习内容)、"怎么学"(学习方式)和"学到什么程度"(学习评价)。单元目标是课程目标的有机组成部分,单元学习目标要以发展学生的学科核心素养为宗旨,根据各单元主题和教学内容制定,学习目标应该可达成、可操作、可检测。

教师在确立单元目标时要围绕单元主题，并参照课程标准中学业质量水平的要求。围绕单元主题确立目标，能解决单元目标中"学什么"的问题，有助于精准定位教学重点。依据课程标准中学业质量水平的要求确立目标，能解决单元目标中"学到什么程度"的问题，有利于目标的达成和检测。为了促进核心素养的形成，教师要在英语学习活动观的指导下确立目标，使目标具有层次性和渐进性，并且涵盖对学生核心素养四个维度的培养。

据此，Natural Disasters 这一单元的学习目标可以确定如下：

（1）能够获取并简单描述本单元中主要提及的灾害，包括灾害发生时的场景及其造成的危害。

（2）能够获取和分享应对灾难的安全自救知识。

（3）能够阐释在应对灾难时应持有的正确行为和态度。

（4）能够制作灾难生存手册，并对手册内容进行宣讲。

学生在学习本单元时，完成对灾害和灾难教育这一主题内容的学习理解、描述阐释、分析总结以及迁移创新，在学习过程中不断深化对主题的认知，实现主题意义的建构。多次的理解和表达有助于提升学生的语言能力，层层递进的认知活动有助于培养学生的思维品质和学习能力，促进学生文化意识的形成。

4. 立足目标，设计单元学习活动

单元学习活动是根据课程目标和教材内容所设计的以学生为主体的综合性语言实践活动，单元学习活动应服务于单元整体目标的达成。教师要基于课时内容将单元目标分解成课时目标；基于课时目标，设计单元学习活动；单元学习活动要指向课时目标的实现，并助力于单元目标的达成。这一过程体现了整体统辖部分、部分服务于整体的关系。

针对 Natural Disasters 这一单元的教学设计，教师可以在整合单元内容的基础上制订指向单元目标的单元学习活动方案。例如为了达成单元目标1，教师可以基于课时内容，将单元目标1（能够获取并简单描述本单元中主要提及的灾害，包括灾害发生时的场景及其造成的危害）分解成课时目标：通过课时1的学习，能够口头介绍灾害的基本信息；通过课时2、4、5的学习，能获取并介绍具体灾害（唐山大地震、东南亚海啸、旧金山火灾）的特点；通过课时7的学习，能够完成灾难生存手册中有关灾害特点以及应对措施等内容的编写。

之后，教师可以基于各课时目标设计下列学习活动：

【课时1】收听新闻报道，获取灾害（地震、水灾、龙卷风、山体滑坡）的基本信息，并简要播报以上灾害的新闻。

【课时2】获取并介绍有关唐山大地震的详细信息——震前异象、震中破坏、震后救援和重建，分析并总结文章如何通过语言描写呈现地震发生的场景和造成的危害。

【课时4】获取并介绍有关东南亚海啸的详细信息——时间、地点、原因、过程、影响等，基于阅读文本完成摘要。

【课时5】获取并介绍有关旧金山火灾的信息,包括火灾发生的过程以及造成的损失,分析并总结文章如何通过语言描写呈现火灾发生的场景和造成的损失。

【课时7】搜集和整合不同灾害特点的相关信息,完成灾难生存手册中有关灾害特点以及应对措施等内容的编写。

上述活动因为共同指向单元目标1而彼此联系,避免了活动背离目标的现象。此外,活动涉及基于灾害特点的学习理解和应用实践,体现了认知不断深化的过程。

又如,为了达成单元目标3(能够阐释在应对灾难时应持有的正确行为和态度),让学生能阐释应对灾难时应持有的正确行为和态度,教师可以设计如下学习活动:

【课时2】推断唐山恢复生机的原因,总结出人们团结一致、守望相助,以积极的心态战胜困难的行为和态度。

【课时5】分析旧金山市民遭遇火灾时友善的行为,阐释人性的光辉。

【课时6】评价中国国际救援队的行为,探讨人类命运共同体理念,阐释责任和担当的内涵。

【课时7】完成灾难生存手册中关于应对灾难的相关内容的编写。

上述活动在围绕应对灾难的行为和态度这一共同主题的基础上,从理解、分析、评价他人的行为,到深入思考并总结自己面对灾难时应持有的态度,体现了活动的关联性和层次性,并最终指向单元目标3的达成。

总之,活动设计立足于单元目标,同时又促进单元整体目标的达成。学生完成活动的过程是意义拓展和建构的过程,也是理解和表达能力提升的过程,还是认知发展的过程。

5. 对照目标,制定评价量规

课堂教学的过程既是教师组织教学活动不断地对教学方式和效果进行判断、调整和提升的过程,也是学生对学习行为和成效反思、调整和改进的过程,评价伴随课堂教学全过程。通过整个单元的学习,学生能否达成单元整体学习目标,取决于每个课时目标的完成,以及每个课时中每个学习活动目标的完成。对于学习过程中学生的生成情况,教师要予以关注,并通过制定评价量规,观察、分析课堂生成情况,评价学生对所学内容的掌握情况,最终实现以评促教、以评促学。

单元评价任务既包括对各课时中每个学习活动效果的评价,又包括对单元整体学习效果的评价。由于单元整体评价直接指向整个单元的学习效果和目标的达成度,所以在评价任务的选择上要涵盖整个单元的主要内容。教师可以将最后的单元综合性输出活动作为单元整体评价任务,评价学生的单元学习效果。在评价前,教师要根据单元整体目标制定评价量规。

针对 Natural Disasters 单元整体学习效果评价,教师可以根据单元目标,将灾难生存手册的制作作为本单元的整体评价任务,并编制如下的评价量规,用来评价本单元的学习效果(表3-5)。

表 3-5　单元整体评价任务:制作灾难生存手册

评价指标 (10分)	评价标准描述	评价 自评总分(　)　互评总分(　)
内容 (7分)	至少涵盖三种灾害(地震、海啸、火灾)(1分) 分类介绍灾害特点,包括发生的原因以及造成的危害(2分) 分类介绍应对灾难应具备的安全自救知识与必备技能(2分) 整体阐释在应对灾难时人们应持有的正确行为和态度(2分)	优秀:7分(完全覆盖要点) 良好:5~6分(基本覆盖要点) 一般:1~4分(主要要点缺失) 自评得分(　)　互评得分(　)
形式 (3分)	语言:表达准确(2分) 版面:编排合理,便于查阅(1分)	优秀:3分(达到要求) 良好:2分(基本达到要求) 一般:1分(存在明显问题) 自评得分(　)　互评得分(　)

灾难生存手册包括不同自然灾害的特点以及应对灾难的知识、技能和行为、态度等内容,这也正是本单元的主要内容,所以制作灾难生存手册可以作为直接评价整个单元学习效果和目标达成度的单元整体评价任务。为了使评价具体、操作性强,教师可以从内容、语言、逻辑和版面设计四个维度详细描述评价内容。教师和学生可以对照各项评价指标进行评价、反思,发现问题,改进教学和学习方式,达到提升单元学习效果的目的。

总之,整体设计单元教学,有利于学生习得语言、建构意义、深化对主题的认知,有利于学生英语学科核心素养的培养。

四、熟悉基于大观察设计英语教学的流程

基于以上理论和策略,近几年来我们一直在探究、实践运用基于大观念的以任务、情境、体验和活动等构建的"英语六环节"整合教学流程。

【步骤一】Lead-in "情境启动"(创设情境,"激趣诱动"——激发兴趣,诱导活动)

设置问题情境,导入新课主题。"设情激趣",激起动机,激发兴趣,使学生产生强烈的求知欲望,为课堂营造良好的学习氛围。精彩的导入,如同拉开的大幕,学生一眼就看到迷人的景色,向往去胜地游览;犹如乐章的序曲,学生一开始就受到强烈的震撼,痴迷而陶醉。

教师在课前要将心态调整到平静愉悦的状态,将激情、微笑、爱心、趣味带进课堂。研究导入技巧,设计好问题情境(生活实例、社会热点、音像资料、温故知新等),激发学生的学习欲望,引导学生迅速进入课堂学习状态。设置情境要引人入胜,提出的问题要紧扣主题,启发学生思维,让学生做到"跳一跳摘到桃子"。例如《普通高中教科书 英语 必

修 第二册》(2019 年人教版)第二单元 Reading and Thinking 板块。

展示几张相关的图片或视频片段,最好是带有雪山(snow-covered mountain)、一群优雅的藏羚羊(a herd of graceful Tibetan antelopes)、在蓝天下观察(observe)藏羚羊的放牧人或游客等,让学生看图画和标题,预测课文内容,为下面的阅读做好铺垫。然后,再展示几组关于藏羚羊和羌塘自然保护区的图片,让学生分组讨论并分享有关藏羚羊和羌塘自然保护区的知识和体验。此活动重在鼓励知识丰富的学生通过分享拓展其他同学的视野。

【步骤二】Showing goals "目标激动"(呈现目标,激励活动——明确目标,积极活动)体现教与学方向明确

研读课程标准,把握基本理念,明确方向,增强目标意识;研读教材文本,充分与作者、编者对话,感悟教材,领会教材,把握教材;研读教师参考用书,站在编者的肩膀上看教材,与编者对话;分析所教班级学生的学情,"对牛弹琴"无法做到"对症下药",正确设定学习目标。学习目标恰切、具体、明确,符合课程标准要求及学生认知规律、水平,具备可操作性和可检测性。

课始,教师要出示、呈现学习目标,学生明确本次学习内容(学什么)、学习方法(怎么学)和学习评价即检测方法(学得怎么样)。学生带着明确的任务,运用恰当的学习方法进行学习,增强探究学习的针对性、主动性和时效性。

【步骤三】Researching "探究互动"(合作探究,师生互动——自主学习、合作探究、交流共享)体现学习理解活动

1. 活动设计

以单元内容为基础,以目标为导向,以问题为驱动,以任务为承载,以体验为根本,创设真实情境,开展探究活动。为落实学习目标开展教学活动,教学活动以问题为驱动,以问题设计有意义的任务并完成任务,落实学习目标的达成。设置的问题要符合学生的实际水平,如果学生整体水平高,问题设置跨度要大一些,留足思维空间。反之,如果学困生较多,设置问题要有梯度,降低问题难度,减缓问题坡度。

以必修第二册第二单元 Reading and Thinking 的"读中活动"为例:

(1)快速略读文章,了解文章主旨大意。

(2)细读文章,归纳各段大意。教师可以引导学生使用关键词或句子提炼段落大意,也可以给出段落大意,让学生完成匹配,以降低难度。

(3)梳理信息,深入挖掘主题。第二次细读文本,回答相关问题,完成表格信息填写。

(4)再读文章完成思维导图。

(5)分组讨论作者的写作意图。

要根据课标对阅读理解能力的要求,按照文本内容和特点设计问题,落实能力的培养。

2.学习方式

(1)自学:个体自主学习。学生按照要求自主学习,独立思考,初步体验。通过自主学习,了解文本内容,为厘清知识脉络、构建知识体系打下基础。

(2)互学:小组合作探究。小组内的学生对问题进行讨论、交流、探究。可以采用"兵教兵"互学,以开阔学生视野,丰富学生情感,挖掘学生潜力,培养学生发现、思考、解决问题的能力。培养学生的参与意识,引导学生敢于并善于发表自己的意见,虚心倾听他人的意见,提高鉴别、归纳、思考、表达等方面的能力。

(3)共学:集体展示交流。学生按学习的任务要求进行课堂展示。展示是呈现自学、互学成果的环节。展示环节能够吸引学生参与,激发学生学习兴趣,提高学生学习能力。通过展示,发现学生探究学习的效果。

要摒弃不良的教学行为:为任务而任务——授课教师缺乏目的性(关注怎么教、忽视怎么学);为轰动而轰动——教学活动缺少实效性;为赏识而赏识——课堂评价缺乏准则性。失真,偏离了教学的实际情况和真实水平;作秀,渲染了不必要的表演色彩;低效,没有发挥学生主体探究的作用,中看不中用。过多、过滥、不必要的课堂活动,让课堂气氛显得异常火爆热烈,但学生仍然是老师的"思想玩偶",并非真正进行自主学习与合作探究。走过场,轻评价,学生学习实效差。课堂教学中有些老师"放不下、舍不得、等不及和闲不住",要把眼睛还给学生让他们去发现,把大脑还给学生让他们去思考,把嘴巴还给学生让他们去表达,把双手还给学生让他们去书写。课堂教学张弛有限度、疏密有间隔。

【步骤四】Testing"检测评定"(反馈训练,检测巩固——限时训练,当堂达标)体现应用实践活动

检测环节是为检验学习目标、验收学习效果而设计的。强化目标意识,评判本节课学习效果,检测学生完成学习目标情况。

通过完成训练题、课堂作业,使学生巩固深化所学知识,提高运用、迁移、拓展所学知识解决实际问题的能力。

教师布置的训练任务应紧扣目标,有的放矢,学什么,练什么,就考什么。设计问题要有梯度,针对本课的重点和难点设计,提高学习目标的达成度。

【步骤五】Summarizing"点拨促动"(点拨归纳,升华活动——总结归纳,升华提高)体现学习升华活动

归纳总结是提升,一是在前面探究环节中对活动任务及时归纳总结;二是对本节课内容进行总结、归纳和拓展,丰富内容,提升高度。这有利于解决文本重难点,深化拓展文本内容,完善架构知识体系。教师讲解应简明扼要、重点突出、紧扣目标,增强针对性,针对学生的疑问和需要讲解。教师点拨、拓展,摒弃就题论题,对所学知识进行必要的、适当的指导梳理,揭示规律,传授方法,制定学习策略。

【步骤六】Applying(Assignment):"拓展应用"(拓展延伸,学以致用——知识迁移,活学活用)体现迁移创新活动

拓展环节是为了使学生对所学知识进行迁移延伸,活学活用。学习是为了应用,是为了解决实际问题。针对所学内容,设计任务,突出应用。提供话题、创设情境供学生去实践应用,培养学生的思维品质。此外,教师还要布置课外阅读,让学生结合学习内容,进行延伸阅读、拓展知识。

例如针对《普通高中教科书 英语 必修 第二册》(2019年人教版)第一单元文化遗产主题,结合故宫博物院、秦始皇陵兵马俑馆等,创设需要学生解决的真实问题,比如"参加青少年志愿者项目,向世界推荐中国非物质文化遗产""寻求别国经验,在不损坏文物的基础上修复文物""撰写关于当地博物馆文物保护的新闻报道或公众号推文"等。

在这一过程中,注重师生真实交流,营造课堂的"温度"。教师转变角色,做学生学习的引导者、合作者、促进者;营造良好的英语学习氛围,例如张贴学习海报、播放英语视频、组织英语学习小组或利用秧田式座位,增加师生互动展示交流的机会;落实课堂育人目标,提升课堂的"高度",传承价值,表达思想,贯通语言形式和语言意义的学习,奠定课堂的"厚度",提高语言输入与输出的互动协同;组织语言知识的功能、意义探究活动等,摒弃当下高中英语课堂存在的孤立反复的中英文单词互默练习、每日固定的课堂高考题型训练与讲解时间、模式化的书面作业等单一、固化、浅层的学习活动;联系语言学习与生活,奠定课堂的"宽度",例如听力教学,主张在听前环节增加所听材料的背景介绍主题探究,在听后增加分析人物、回归听的生活场景等环节,实现生活化使用材料。通常情况下,教师反复讲解与操练"听"的微技能,反复强调诸如听主旨大意、听细节数据、听专门信息等具体行为,从而实现学生的深度学习。

总之,在新课程改革背景下,教师以学科大观念为核心,进行单元整体教学设计,采用以主题为引领、以语篇为依托、以活动为途径,融合教学内容与教学目标多维、教学流程多层、教学手段多样的整合性教学模式实施教学,学生通过学习理解、应用实践、迁移创新等一系列英语学习活动,逐步获取、建构新知识,转化为能力,形成学科素养。

(撰稿:新郑市教师发展中心　陈宪忠)

第二节 基于核心素养的高中英语单元整体教学设计中的关键问题

普通高中英语课程的目标是培养和发展学生在接受高中英语教育后应具备的语言能力、文化意识、思维品质、学习能力等学科核心素养。单元教学是承载学科核心素养培育的基本单位,要以发展英语学科核心素养为宗旨。单元各板块之间在主题和语言上互相联系、互相支撑,输入和输出相结合,理解与表达相结合,形成一个系统、完整的单元知识体系。因此,单元教学要基于核心素养,围绕单元主题进行整体设计。我们要认真分析单元教学内容,梳理并概括与主题相关的语言知识、文化知识、语言技能和学习策略,统筹安排教学,使教学能够围绕一个完整的主题开展语言实践活动,探究主题意义,促进学生语言能力、文化意识、思维品质和学习能力的融合发展,引导学生形成对主题的完整理解。

基于核心素养的高中英语单元整体教学设计应把握以下几个关键问题:

一、研读教材,制定指向核心素养发展的单元整体学习目标

(一)研读教材,形成对单元的整体认知

围绕单元主题,梳理单元各板块的主要内容,分析其与主题的关联,获取对单元的整体认知。例如选择性必修第二册 UNIT 3 FOOD AND CULTURE 的单元主题语境是"人与社会"和"人与自我",各板块围绕"饮食与文化"这一主题展开(表3-6)。

表3-6 UNIT 3 FOOD AND CULTURE 板块内容梳理

板块	内容	与主题的关联
Opening Page & Quote	食物对人类的意义:它不仅为人们的身心健康提供养料,还在维系社会文化关系方面发挥着重要作用	激活学生关于主题的背景知识,深入理解单元的主题意义
Reading and Thinking	理解食物与文化的关系	领略中国饮食文化的丰富多彩、博大精深,理解饮食与文化的关系

续表 3-6

板块	内容	与主题的关联
Learning About Language	话题词汇学习、过去完成时主动语态和被动语态的用法	巩固阅读语篇中的重点词汇,拓展饮食文化知识;在与饮食相关的情境中理解和掌握过去完成时主动语态和被动语态的用法,拓展单元话题知识
Using Language(1)	听说话题语篇:与外国朋友一起点餐	结合自己的生活体验,分角色模拟在中餐馆与外国朋友点餐的对话,向外国友人介绍中国饮食文化
Using Language(2)	读写话题语篇:写一篇关于健康饮食的文章	运用所学的论述方法和有关健康饮食的知识,写一篇关于健康饮食的文章,深化对健康饮食这一主题的理解,并反思自身的饮食习惯,学会健康饮食、健康生活
Assessing Your Progress	单元重点词汇和语法检测、单元内容评价、自我反思及项目活动(设计你自己的餐馆)	综合运用本单元所学内容,进行语言整体输出,学以致用,培养创造性思维能力
Video Time	一种澳大利亚的新兴菜肴	理解饮食文化的多样性

通过分析各板块的内容及其与语篇主题的关系,建立对整个单元内容的清晰、全面的认知。本单元围绕"饮食与文化"这一主题,介绍了中国主要菜系的特点及代表性菜肴,呈现了中西餐馆的就餐场景和点餐过程,探讨了饮食与健康、饮食与环保之间的关系,帮助青少年了解中外特色菜肴及饮食文化差异,领略中国饮食文化的丰富多彩、博大精深,并思考饮食与文化、饮食与环保等之间的关系,养成健康的饮食习惯。本单元依托与单元主题相关的不同视角的语篇,形成一个系统、完整的单元知识体系,通过听、说、读、看、写等方面的训练,培育学生的学科核心素养。

(二)搭建单元整体框架,明确单元主要内容与要求

基于以上研读,对单元内容进行整合,使基于单元主题的内容建立起更紧密的意义关联,搭建单元整体框架。例如选择性必修第二册 UNIT 3 FOOD AND CULTURE 这一单元(表 3-7)。

表 3-7　UNIT 3 FOOD AND CULTURE 单元框架

Student Book			Workbook		
板块	页码	主要内容及要求	板块	页码	主要内容及要求
Opening Page 开篇页	P25	1. Theme picture 2. Quote 3. Unit goals 理解主题图、名言警句，了解单元学习目标和讨论问题	Using Words and Expressions	P75	Words and Expressions 巩固本单元重点单词和短语
Reading and Thinking 阅读与思考	P26-27	Understand the link between food and culture 阅读语篇，了解中国各地典型菜肴，理解其中所反映的文化内涵	Using Structures	P76	巩固本单元语法：过去完成时的主动语态和被动语态
Learning About Language 语言知识学习	P28-29	Build up your vocabulary 话题词汇学习 Discover useful structures 过去完成时的主动语态和被动语态	Listening and Speaking	P77	围绕单元主题进行听、说训练
Using Language 语言运用	P30-33	Using Language(1)听说话题语篇 Using Language(2)读写话题语篇	Reading and Writing	P78-79	阅读与本单元主题相关的语篇，就单元主题进行书面表达
Assessing Your Progress 自我检测	P34-35	1. Vocabulary 2. Grammar 3. Reflecting *4. Project 完成单元重点词汇和语法检测、单元内容评价、自我反思及项目活动	Expanding Your World	P80-81	拓展主题阅读，加深对主题意义的理解
Video Time 视频观看	P36	观看视频：What Are You Eating in Australia?			

（三）制定基于核心素养的单元学习目标

基于单元内容的研读、单元框架的搭建，对标课程标准，梳理并概括与主题相关的语言知识、文化知识、语言技能和学习策略，把培养学生的学科核心素养这一长远育人目标细化为基于核心素养的单元学习目标。例如 UNIT 3 FOOD AND CULTURE 的单元学习目标（表 3-8）。

表3-8　UNIT 3 FOOD AND CULTURE 的单元学习目标

学习目标与要求	课标关联
主题:饮食与文化	人与社会:历史、社会与文化;不同民族文化习俗;物质与非物质文化遗产;社会热点问题;重大历史事件,文化渊源;社会进步与人类文明等 人与自我:健康的生活方式、积极的生活态度
词汇:能够正确使用下列课标单词、词块和短语 　1.单词、词块（42个）:cuisine, prior, consist, pepper, recipe, chef, stuff, slice, onion, lamb, lamb kebab, elegant, dim sum, exceptional, minimum, consume, junk food, garlic, bacon, ham, sausage, cabbage, bean curd, dessert, canteen, cafeteria, pork, red braised pork, somewhat, madam, calorie, association, regardless, category, fibre, quantity, ideal, fundamental, chew, consistent, trick, overall 2.短语（4个）: prior to, consist of, slice...off, regardless of	1.在语境中,理解具体词语的功能、词义的内涵和外延以及使用者的意图和态度等 2.根据不同主题,梳理词语,并用于理解和表达相关的信息 3.学习形容词与名词、动词与副词、动词与名词等的习惯搭配,逐渐积累词块,确切表达意思、描述事物 4.在比较复杂的语境中,运用恰当词汇命名事物,进行指称,描述事件发生、发展的过程,描述特征,说明概念等
语法:能够在语境中正确理解和使用过去完成时的主动语态和被动语态	1.通过在语境中学习和运用语法知识,认识英语语法主要在哪些方面不同于汉语语法 2.运用所学的语法知识,理解所学语篇的基本意义和深层意义,恰当地描述真实和想象世界中的人和物、情景和事件,表达观点、意图和情感态度,进行人际交流 3.在语篇中正确地理解和使用过去完成时
语篇: 1.阅读有关饮食与文化关系的事理说明文,能够抓住文本的时间、地域线索,理解和把握食物与地域文化、历史传统、当地人性格特点等之间的关系 2.阅读有关健康饮食的科普说明文,能够把握其文体结构、信息要点、语言特色等 3.能够听懂在中餐馆与外国朋友点餐的对话,抓住核心内容和重要细节	1.语篇类型 (1)阅读与思考:事理说明文 (2)听力与表达:对话 (3)阅读与写作:说明文(健康饮食) (4)视频观看:其他语篇类型(视频) 2.语篇知识 (1)说明文语篇的主要写作目的以及这类语篇的主要语篇结构特征 (2)语篇中段首句、主题句、过渡句的作用、位置及行文特征 (3)正式与非正式语篇、口头与书面语篇的语言特征及差异 (4)语篇中的信息组织方式,如:语篇中新旧信息的布局及承接关系 (5)语法结构在组织语篇中的作用,如:通过使用被动语态在句子中合理安排重要信息的位置,以提高语篇的连贯性 (6)语篇成分(如:句子、句群、段落)之间的语义逻辑关系,如:次序关系、因果关系、概括与例证关系

续表 3-8

学习目标与要求	课标关联
表达： 1. 能够分角色模拟在中餐馆与外国朋友点餐的对话，在交流中正确使用点餐及付款的表达法 2. 能够结合本单元所学内容审视自身饮食习惯，并就此话题写一篇文章，恰当使用连接词，使上下文衔接自然、逻辑清晰	1. 语用知识 (1) 在比较深入的跨文化沟通中，正确理解他人的态度、情感和观点，根据交际场合的正式程度和行事程序，选择正式或非正式、直接或委婉的语言形式，表达自己的态度、情感和观点，体现文化理解，运用得体的语言进行跨文化交际 (2) 通过书面形式进行交际时，能根据交际对象的身份、事由、正式与非正式的程度，选择得体的语言形式进行有效的跨文化沟通 2. 语言技能 (1) 以口头或书面形式描述、概括经历和事实 (2) 以口头或书面形式传递信息、论证观点、表达情感 (3) 通过重复、举例和解释等方式澄清意思 (4) 运用语篇衔接手段，提高表达的连贯性 (5) 根据表达意图和受众特点，有意识地选择和运用语言 (6) 根据表达的需要，设计合理的语篇结构 (7) 在书面表达中有目的地利用标题、图标、图表、版式、字体和字号等手段有效地传递信息、表达意义 (8) 使用语言或非语言手段预示和结束谈话 (9) 使用恰当的语调、语气和节奏，提高表达的自然性和流畅性

二、深入研读语篇，确定课时学习目标

基于单元学习目标和语篇研读，确定课时学习目标，设计各语篇的教学活动。

语篇赋予语言学习以主题、情境和内容，深入研读语篇，把握主题意义是做好教学设计、落实学科核心素养的重要前提。要对语篇的主题、内容、文体结构、语言特点、作者观点等进行深入的解读，分析语篇所传递的意义，根据语篇的主题意义、文体风格、语言特点和价值取向，设计合理的教学活动，把语言学习与意义探究融为一体，帮助学生深刻理解语篇，培育核心素养。

每个课时学习目标的设定都要为达成单元整体目标服务，引导学生从不同侧面探究主题意义。

三、树立主题意识，探究主题意义，培育核心素养

学生对主题意义的探究应是学生学习语言的最重要内容，直接影响学生语篇理解的

程度、思维发展的水平和语言学习的成效。因此,设计单元教学时,应该把对主题意义的探究视为教与学的核心任务,引领学生语言能力、文化意识、思维品质和学习能力的融合发展。

例如 UNIT 3 FOOD AND CULTURE 的 Reading and Thinking 板块,围绕语篇主题,可以设计以下问题链:

1. What impressed you most in the picture on the opening page?

设计意图:通过对主题图片的理解与讨论,导入单元主题"饮食与文化的关系"。

2. In what way does the writer show us that culture and cuisine go hand in hand? Use the information from the text to complete the table in Activity 3 on Page 27.

设计意图:引导学生按照时间和地域线索梳理文本信息,领略中国饮食文化的丰富多彩、博大精深,理解和把握食物与地域文化、历史传统、当地人性格特点等之间的关系。

3. Do people living in different places eat the same food or different kinds of food? Do people living in different places share the same culture or different cultures?

设计意图:引导学生思考食物与文化的关系,培养学生概括和分析信息的能力,也为后续理解作者的观点做好铺垫。

4. Which is the topic paragraph? Which is the topic sentence? How is the passage developed? Structure the passage using a mind map.

设计意图:利用思维导图分析、概括并整合信息,培养学生把握语篇结构的能力。

5. How does the writer understand the saying "You are what you eat"?

设计意图:引导学生基于语篇内容,分析语篇中的主要观点,探究主题意义。

6. What is the writer's purpose in writing this passage?

设计意图:设计这一推断性理解任务,加深对主题意义的理解。

7. Do you agree with the writer? What is your own opinion? With the impact of globalisation, do you think food can still reflect different cultures?

设计意图:引导学生对作者的观点进行评价,并发表自己的观点,培养学生的批判性思维能力。

以上问题链的设计,以主题为引领,以语篇为依托,使所有的教学活动都围绕一个主题"饮食与文化的关系"来设计,富有层次,环环相扣,使学生对主题内容的理解由分散到聚合,逐步上升到意义层面,引导学生在活动中学习语言知识、发展语言技能、理解文化内涵、应用学习策略,落实培养学生学科核心素养的目标。

四、实施教、学、评一体化,促进核心素养有效形成

在教学设计与实施上,要做到学习目标、学习活动和课堂评价的一致性,推动教、学、评一体化实施。教师要制定基于核心素养的学习目标,依据学习目标确定评价内容,指导学生参与语言实践活动,促进核心素养有效形成。自始至终把目标当作一节课的灵

魂,学习活动都应指向目标的达成。课堂评价活动应贯穿教学的全过程,以检测学习目标的达成情况。开展评价活动时,不仅要说明活动的内容和形式,还应明确活动要求和评价标准,根据标准及时进行自评和互评,检验学习效果,促进核心素养有效形成。

例如选择性必修第二册 UNIT 3 FOOD AND CULTURE 中 Using Language 板块的第二部分 Reading for writing。该部分的活动主题是"写一篇关于健康饮食的文章"(Write about a healthy diet),通过读写活动帮助学生积累有关健康饮食的知识,深化对健康饮食这一主题的理解,并反思自身的饮食习惯,学会健康饮食、健康生活。

通过研读教材,设置以下学习目标:

1. 通过快速阅读,能够概括文章的主旨大意;
2. 通过研究文本结构和语言特点,能够分析作者论述观点的方法;
3. 依据提供的情境,能够运用所学的语言知识写一篇关于健康饮食的文章。

(一)对应目标1可以设置的评价任务

1. Read the text silently and draw the topic sentence for each paragraph.

设计意图:引导学生通过寻找主题句快速理解文章意义。

2. Match the subheadings with the paragraphs.

Paragraph 1   A. Slow Eating is Good
Paragraph 2   B. Reducing Sweets is Key
Paragraph 3   C. The Real Killer is Sugar
Paragraph 4   D. The Way You Look at Food is Most Important
Paragraph 5   E. Keep It Fresh and Balanced

设计意图:训练学生在理解主题句的基础上提炼出小标题,培养学生归纳概括的能力。

(二)对应目标2可以设置的评价任务

1. What are the key details that support each point?

A. The real driver of poor health is not so much fatty food, as it is sugar.

B. Much of this extra sugar comes from sweet drinks.

C. You can keep healthy by consuming different categories of fresh food…rather than processed foods.

D. A fundamental key to healthy eating is to eat slowly.

设计意图:引导学生分析语篇中的主要观点和事实,分析作者是如何论述观点的,为接下来的写作做准备。

2. Underline the linking words in the passage that introduce another way of saying what was already mentioned in the previous sentences.

3. Circle the linking words in the passage which show that contrasting ideas are being introduced.

设计意图:引导学生理解用于重述观点和对比信息的衔接词语,为接下来的写作做准备。

(三)对应目标3可以设置的评价任务

1. Talk to your partner about your writing. Take notes and fill in the form below.

What I ate/drank over the last 3 days	
Advice from the text	
Facts about diet and nutrition	
My good habits	
My bad habits	
Ways to improve my eating habits	

2. Use your notes to write your essay. You can start like this:

Overall, I think I have healthy/unhealthy eating habits. As for the things that I am doing right,…still, I should improve my eating habits by…

设计意图:引导学生进一步梳理文章信息,理解文章的观点,反思自己的饮食习惯,养成健康的饮食习惯。

3. Exchange your draft with a partner. Use the checklist to give feedback on your partner's draft.

Does the writer use details to support each point?	
Does the writer use proper linking words to tie the essay together?	
Has the writer really thought about his or her diet carefully?	
Does the writer use vivid words to add stress to his or her points?	
Does the writer use correct grammar, punctuation and spelling?	

设计意图:利用评价清单进行反馈,借鉴他人优点,反思自己的作品,提高对作品的评判能力,提升语言运用能力。

4. Put up your essay in the classroom.

设计意图:通过展示活动,相互借鉴、学习,共同提高。

以上评价任务对应学习目标,指导学生从主题内容、行文结构、语言表达等维度分析和理解阅读语篇,模仿阅读语篇的文体结构、论述观点的方法,并结合相关话题和观点写作,深化对健康饮食这一主题的理解。

(撰稿:荥阳市教育教学研究中心　巴朝军)

第三节　大观念统摄下的高中英语阅读与写作教学设计

高中英语新教材充分体现了以发展学生核心素养为出发点和落脚点的理念,教学中要深入挖掘学科内涵和育人价值,阅读和写作教学是非常重要的手段和载体。因此,如何在大观念统摄下做好读写结合的教学设计、体现学科理念、落实立德树人根本任务是高中英语教师亟待思考和研究的问题。本文主要聚焦大观念统摄下高中英语阅读与写作教学设计的研究与实践,希冀为引领高中英语读写教学的变革提供一种探索性的思路与模式。

一、更新理念,以学科大观念统摄教学设计

大观念在课程与教学领域有着特定的内涵,正如邵朝友、崔允漷在《指向核心素养的教学方案设计:大观念的视角》一文中指出:在地位上,大观念居于学科的中心位置,集中体现学科课程特质的思想或看法;在功能上,大观念有助于设计连续聚焦一致的课程,从而发生学习迁移;在性质上,大观念具有概括性、永恒性、普遍性、抽象性;在范围上,大观念意指适用较大范围的概念;在表达方式上,大观念有多种表现形式。

《普通高中英语课程标准》首次使用了"大概念"(等同于大观念)一词,强调在主题意义引领下,依托语篇,通过学习理解、实践应用和迁移创新活动,促进学生多元思维的发展和文化品格的形成。

新时代呼唤教育变革,作为课程实施的主体,教师更要从自己面临的现实情境和客观条件出发,充分理解国家课程改革纲要的精神,并根据实际情况不断调适,变革自己的教学理念,助推核心素养真正落地。核心素养是实施教育变革的抓手,是学生发展的根基和支柱,也是"大观念"的终极目标和教学指向。可见,大观念的所有独特属性都非常适合落实核心素养,有利于学生终身发展,因此我们以学科大观念统摄教学设计势在必行。

二、高中英语以读促写教学研究的必要性

《普通高中英语课程标准》指出:普通高中英语课程强调对学生语言能力、文化意识、思维品质和学习能力的综合培养,具有工具性和人文性融合统一的特点。普通高中英语课程应在义务教育的基础上,帮助学生进一步学习和运用英语基础知识和基本技能,发展跨文化交流能力,为他们学习其他学科知识、汲取世界文化精华、传播中华文化创造良好的条件,也为他们未来继续学习英语或选择就业提供更多机会。同时,还应帮助学生树立人类命运共同体意识和多元文化意识,形成开放包容的态度,发展健康的审美情趣和良好的鉴赏能力,加深对祖国文化的理解,增强爱国情怀,坚定文化自信,树立正确的

世界观、人生观和价值观，为学生未来参与知识创新和科技创新，更好地适应世界多极化、经济全球化和社会信息化奠定基础。这些都体现了高中英语学科教学要关注以培养全面发展的人为核心的素养目标，而这些素养提升的抓手与着力点在很大程度上就是阅读与写作。

阅读是一种理解、领悟、吸收、鉴赏、评价和探究文章的思维过程。写作是运用语言文字符号来反映客观事物，表达思想感情、传递信息的创造性脑力劳动过程。新课改环境下的英语写作教学提倡学生在教师的指导下，通过自身的阅读积累来表达自己的情感、态度、观点和想法等。阅读是学生获得语言输入的主要方式，离开了阅读的写作就是一口枯井。古人云："读书破万卷，下笔如有神。"高中英语阅读与写作的关系就像火车与铁轨的关系，二者之间不能脱节，只能互相依托。教学中，教师要引导学生有意识地从阅读中为写作汲取养分，从阅读中增益才气而提高写作能力，从阅读中汲取精华来丰富自己的写作内容。

对于英语学习者而言，阅读和写作是语言输入和输出的重要方式，也是提升语言素养的重要渠道。阅读是一项理解性技能，一直受到教师的重视。写作是一项表达性技能，是高中英语教学极具挑战性的项目之一，更是体现学生英语学科核心素养的重要标志。新高考对学生的写作能力提出了更高的要求，其中读后续写题型更加凸显了大单元统摄下对学生的语言综合运用能力的考查。

课标对课外阅读量提出了具体要求：必修阶段的课外阅读量平均每周不少于1500词，整个必修课程阶段不少于4.5万词。选择性必修阶段的课外阅读量平均每周不少于2500词，整个选择性必修课程阶段不少于10万词。目前，新高考阅读试题的比重也增加许多，英语学科可谓是"得阅读者得天下"。因此，在日常教学中，不少教师误以为学生阅读数量上去了，语言能力就必能得到提升，继而自然就能写出好文章。学生语言综合能力与写作能力的提升虽然需要一定的阅读量做保障，但由于中西方文化和思维的差异，阅读后若没有经过有效策略或手段去内化，很难将输入的知识自然转化为书面表达能力。不少学生经过一段时间的阅读强化训练之后，写作水平仍然不见提升。可见，多数高中对阅读教学重视程度虽高，然而效度却不容乐观。阅读教学存在设计浅层次化、文本解读不够充分、设计碎片化等问题，教师通常在引领学生扫读或浏览文章捕捉一些细节信息之后，就仅仅关注短语和长难句的讲解，而不注重语篇的深度阅读与思想内涵的挖掘，更谈不上品读、欣赏和鉴赏。这样一来，文章就变成支离破碎的语言点，无法真正内化为学生的语言能力和综合人文素养，阅读文本也就失去了本应发挥的重要作用。

鉴于此，探索出一种适用于大部分学校、以学科大观念为统摄、以学科育人价值为引领、切实关注到英语学科工具性和人文性的统一、真正践行英语学习活动观的以读促写教学模式，并在实施过程中逐步进行完善和优化迫在眉睫。

三、大观念统摄下的高中英语阅读与写作教学设计

要探索大观念统摄下的高中英语阅读与写作教学设计，就要基于学科大观念下的英

语学习活动观来链接读与写,最终实现以读促写。在日常教学和教研中,教师意识到阅读与写作教学存在脱节或融合不当的现象,由读到写的过渡过于突兀,不少学生难以驾驭。若在读、写环节之间加上有助于记忆、内化和输出的"记"与"说"环节,为读、写架起桥梁,学生就不仅能从以往被动地学一些支离破碎的英语知识的窘境中走出来,也更能学会精读、深读与品读,切实感悟到语言之美。经过"巧记"与"简说",学生在写作输出时就有了依附、有了抓手、有了策略,也有了自信和平台,最终顺利实现"畅写",体验到"下笔如有神"的成就感。因此,在日常读写教学中,我们建议使用大观念统摄下以读促写的"品读—巧记—简说—畅写"教学模式。

(一)以读促写的"品读—巧记—简说—畅写"教学模式的基本环节

该模式的基本原则是"读写结合、以读促写、以写优读",旨在为读、写架起知识"输入—内化—输出"的桥梁,即"巧记"和"简说"。

学生的"读"只能实现语言输入,他们多关注语言知识和故事情节、文本内容等,而难以把阅读中的内容、语言化为自己的理解、感受,引发自身的思维,更不能设身处地寓情于景,引发自身思想情感的变化。这样的阅读缺乏深度、浓度和温度,不利于学生核心素养的提升。如果在学生阅读之后,引导他们梳理文章框架、厘清相关核心语言知识(即"巧记"),并能用自己的话表达出来(即"简说"),会有助于他们语言输出能力的提升。

读、写任务经过这样衔接之后,有助于引导学生通过品读或朗读精选的大观念统摄下的多种体裁的主题语篇进行语言知识的输入,感知并认同优秀语言文化。课堂上品读语篇之后,教师结合语篇特点对地道表达、精美语句进行分析,引导学生巧记内化,将所学语言知识逐渐转化为语言技能。接着,通过活动设计鼓励学生将所读所记的内容口头表达出来,即"简说"。简说不仅需要语言知识和语言技能,更需要逻辑思维能力、文化意识、背景知识等,是一种语言综合运用能力的体现。此外,学生的口头表达训练也为书面表达降低了难度。最后是"畅写",有了前面几个环节的铺垫,教师可以引导学生通过使用一些衔接词或句式等把"简说"的内容进一步梳理、润色,使内容更加完善,语言更加地道,逻辑更加通顺,行文更加流畅,达成准确的书面输出,最终完成语言从输入到内化再到输出,实现语言素养的提升。

(二)以读促写的"品读—巧记—简说—畅写"教学模式的操作方式

该模式以学科大观念为统摄,以人教版高中英语教科书为主要载体,另外再基于学情选取两三篇供群文阅读的语篇,以拓宽学生语言输入的渠道,引导他们进行主题意义探究,培养他们的语言理解和表达能力。

每个单元的读写教学约三至四个课时,即将 Reading and Thinking, Discovering Useful Structures, Listening and Talking, Reading for Writing 等部分整合利用,具体实施过程和方法如下。

1."品读"——奇文共赏

该模式首选文本是人教版高中英语教材必修第一册(2019年版)中各单元的语篇,辅助文本是主题群文阅读语篇,这些语篇需要备课组精选。在筛选语篇时,应特别关注语言学习中语言与认知、语言与文化、语言与思维的平衡发展。因此,所选语篇的功能不再只是呈现词汇和语法,而是基于语篇,从人文和科学知识的角度促进学生的语言能力、文化意识和思维品质的全面发展。因此,教师要结合教材单元主题,选取紧扣主题、有梯度且表达地道的语篇文段,难易搭配、长短结合,且尽量兼顾选材丰富、体裁多样、原汁原味、时代性强等特点,还要凸显核心价值、展现人文之美、引领创新意识、弘扬社会正能量。

精设活动不仅体现英语学习活动观,也是结合文本对课堂阅读活动的有效设计,是做好读写教学的第一步。此环节需要基于语篇特点设疑启智。教师需将教材的学习内容切分成不同的学习板块,基于主题语境将所选语篇融入各个板块,使其形成一个完整的学习活动链。之后,再基于此创设情境,激发学生的兴趣。创设情境一定要与语篇主题密切相关,方式可以多种多样,例如情境问题,与主题相关歌曲、优质视频等均可作为情境导入的手段。接着,引导学生进行文本探究,提取有效信息,这也是品读语篇的关键。所谓"品读",即学生在熟读文章的基础上,弄清语篇所谈论的主题,明确故事的主线,分析文章各部分之间的联系,厘清文章结构,划分文章层次。随之品味文章中运用的写作手法,例如拟人、明喻、暗喻等,同时注意遣词造句,尤其关注文中的小品词及词类活用,挖掘里面的优美词汇、高级词汇,感知语言风格,并通过分析主题所提供的特定语境和采用的手段,准确、深入地把握文章的主题意义。此外,文中的环境描写、人物语言、动作及心理描写的词语也要格外关注。只有通过准确分析文本、解读文本,并基于学情找准学生在阅读中可能遇到的问题,挖掘文本的教育教学价值,才能保证教学的科学性、准确性、有效性,才能真正激活学生的思维。

2."巧记"——口不绝吟

"巧记"环节实际上是学生在阅读之后的"自我对话",将文章的框架、主旨、要点等说给自己听,其主要任务是将"品读"环节所收获的语言知识(useful language and structures)进行内化。"巧记"主要体现在"巧"字上,"巧记"顾名思义不是整段背、整篇背、盲目记,而是对"品读"之后选出的地道表达、优美语句、精彩片段的理解性记忆。教师可以点拨诵记内容的关键词、记忆法,也可以组织限时诵记、小组比赛活动等,使学生诵记起来更容易、更高效,也能在一定程度上提高学生的学习兴趣。最后,实现"使其言皆出吾之口,使其意皆出吾之心",把书上的营养转化为自己的。有时,教师也可采用思维导图形式助力学生实现"巧记"。思维导图是一种发散性的思考方式,在高中英语文本阅读中比较适用,它不仅能够强化学生对英语的记忆能力,提升逻辑思维和联想能力,而且在一定程度上能够激发学生的英语阅读兴趣,提高教学效率。教师可以首先引领学生判断文章的语篇类型,如果是记叙文,那就要找出记叙文的六要素:when、where、who、 what、why、how。如果是说明文,就需要确定说明对象、说明顺序,必要时可以写出说明方法。议论文则要确定引子、论点、论据和结论,再利用思维导图梳理文章的框架结构,让学生对文章有一个大概的认知,继而处理细节。记叙文可以借助 story mountain map 梳理故事发展情节,尤其是高潮部分,要耐心引导;说明文则侧重于说明方法的分析,并给出合理的理由;议论文则要探究作者的论据和详细的论证方法。最后,点拨学生在文章架构图上记录自己印象最深的词汇、短语、句子等表达。

3."简说"——锋芒初露

"简说"环节旨在帮助学生利用所学语言知识去正确理解别人和准确表达自己,将词汇和语法的学习很好地渗透到从学习理解到应用实践和迁移创新的活动中。从目前高中英语教学现状来看,被忽视的是"说"的训练。从教师的心态来看,认为课堂中训练"说"会影响教学进度,而且高考试题中没有"说"的测试,只需要写好作文就行了。殊不知,"说"与"写"都是重要的语言表达技能,"说"的训练正是为"写"打基础,二者是密不可分的。在该模式实施过程中,要特别关注语言表达能力的锻炼与提升,尽可能在课程设计时给予学生更多的支持与帮助,例如提供示范对话、创设生活化语境、增加阅读文本分析、梳理逻辑情境等,并设计"简说"环节,旨在帮助学生进行语言产出,提高语言表达能力。该环节形式可以多样化,例如小组读后心得分享、精彩情节复述、整体语篇概述、个性化课前演讲、情境化问题处理等。这样不仅能帮助学生全身心地体会文章的结构、语言的意境、作者的意图,享受英语语言的综合美,更能让他们体验到从"敢于读"到"善于记",再到"乐于说"的成就感。具体到每个语篇教学,都要从创设主题语境入手,激活学生的"已知",带领学生积极体验,铺垫必要的语言,接着通过获取、梳理、加工、整合,帮助学生形成结构化知识并进行内化,将知识转化为能力。在迁移创新层面,学生深入分析文本结构和意义内涵,表达个人观点或提出解决问题的方法,再通过一系列融语言、思维、文化为一体的学习活动,落实育人目标,培养核心素养。

4."畅写"——厚积薄发

该模式的目标和落脚点是"促写",这也顺应了新高考的要求。"读"是基础,"写"是目的,只有"读"的基础打好了,才能厚积薄发。有了前面三个环节的铺垫,写作的环节就显得不那么突兀,难度也没有那么大了。"畅写",顾名思义就是写作时可以不拘于体裁、形式,只要结合所读内容,形式可以自由,内容也可以适当灵活,可以是应用文、读后感,也可以是新高考题型的概要写作、读后续写等。学生学习英语不仅是为了了解西方文化,更重要的是传播和传承中国文化,用英语讲好中国故事,这就需要我们有较强的书面表达能力。在"畅写"前的"巧记"和"简说"环节,教师要精心设计问题,鼓励学生进行发散性思维,利用问题驱动搭建写作支架。设计的问题要具有开放性,例如梳理写作的内容要点、关键词、关键句、逻辑关系等,也可以设计互动式的小组讨论,勾画出写作的思维导图,更直观地把写作的文本结构搭建起来,为"畅写"做好铺垫。教师利用启发性的问题,引发学生的发散思维和逻辑思维,激发学生"畅写"的灵感和动机。同时,坚持模仿与创造相结合的原则,把"品读"的收获利用起来,模仿写作,帮助学生将所学内容迁移运用到写作中,不仅有利于发展写作技能,更有利于提升思维品质。

这样一来,整个读写教学过程中,我们不仅重视语言实践,培养学生的语言运用能力,还重视语言和思维的统一关系,注重英语学习对思维品质的培养,同时也坚持以学生为中心,优化英语教学和学习方式,培养学生的自主学习能力。

四、大观念统摄下的高中英语阅读与写作教学设计研究的实践

人教版高中英语教科书采用中外合作的编写模式,一方面保证语言的原汁原味,另一方面保证在内容和选材上充分反映社会新发展、科技新进步、生活新变化,并有一定的趣味性,以激发学生学习和探究的兴趣。教材内容关联学生的生活实际,并按照课标选择教学主题,从人与自我、人与社会、人与自然这三大范围来确定具体主题语境。因此,教师在读写教学中一定要充分利用教材文本,挖掘文本内涵,以主题为引领,以文本为依托,突出主题意义的探究,强化语言学习和思维能力的发展,以提升语言综合运用能力。大观念统摄下的高中英语"品读—巧记—简说—畅写"以读促写教学模式正是顺应了"双新"背景下的这些要求,以下是该模式在实践应用中的设计举例与思考。

(一)大观念统摄下的阅读与写作教学设计

下面以《普通高中教科书 英语 必修 第一册》(2019年人教版)第一单元为例,来说明大观念统摄下的高中英语"品读—巧记—简说—畅写"以读促写教学模式在新授课中的具体应用。

本单元的题目是 Teenage Life(青少年生活),主题语境属于"人与自我——个人、家庭、社区及学校生活"的范畴。本单元旨在帮助学生真实、客观地了解和思考高中生活,以积极、阳光的心态规划未来的学习和生活,成就更好的自己。主题图的内容是青少年放飞风筝,寓意着青少年应该珍惜青春时光,积极向上,放飞手中的希望和梦想,坚定未来掌握在自己手中的信念。引言是亚里士多德的名言"Good habits formed at youth make all the difference.",中文可译为:青少年时养成的好习惯使人受益终身。学生在青少年时代养成良好的生活习惯、学习习惯和工作习惯,将使他们受益一生。本单元通过让学生了解异域文化,进一步树立正确的人生观、世界观、价值观,学会生活、学会学习、学会共处,充分体现了单元大观念。

1. 确定读写部分的学习目标

结合单元整体教学目标与要求,首先以核心素养为立意,确定读写部分的学习目标与要求。

(1)语言能力:①能够阅读自述体文本,理解其文体特征及语言特点,获取有效信息。②能够熟悉并掌握建议信的常见文体结构,掌握提建议的常用表达方式。③能够写一封针对解决青少年问题的建议信。

（2）学习能力：能够利用语篇标题、图片、关键词、主题句等获取语篇大意。

（3）文化意识：①能够了解中外青少年在学习生活、课外活动和成长中可能面临的身心问题。②能够通过对比审视自己的高中学习和生活，树立良好的心态，正确面对学习和生活中的困难和挫折。③能够了解中外青少年学习生活的异同，开阔文化视野。

（4）思维品质：①在阅读教材文本及补充文本的基础上，结合已有认知和生活经验，能够客观地比较、分析中外青少年学习生活的异同。②能够客观、理性地分析青少年学习生活中的问题，并提出解决方案。

2. 明确关键环节——评价量表

为了更好地实现教、学、评一体化，在确定目标之后，首先要明确评价量表，这样才更有利于目标达成（表3-9）。

表3-9 评价量表

表现性目标	反馈方式	评价形式	达成度较高	达成度良好	达成度尚待提升
在规定时间内利用语篇标题、图片、关键词、主题句等获取语篇大意	随堂提问	师生共评			
在规定时间内完成语篇框架的梳理，并划出语篇中关键信息	随堂检测	教师评价			
利用合成词构词法猜测词义，提高词汇认知能力，并完成美词妙句的积累	随堂检测、笔记翻阅	教师评价			
批判性地审视语篇内容	口头交流	教师评价			
正确表达事件经过或个人观点	口头交流、书面呈现	生生、师生评价			
选取恰当的词汇、短语或句式	口头表达、书面呈现	生生、师生评价			
利用衔接词梳理逻辑关系	口头表达、书面呈现	生生、师生评价			
书写清晰、规范、整洁、美观	书面呈现	生生、师生评价			

3. 精选主题相关阅读文本

结合大观念与单元话题，精选语篇，进行群文阅读，有利于学生广泛涉猎话题语言与相关知识。本单元我们可以选择如下语篇：

学生习作：How Freshmen Adapt to the New Environment?

教辅参考语篇：Helping Teens Adjust to a New High School

外刊原文：10 Ways to Help Your Child Adjust to a New School，Being a student in today's society is not always easy，6 Tips on How to Adapt to a New Work Environment 等。

语篇选择可以多样化，但是必须紧扣单元主题。由于班级的学情不同，选择语篇时可以因班而异。

4. 设置课堂主要环节学习活动（表3-10）

表3-10 学习活动及其对应的活动内容与设计意图

学习活动	活动内容	设计意图
品读（深度阅读）	活动前，教师可以依据课本建议设计几个由浅入深的阅读互动活动，然后引导学生认真阅读课文，梳理并归纳Adam进入高中后面临的三个挑战	这样设计既体现了整个阅读过程，又体现了阅读理解的不同思维层次，而且还将语言理解与语言表达有机结合起来
品读（广度阅读）	让学生阅读推荐文章，找出这些文章共同体现的主旨、使用的词块（名词短语、形容词短语和副词短语）、地道的表达、优美的语句、恰当的衔接等，并与大家分享	该环节侧重词汇、语法的学习，遵循"感知—发现—总结—练习—运用"的思路，避免碎片化、脱离语境学习语言
巧记	教师可以设计积累卡分享、哑剧配音、补全句子、语篇填词等形式检测学生对核心语言知识的掌握情况，并通过这些趣味性活动引导学生进一步加深对核心语言知识的记忆	学生可以跳出教科书提供的语言支架，尝试用first of all、first and foremost、more importantly 等来衔接说话的内容。提醒学生平常多积累类似的词汇或词块，以提高实际语言表达能力
简说	利用Talking板块中的话题Plan a camp for teenagers，或教师指定话题（如自己与Adam对话、我是大顾问等），并使用所学词汇、词块、句型、"be going to+动词原形"及"will+动词原形"等表示将来打算或意愿（talking about future activities）的语言功能项目进行交流和讨论	该环节旨在激发学生的想象力，策划一个同龄人喜欢的营地活动或其他主题相关的语境活动（如与文本主角对话等），鼓励学生使用所学语言，以体现"用英语做事情"的思想
畅写	结合Reading for Writing，设计"写一封建议信"（Write a letter of advice），对象可以是父母、老师、"低头族"、"网瘾者"等，鼓励使用所学语言	该环节旨在让学生体会互相沟通、真诚相助的重要性，并对照反思自己的行为，解决现实生活中出现的问题

105

5. 课时预设(表3-11)

表3-11 课时预设

板块名称	主题及主要内容	课时安排	备注
Reading and Thinking	Compare school life in different places	1.5	在语境中学习语言,有助于语言理解和思维能力提升
Discovering Useful Structures	Improve a draft		
Other discourses related to the theme	学生习作:How Freshmen Adapt to the New Environment? 教辅参考语篇:Helping Teens Adjust to a New High School 外刊原文:10 Ways to Help Your Child Adjust to a New School, Being a student in today's society is not always easy, 6 Tips on How to Adapt to a New Work Environment 等	1	文本主题围绕大观念:通过了解异域文化,进一步树立正确的人生观,学会生活、学会学习、学会共处
Listening and Talking	Plan a camp for teenagers	0.5	该部分 Listening 可与 Listening and Speaking 部分整合
Reading for Writing	Write a letter of advice	1	首次写作需要在课堂限时完成。至少复写一次,可安排课下复写

(二)大观念统摄下的课时教学活动设计

仍以《普通高中教科书 英语 必修 第一册》(2019年人教版)第一单元为例,来进行大观念统摄下的以读促写的写作课活动设计。

本节课是对本单元所学内容的输出、应用过程的体现,写作任务属于应用文"建议信",要求就有关问题进行分析并针对问题提出自己的建议和意见。其基本框架为:

开头——开门见山,表明写信目的,向对方陈述自己的观点;

主体——对问题进行分析,提出自己的建议;

结尾——表达希望与祝福。

结合单元大观念、学科性质及育人理念等,我们可以将写作课中的活动设计如下:

Activity 1:"我是你的大顾问"(I am your adviser.)

活动前,教师准备一个小箱子(类似捐赠箱),让每位学生准备一张卡片,在卡片上写上自己的名字(可以匿名)。然后,把自己在学习或生活中需要求教的问题用英语写在卡片上,并对问题做简要描述。学生将自己写好问题的卡片放入箱内,教师摇晃箱子,打乱卡片顺序,再让每位学生抽取一张卡片。学生结合本单元所学内容,就所抽取的卡片上的问题,用英语写出自己的建议。随后,轮流读出抽到的卡片上的问题和姓名以及自己所提的建议。全班学生根据每位"大顾问"的表现评选出"最佳顾问奖"。

设计意图:在初高中衔接阶段,面对新的环境和校园生活以及难度骤然提升的学科学习内容,多数学生都会出现焦虑、担忧、紧张等复杂的情绪。学生可以通过这个环节,让自己的情绪有个宣泄口,同时教师也可以利用师生的建议对学生正向引导,帮助他们树立正确的人生观。这个游戏过程本身也是对所学语言知识的复习与巩固。

Activity 2:"我有一双慧眼"(I have a pair of keen eyes.)

本活动可以在上个活动的最后一个展示环节进行,鼓励学生认真听取别人的建议和意见,同时将所听到的美词佳句、地道词块记录下来,以便模仿使用。

设计意图:学生通过前面的"品读""巧记""简说"环节,已经有了一定的语言积累,通过这个活动再次分享所积累的内容,进一步拓宽输入语言知识的渠道。此外,记录摘取他人的优美词句需要认真倾听。倾听是一个重要的沟通渠道,是一项优秀的品质,对于语言学习更是具有举足轻重的意义。

Activity 3:"我是小作家"(I am a little writer.)

此时可以出示任务,让学生结合课本示例的结构进行限时首次写作,给出15~20分钟。写作时,教师要巡视了解学生的思维和写作过程,切勿打扰学生的思路,但可以对个别学生做指导。

设计意图:对所学语言知识再次进行巩固,对一些困扰问题的解决也有了自己的建议和想法,此时写作他们"有话可说",也有助他们语言应用的规范和思维的优化。

Activity 4:"我是小编辑"(I am a little editor.)

学生写作完成之后,教师利用展板随机点评一两篇,之后让学生以编辑的视角互评互改,注重文章架构和语言表达的规范。

设计意图:引导学生准确表达,规范语言,提升语言运用能力。

Activity 5:Assignment

作业环节教师可以设置分层:复写应用文为必写作业,制作新生心理咨询海报、组织英语联谊交流会等为选做作业。

设计意图:高中教学要体现个性化,帮助学生朝着适合自己的方向发展,作业设计最好分层。文章复写对写作能力提升有很大帮助,适合所有学生。创设情境使用语言是为了提升学生的学习兴趣,帮助他们更好地在不同情境中使用英语,可以鼓励部分学生完成。

五、大观念统摄下的以读促写教学模式的实践思考

(一)阅读教学要有一定深度和高度,做到"品""赏"

"双新"背景下的英语学习越来越关注语篇,这也是大观念的一个显性体现。语篇是指一段有意义的、传达完整信息、逻辑连贯、语言衔接、具有一定交际目的和功能的语言单位,包括口头语篇和书面语篇。语篇具有衔接和连贯的特征,因此在阅读教学分析语篇时,不能停留在句子层面上,也不能停留在段落层面,因为语篇的整体意义不是语篇单句意义的叠加。教师应引导学生在理解单个句子意义的基础上关注句与句、段与段、主题句与支撑细节、首段与尾段、标题与正文以及文字与图表之间的关系、信息组织所使用的逻辑关系(如因果关系、比较关系、转折关系、并列关系、增补关系、指代关系、例证关系和时空顺序等),从整体上赏析品读语篇。教师可以帮助学生学会识别一些常用的语篇标记(discourse marks),例如 but、however 等表示意义的转折,because、since、so、thus、finally 等表示因果关系,instead、then、on the contrary、by contrast、on the other hand 等表示对比关系。

(二)对文本一定要多层次解读,深度阅读

阅读是一个解码的过程。由于人的社会经历和生活背景不同,看待问题的角度也不同,正如"有一千个读者,就会有一千个哈姆雷特",对于同一个语篇,不同的读者会有不同的理解。因此,在注重阅读技能和策略培养的同时,一定要引导学生重视对语篇进行不同层次的解读,尤其要提高他们在阅读过程中思维和情感的参与,培养他们的阅读习惯,尤其是默读习惯。一个语篇至少要阅读三遍,每次阅读应实现不同的学习目标,关注不同层次语篇信息的获取与处理、加工与利用,不仅能"read the lines,read between the lines",更要"read beyond the lines"。

此外,深度阅读也有利于培养学生的思维品质。思维品质是指思维在逻辑性、批判性、创新性等方面所表现的能力和水平,包括观察、比较、分析、推断、归纳、概括、质疑、评判、建构、欣赏、创新等。在当前英语阅读教学中,学生思维参与的广度、深度和高度均有待进一步提升,主要原因是教师设计的阅读活动的思维层次较低,往往是基于文本中事实信息的问答,缺少深层次的问题,开放性和探究性问题更少。因此,在设计阅读理解问题时,要特别注意分层次,例如字面理解层次、推断性理解层次、评价性理解层次、欣赏性理解层次等。此外,还要注意培养学生的批判性思维能力,引导他们批判性地审视语篇内容,并勇于表达自己的感想和观点。

(三)优化记忆策略,敢于交流表达

写作属于表达性技能,是一种语言输出,但写作能力很大程度上取决于理解性技

能,尤其是阅读输入。"读""写"教学的衔接环节——"巧记"和"简说"非常关键,犹如语言"输入"和"输出"的桥梁。高质量的输出有赖于高质量的输入。常言道,"读书破万卷,下笔如有神",大量的阅读和高质量的语言输入是提高写作能力的一个关键要素,另外一个关键要素就是将书"读破"——内化。高中阶段的背诵不是死记硬背,也不是浅尝辄止、囫囵吞枣,更不是照猫画虎。背诵应该建立在深刻理解的基础上,同时运用多种辅助手段和策略,例如利用思维的可视化工具对语篇意义和内容进行图像化和结构化的理解等。只有内化了语篇的语言和意义,再流畅表达出来,才能形成语感,写作时才能"水到渠成""言之有物""言之有理",达到更高层次的灵活运用。

"巧记"和"简说"不仅要做,还要有选择性,关注内容的质量,切不可来者不拒。高质量的语言输入,才能保证高质量的语言输出。从语言的质量来看,要求学生背诵名言警句和美文无疑是一个很好的选择。名言警句往往句式简单,用词通俗易懂,诵读起来朗朗上口且富含深刻的意义。美文一般是经典名篇,主要体现在内容美、语言美、结构美上。背诵和内化这种高质量的语篇对写作能力的提高有着非常重要的意义。

总之,以大观念统摄来设计高中英语读写教学,不仅能更好地落实学科核心素养,更能切实实现学科综合育人。只有教师的认知有了一定高度,学生的能力才能达到一定水准。只有教师的认知达到一定深度,学生的思维才能有一定内涵。在日常教学中,每个单元所蕴含的大观念并非授课完成之后就会完全被学生习得,它会以不同的情形出现在其他主题或内容之中,也就是说,教学中教师要不断回顾大观念。只有以大观念为抓手实施教学,才能更好地迎合当前的教育改革,顺应时代发展。然而,如何以大观念为抓手设计指向核心素养的教学方案是极其复杂多样的,还需要教师继续深入研究、实施、优化。

(撰稿:新密市教师发展中心　王丽丽)

第四章
基于单元主题确定指向核心素养的学习目标

第一节 基于核心素养的学习目标与课程标准

学习目标是教师的教学活动结束后学生所要达到的预期效果标准,它是课堂教学的出发点及落脚点。评价一节课是否优质高效的重要依据是课堂教学的实效性,即学习目标的达成度如何。由此可见,学习目标的确定是有效教学的首要环节。

确定学习目标的重要依据是课程标准,不同的年级、不同的学段、不同的时段、不同的单元、不同的课时、不同的课型,都有相应的学习目标。从必修课程、选择性必修课程、提高类选修课程的大学习目标到分册(模块)中等学习目标,再到单元整体、学习板块和课时小学习目标,都要依据课程标准,结合教材主题内容和课型模式按照相应级别确定。

英语课程内容是发展学科核心素养的基础,核心素养需要通过课程内容来培养。因此,我们在确定学习目标时,要依据语言能力、文化意识、思维品质和学习能力四大核心素养,从主题语境、语篇类型、语言知识、文化知识、语言技能和学习策略六个方面预设。

下面以《普通高中教科书 英语 必修 第一册》(2019年人教版)"UNIT 1 TEENAGE LIFE"为例,从核心素养的四个方面预设单元整体学习目标,并对接课程标准中关联的具体内容要求,以便教师依标设计教学内容,增加教学的针对性和有效性。

本单元主题语境是"人与自我",围绕青少年的生活展开。聚焦课程标准主题语境下的人与自我——生活与学习:个人、学校生活;健康的生活方式、积极的生活态度;认识自我、丰富自我、完善自我;优良品行,正确的人生态度;个人职业倾向、未来规划等。本单元的主要内容包括选择学校社团、比较不同地方的学校生活、用名词、形容词和副词短语润色文稿、为青少年策划营地活动、就青少年面临的问题写建议信、建立学生社团等,通过听、说、读、看、写等方面的训练,运用语音知识、功能意念项目、语法结构、词汇、语篇等方面的知识和技能,真实、客观地了解和思考高中生活,做出更好的选择,以积极、阳光的心态规划未来的学习和生活,成就更好的自我。

一、语言能力目标

(一)语音

复习字母组合 al, ay, ai, are, ar, er, ir, or, ur, ee, ea, ear, oa, ow, ou, ore 的发音规律,能够准确辨音。

> **课标要求**
>
> 掌握字母组合发音规律。

(二)词汇

能够正确使用下列课标单词和短语。

单词(37个):teenager, ballet, volunteer, debate, prefer, content, movement, greenhouse, suitable, actually, challenge, title, topic, confused, fluent, graduate, recommend, advance, literature, extra, obviously, quit, responsible, responsibility, solution, schedule, editor, plate, adventure, youth, expert, behaviour, generation, attract, focus, addict, adult。

短语(8个):prefer...to..., clean up, suitable for, sign up (for sth.), be responsible for, be attracted to, focus on, addicted to。

> **课标要求**
>
> (1)借助词典等各种资源,理解语篇中关键词的词义和功能以及所传递的意图和态度等。
>
> (2)了解词汇的词根、词缀,掌握词性变化规律,并用于理解和表达有关主题的信息和观点。

(三)语法

能够理解并正确运用名词、形容词和副词短语。

> **课标要求**
>
> (1)意识到语言使用中的语法知识是"形式—意义—使用"的统一体,学习语法的最终目的是在语境中有效地运用语法知识来理解和表达意义。
>
> (2)运用所学语法知识,理解口头和书面语篇的基本意义,描述真实和想象世界中的人和物、情景和事件,简单地表达观点、意图和情感态度,在生活中进行一般性的人际交流。
>
> (3)理解名词、形容词和副词短语在语境中的功能和意思。

(四)语篇

1. 阅读自述体语篇,能够理解其文体特征和语言特点并获取有效信息。
2. 能够掌握建议信的文体结构和提建议的常用表达方式。

> **课标要求**
>
> 1. 语篇类型
>
> 听力与口语(对话)、阅读与思考(记叙文——个人自述)、听力与表达(对话)、阅读与写作(应用文——建议信)、视频观看(其他语篇类型——视频)。
>
> 2. 语篇知识
>
> (1)个人自述体语篇的写作目的以及这类语篇的主要结构特征。
> (2)语篇中段首句、主题句、过渡句的作用、位置及行文特征。
> (3)日常生活中常见应用文(建议信)的基本格式、结构及语言特点。

(五)表达

1. 能够口头叙述计划和将要发生的事情。
2. 能够写解决青少年问题的建议信。

> **课标要求**
>
> 1. 语音知识
> (1)根据重音、语调、节奏等的变化感知说话人的意图和态度。
> (2)借助重音、语调、节奏等的变化表达意义、意图和态度等。
>
> 2. 语用知识
>
> 根据交际具体情境,正确理解他人的态度、情感和观点,运用得体的语言形式,表达自己的态度、情感和观点。
>
> 3. 语言技能
> (1)根据交际需要发起谈话并维持谈话,借助语调和重音突出需要强调的意义。
> (2)使用文字手段描述个人经历。
> (3)在口头和书面表达中借助语言手段建立逻辑关系,清楚地描述事件的过程。
> (4)根据表达目的选择适当的语篇类型,根据表达的需要选择词汇和语法结构以及正式语或非正式语。

二、文化意识目标

1. 能够了解中外青少年在学习、生活、课外活动和成长中面临的身心问题。
2. 能够通过对比和审视自己的高中学习和生活,树立良好的心态,正确面对学习和生活中的困难和挫折。

3. 能够了解中外青少年在学习和生活方面的异同,开阔文化视野。

> **课标要求**
>
> (1)发现并理解语篇中包含的不同文化元素,理解其中的寓意。
>
> (2)了解英、美等国家的人在行为举止和待人接物等方面与中国人的异同,得体处理差异,自信大方,实现有效沟通。

三、思维品质目标

1. 能够在理解听力、阅读语篇的基础上,结合认知水平和生活经验,客观地比较、分析中外青少年在学习和生活方面的异同。

2. 能够客观、理性地分析青少年在学习和生活中遇到的问题,并提出解决方案。

> **课标要求**
>
> (1)借助话语中的语气和语调理解说话者的意图。
>
> (2)根据语篇标题预测语篇的主题和内容,理解书面语篇中标题、小标题、插图的意义。
>
> (3)把握语篇的结构和语言特征以及语篇中主要事件的来龙去脉。
>
> (4)从语篇中提取主要信息和观点,理解语篇要义,批判性地审视语篇内容。

四、学习能力目标

1. 通过听前阅读问题和选项,能够预测将要听到的内容。

2. 能够利用语篇的标题、图片、关键词和主题句等获取语篇大意。

3. 能够掌握合成词的构词法,并根据其构成猜测词义。

> **课标要求**
>
> 1. 认知策略
>
> (1)在语境中学习词汇和语法。
>
> (2)根据篇章标题、图片、图表和关键词等信息,预测和理解篇章的主要内容。
>
> (3)根据语篇类型和特点,了解篇章的主要内容和写作意图。
>
> (4)通过快速浏览理解篇章大意,通过扫读获取篇章具体信息。
>
> 2. 交际策略
>
> (1)借助手势、表情等非语言手段提高交际效果。
>
> (2)通过解释、澄清或重复等方式克服交际中的语言障碍,维持交际。

(撰稿:郑州市基础教育教学研究室　黄利军)

第二节　分解单元整体学习目标为课时学习目标

基于单元主题、依照课程标准、根据教材内容,在大观念的统摄下确定单元整体学习目标后,要根据教材板块内容和课型模式,结合教情和学情,将单元整体学习目标细化分解到具体的课时,成为可操作、可观察、可测量、可评价的课时学习目标。

下面仍以《普通高中教科书 英语 必修 第一册》(2019年人教版)"UNIT 1 TEENAGE LIFE"为例,结合单元基本框架和主要内容及要求,按照单元课时规划,把上一节中该单元的整体学习目标细化分解到不同的课时,以增强教学的针对性,逐步落实核心素养。

一、单元基本框架结构及其主要内容

UNIT 1 TEENAGE LIFE 的基本框架结构及主要内容如表 4-1 所示,由此可以了解本单元的主要内容及其要求,在分解单元学习目标时做到心中有数。

表 4-1　Unit 1 TEENAGE LIFE 基本框架结构

Student Book			Workbook		
板块	页码	主要内容及要求	板块	页码	主要内容及要求
Opening Page 开篇页	P11	Theme picture、Quote、Unit goals:理解主题图、名言警句,了解单元学习目标	Using Words and Expressions	P71-72	Words and Expressions:通过练习,掌握本单元重点单词和短语
Listening and Speaking 听力与口语	P12-13	Choose a school club:通过听不同学校的社团和社团选择的对话,在社团选择上提出合理建议并做出正确选择	Using Structures	P72-73	Grammar:通过练习,巩固、内化和运用本单元语法项目
Reading and Thinking 阅读与思考	P14-15	Compare school life in different places:通过阅读语篇"新生的挑战",了解 Adam 进入高中后面临的挑战,并描述自己高中面临的挑战、解决办法及感受	Reading	P74	THE FACE-DOWN GENERATION:通过阅读与主题相关的语篇"低头族",有效运用略读策略获取信息

续表 4-1

Student Book			Workbook		
板块	页码	主要内容及要求	板块	页码	主要内容及要求
Discovering Useful Structures 语法探究	P16	Improve a draft：通过学习名词、形容词和副词短语的特点、功能及用法，润色自己的文稿	Writing	P75	Write a letter of advice：通过阅读父母提出的问题，选取其中一个，运用所学写作技巧，就此写一封建议信
Listening and Talking 听力与表达	P17	Plan a camp for teenagers：通过听并获取有关营地活动对话的信息，运用这些信息以及表达打算和意愿的语言功能项目，设计一项青少年营地活动	*Expanding Your World	P76	TEENAGE LIFE AROUND THE WORLD：通过阅读与本单元主题相关的语篇"世界各地的青少年生活"，扩大阅读输入量，开阔文化视野
Reading for Writing 阅读与写作	P18-19	Write a letter of advice：通过阅读一封建议信，掌握其文体结构和语言特征，根据所给情境写一封建议信			
Assessing Your Progress 自我检测	P20-21	Vocabulary, Grammar, Reflecting, *Project：完成本单元重点词汇和语法检测、单元内容评价、自我反思及项目活动			
Video Time 视频观看	P22	Learning Across Generations：通过观看视频"跨代学习"，了解两代人成长环境的不同，就观念差异进行换位思考，并积极与父母进行有效沟通			

二、课时设计

根据本单元板块内容可以设计为 8 个课时,每个课时 40 分钟,每个课时的主要内容及课型模式如表 4-2 所示。根据学生情况,第八课时 Video Time 可作为选学课时。

表 4-2 Unit 1 TEENAGE LIFE 主要内容及课型模式

课时	主要内容	课型模式
第一课时	Student Book:Opening Page, Listening and Speaking, Pronunciation	听说(听力与口语)
第二课时	Student Book:Reading and Thinking	阅读(读前、读中)
第三课时	Student Book:Reading and Thinking	阅读(读后)
第四课时	Student Book:Discovering Useful Structures Workbook:Using Structures	语法
第五课时	Student Book:Listening and Talking	听说(听力与表达)
第六课时	Student Book:Reading for Writing	读写
第七课时	Student Book:Assessing Your Progress Workbook:Using Words and Expressions	测评与反思
第八课时 (选学课时)	Student Book:*Video Time	视听

三、学习目标细化分解

根据每个课时的内容和课型模式,将该单元的整体学习目标细化分解到不同的课时。

(一)第一课时:听说(听力与口语)

1. 课时内容

(1)Opening Page:主题图、亚里士多德的名言、单元学习目标和讨论问题

(2)Listening and Speaking

活动主题:Choose a school club(选择一个学校社团)

(3)Pronunciation:复习字母组合 al,ay,ai,are,ar,er,ir,or,ur,ee,ea,ear,oa,ow,ou,ore 的发音规律

2. 教材解读

开篇页单元主题图呈现出一群积极向上的青少年在沙滩上放飞风筝,寓意为青少年

放飞手中的希望和梦想,坚定未来把握在自己手中的信念。引言"Good habits formed at youth make all the difference."(青少年时养成的好习惯能让人受益终身)是亚里士多德的名言,旨在告诉学生在青少年时代要养成良好的生活、学习和工作习惯,这些将使他们受益终身。

单元学习目标让学生明确本单元的学习任务、主要活动以及学完后应该达成的目标。教师引导学生通过观察主题图、理解亚里士多德的名言,就所提问题对青少年生活展开讨论。

听说板块内容为"选择一个学校社团",通过听、说,让学生了解学校各种社团的名称和社团开展的活动,正确选择自己的社团并据此提出合理的建议。

语音部分复习字母组合 al,ay,ai,are,ar,er,ir,or,ur,ee,ea,ear,oa,ow,ou,ore 在重读音节中的发音规律。

3. 学习重点

运用听前预测技巧,获取对话中的关键信息,恰当地表达自己的喜好及对社团的选择。

4. 学习难点

运用所学语言表达自己选择的社团及观点。

5. 课时目标

(1)运用预测技巧,能够说出单元主题下的主要内容。

(2)运用听力策略,能够简要说出所谈社团活动的名称、内容和自己的喜好。

(3)运用听力中所学语言和选择社团的依据,能够谈论真实生活中适合自己的社团并表达观点、陈述理由。

(4)在理解听力的基础上,结合认知水平和生活经验,能够客观地比较、分析中外青少年在学习和生活方面的异同。

(5)能够掌握字母组合 al,ay,ai,are,ar,er,ir,or,ur,ee,ea,ear,oa,ow,ou,ore 在重读音节中的发音规律,并在单词中准确辨音。

(二)第二课时:阅读(读前、读中)

1. 课时内容

板块名称:Reading and Thinking

活动主题:Compare school life in different places(比较不同地方的学校生活)

语篇话题:THE FRESHMAN CHALLENGE(新生的挑战)

2. 教材解读

该课时是阅读课,侧重阅读的读前和读中活动。该板块的活动主题是"比较不同地方的学校生活",阅读语篇是"新生的挑战"。学生通过阅读美国学生 Adam 进入高中所面临的挑战、在挑战面前表现出的情绪和采取的应对措施的文本,了解和比较校园生活及学习状况,反思自己遇到的挑战、感受和应对措施,学会以积极向上的心态面对高中的新生活。

该文本属于记叙文,采用第一人称口吻描述了主人公 Adam 进入高中时面临的挑战,话题贴近学生生活。文本结构清晰,层次分明,第一段讲述作者产生的困惑,其余三段从选课、课外活动和课堂学习三方面讲述作者遇到的挑战及心态的调整。文本旨在让学生了解美国高中生活和校园生活,思考并对比中外高中校园生活,实现跨文化理解,启发学生调试自我,以积极、乐观的心态迎接挑战。本课时以主人公的 challenges 和 solutions 为主线,让学生理解文本结构和内容。

3. 学习重点

运用略读策略快速获取语篇的主要信息,分析语篇的组织结构,比较和思考中外高中生活的异同。

4. 学习难点

面对挑战,找出积极的解决方法。

5. 课时目标

(1)能够运用略读策略找出文段的主题句和段落大意。

(2)通过自主阅读,能够理解语篇的文体结构特征和语言特点,分析作者面临的挑战和解决问题的办法。

(3)通过阅读语篇,能够了解中外青少年在学习、生活、课外活动和成长中面临的身心问题,了解他们在学习和生活方面的异同,开阔文化视野。

(三)第三课时:阅读(读后)

1. 课时内容

板块名称:Reading and Thinking

活动主题:Compare school life in different places(比较不同地方的学校生活)

语篇话题:THE FRESHMAN CHALLENGE(新生的挑战)

2. 教材解读

该课时依然是阅读课,侧重阅读的读后活动。深度分析阅读文本"The Freshman Challenge",梳理主人公 Adam 进入高中后所面临的三个挑战:如何选课、如何加入心仪的美式橄榄球校队、如何适应高中学习生活,以及应对挑战所采取的策略和自我情绪的变化,为学生反思自己在高中学习生活中遇到问题时的态度、感受以及解决办法提供参考。

3. 学习重点

深入阅读文本,透视作者的个性和品质,体验他面对挑战的人生态度。

4. 学习难点

客观剖析自我,梳理自己遇到的挑战并想办法解决。

5. 课时目标

(1)能够运用寻读策略梳理作者面对挑战时表达"心情"的词汇,说出作者面对挑战的态度和策略。

(2)通过合作探究,能够总结 Adam 的个性品质,关联自己的性格特点和高中学习与生活。

(3)能够客观、理性地比较、分析中外青少年在学习和生活方面遇到的问题及异同,对比、审视自己的高中学习和生活,正确面对困难和挫折并提出解决方案。

(四)第四课时:语法

1. 课时内容

板块名称:Discovering Useful Structures

活动主题:Improve a draft(润色文稿)

Workbook:Using Structures

2. 教材解读

该板块围绕活动主题"润色文稿"展开,按照英语语法的"感知—发现—总结—练习—运用"学习模式,在语境中学习和掌握名词短语、形容词短语和副词短语的形式和意义,然后将它们运用到语篇中,使语言表达更加充实、生动、准确。

3. 学习重点

在语篇中理解和运用名词短语、形容词短语和副词短语,丰富语言表达,提升语篇质量。

4. 学习难点

记忆名词短语、形容词短语和副词短语的意思并在语篇中灵活运用。

5. 课时目标

(1)通过观察和分析,能够理解并掌握名词短语、形容词短语和副词短语的结构特征及其句法功能。

(2)通过运用名词短语、形容词短语和副词短语,能够理解它们在语义表达中的作用。

(五)第五课时:听说(听力与表达)

1. 课时内容

板块名称:Listening and Talking

活动主题：Plan a camp for teenagers（为青少年策划一项营地活动）

2. 教材解读

该板块围绕为青少年策划一项营地活动展开，听为说做铺垫，以说为主。听力部分是 Max 和 Cao Jing 的对话，主要谈论周末各自参加探险营（Adventure Camp）和国际青年营（International Youth Club）的计划，各自介绍了营地活动的主要内容，表达了对营地生活的向往和期待。该对话中重点呈现了表达将来打算或计划做某事以及对未来情况预见的语言结构"be going to do"和"will do"，为后面谈论营地计划设计做好语言铺垫。口语表达部分通过小组合作的形式，运用本单元的功能项目"谈论将来要做的事情和计划"，策划一项青少年营地活动并展示活动计划。

3. 学习重点

理解和正确运用表达将来打算或计划的语言结构 be going to do, will do, plan to do, hope to do, there will be 等。

4. 学习难点

体会并探讨营地活动的意义，自己策划一项营地活动。

5. 课时目标

（1）能够通过听力输入获取有关探险营和国际青年营的主要信息，识别表达将来打算或计划的语言结构。

（2）能够运用表达将来打算或计划的语言结构呈现自己策划的营地活动，并表述营地活动的意义。

（六）第六课时：读写

1. 课时内容

板块名称：Reading for Writing

活动主题：Write a letter of advice（写一封建议信）

2. 教材解读

该板块的活动主题是"写一封建议信"。针对青少年在由幼稚逐步走向成熟的特殊年龄段面临的种种问题，例如网瘾、孤独、早恋、代沟等，引导他们正确思考这些问题，讨论解决问题的办法，最后能够写一封有针对性的建议信。

该板块的阅读文本是一封青少年咨询师 Susan Luo 写给一位因为自己的朋友 Chen Lei 沉迷于电脑游戏和网络而担忧的青少年的建议信。通过让学生分析文本结构和语言特征，掌握正式建议信的语言特征和语篇结构，引领学生学会分析问题，讨论解决的办法，旨在让学生体会相互沟通、真诚相助的重要性，并能关联自己的实际，从而解决现实生活中的问题。

3. 学习重点

掌握建议信的常见结构和语言特征,并能写出一封语义连贯、结构清晰的建议信。

4. 学习难点

关注建议信的语言特征,如何让建议更有说服力,更容易被人接受。

5. 课时目标

(1)通过阅读文本,能够厘清建议信的文本结构和语言特点,掌握提建议的常用表达方式。

(2)依据提供的情境,能够写一封解决青少年问题的建议信。

(3)通过阅读和写作,能够了解中外青少年在学习、生活、课外活动和成长中面临的身心问题。

(七)第七课时:测评与反思

1. 课时内容

(1)Student Book:Assessing Your Progress

(2)Student Book:*Project:Set up a student club(建立一个学生社团)

(3)Workbook:Using Words and Expressions

2. 教材解读

该板块是测评板块,包括语言知识检测、单元内容评价和自我反思以及项目活动三部分。语言知识检测部分检测学生对本单元重点课标词汇和语法知识的掌握情况;评价和自我反思部分通过若干问题让学生自我评价对本单元重点学习内容的掌握情况,以便及时调控自己的学习策略;项目活动部分通过让学生以小组合作的方式"建立一个学生社团"(Set up a student club),检测学生对本单元的综合语言的实际运用情况。同时,通过项目活动,让学生充分讨论并找到自己的兴趣点,发挥创造性思维能力,深层次探讨校园社团的意义,并能够创建自己的社团。

3. 学习重点

自我检测本单元语言知识并调控自我学习策略。

4. 学习难点

运用本单元知识设计社团海报。

5. 课时目标

(1)通过练习,能够检测、评价、反思自己对本单元重点课标词汇和语法的掌握情况,适时调整学习策略。

(2)能够掌握合成词的构词法,并根据其构成猜测词义。

(3)能够正确使用本单元重点课标单词和短语。

(4)能够通过小组合作,运用本单元所学语言知识和技能创设一个社团。

(八)第八课时(选学课时):视听

1. 课时内容

板块名称:*Video Time

视频话题:Learning Across Generations(跨代学习)

2. 教材解读

该板块的视频话题内容为"跨代学习",介绍了南非约翰内斯堡的一对母女的工作、学习和生活情况。该视频反映了两代人由于成长环境不同,因而她们的价值观、行为取向、兴趣爱好和生活习惯等也就有所不同。学生通过观看视频,学会如何与父母相处、如何相互理解缩小代沟。该视频不仅为学生提供语言学习材料,激发学英语的兴趣,了解外面的世界,而且启发青少年在成长过程中要学会换位思考,理解父母,积极、主动地与父母进行有效沟通,最终达成共识——"两代人都必须努力"。

3. 学习重点

理解母女观念差异的原因。

4. 学习难点

换位思考,有效沟通,解决代沟问题。

5. 课时目标

(1)通过预测、标题、图片、文字和视频,能够厘清视频中人物角色之间在思想与生活方面的异同。

(2)关联自我,能够说出自己与视频中女儿在生活和学习上的异同。

(3)通过讨论和展示自己与父母之间观念和生活方式的差异,能够换位思考,正确处理与父母之间的关系。

(4)通过观看视频,能够了解中外青少年学习和生活的异同,开阔文化视野。

(撰稿:郑州市基础教育教学研究室　黄利军)

第五章
基于核心素养的不同课型模式的教学设计

本章的十个不同课型模式的教学设计均以《普通高中教科书 英语 必修 第一册》（2019 人教版）为蓝本进行了改编，涉及必修和选择性必修部分单元的个别板块内容。教学设计中涉及教科书上的图片、问题或练习题目等不再呈现，需结合教科书相应内容使用本教学设计。

教学设计中教学过程的活动（Activity）大多数是分步设计活动任务的，有些是活动观看、讨论、理解、学习等，没有相对应的参考答案。只有大部分口语练习和书面练习给出了参考答案，因此参考答案与活动步骤不是一一对应关系，需参照使用。

第一节　听说课型：听力与口语

本节以《普通高中教科书 英语 必修 第一册》（2019 年人教版）WELCOME UNIT 听力与口语板块为例，做出以下教学设计。

一、课时内容

板块名称：Listening and Speaking

活动主题：Get to know new people（认识新人）

主要内容：

1. Opening Page：主题图、老子的名言、单元学习目标和讨论问题。

2. Listening and Speaking：听、说练习。

3. Pronunciation：复习元音字母 a, e, i, o, u 在重读开音节、闭音节以及非重读音节中的基本发音规律。

二、教材解读

开篇页单元主题图呈现了一群健康、活泼、热情、阳光、积极向上的中外学生，展示出他们开始高中生活时的喜悦心情。引言"A thousand-mile journey begins with the first step."(千里之行,始于足下)出自老子的《道德经》,旨在告诉学生做事的成功在于由小到大、由少到多的逐步积累,正所谓集腋成裘、聚沙成塔,必须按一定的步骤和程序去做。要树立远大的理想和目标,把握好当下,积极行动,不懈追求,最终才能成功。

单元学习目标让学生一开始就明确本单元的学习任务、主要活动以及学完后应该达成的目标。教师引导学生通过观察主题图、理解老子的名言,就所提问题对开学第一天的心情展开讨论。

听说板块内容为"认识新人",通过听和说,让学生学会在不同场合如何与人打招呼以及介绍自己或他人,并且能够根据不同的交际场合和交际对象进行自由对话。

语音部分复习元音字母 a,e,i,o,u 在重读开音节、重读闭音节以及非重读音节中的基本发音规律。

三、学习重点

运用听力技巧,获取对话中的关键信息,并使用得体的语言打招呼、介绍自己或他人,建立良好的人际关系。

四、学习难点

使用初中所学相关语言知识以及对话中获取的关键信息,在不同场合恰当、得体地介绍和问候。

五、课时目标

1. 通过观看开篇页,能够运用预测技巧,预测单元主题内容。(Goal 1)

2. 能够运用听力预测策略,复习在不同场合如何打招呼、介绍自己或他人。(Goal 2)

3. 能够运用恰当的语言在不同场合与他人打招呼、介绍自己或他人。(Goal 3)

4. 能够通过回忆、联想等方法复习初中所学基本功能意念项目、语音知识等,为高中英语学习做好过渡和铺垫。(Goal 4)

5. 能够掌握元音字母 a,e,i,o,u 在重读开音节、闭音节以及非重读音节中的基本发音规律,并在单词中准确辨音。(Goal 5)

六、评价任务

1. 运用预测技巧,说出单元主题下的主要内容。

2. 运用听力策略,归纳三段对话中说话者在不同场合使用的打招呼、介绍自己或他人的表达形式。

3. 与同伴合作,运用听力材料中所学语言知识,根据交际场景编写对话并分角色表演。

七、教学过程

Lead-in:

Good morning, boys and girls! Welcome to our school! I'm your English teacher. My name is…and I'm from…From today on, you will start your senior high school study and life. How are you feeling now? Happy? Excited? Worried? …

Activity 1: Discuss the Opening Page. (Goal 1)

Look at the picture and the quote, and discuss the following questions.

1. What's the title of this unit? When it comes to a welcome scene, what do you usually say to each other?

2. What is the picture about? How do you think the students feel?

3. How much do you know about *Laozi*? What does the quote mean?

4. How do you feel on the first day of school? Why do you feel so?

设计意图:通过对开篇页主题图和引言的理解与讨论,让学生预测单元主题、内容和目标,正确理解老子的名言,说出自己的感受。

参考答案:

1. It's WELCOME (UNIT). When it comes to a welcome scene, we usually say "Hi, there!" or "Hello." to each other.

2. It's about a group of Chinese and foreign students with smiling faces. I think they feel very happy and excited.

3. *Laozi* was a famous thinker, philosopher, litterateur(文学家) and historian in the Spring and Autumn Period of China and he wrote *The Daodejing*. The quote means that the task or challenge can't be completed at all unless we take that first step.

4. I feel very excited on the first day of school because I will start a new life journey at senior high school. / I feel very happy because I will be able to make new friends and study new things.

Activity 2: Match the pictures with the sentences. (Goal 2, Goal 4)

1. Look at the 3 pictures in Task 1 carefully, paying attention to the talking places and the communicative contexts.

2. Understand the meanings of Sentences A, B and C, and describe what the people in the pictures are doing and what they will say.

3. Match the pictures with the sentences correctly.

设计意图:通过图文匹配,将情境和语言自然地联系起来,同时处理若干相关生词,为听力做好准备。

参考答案:

1. B 2. C 3. A

Activity 3: Listen for key words. (Goal 2, Goal 4)

1. Study the table in Task 2, paying attention to the given information in it.

2. Listen to Conversation 1 on the topic of Amy's getting her student ID card and complete the missing information in the table.

3. Listen again and check the answers with others.

设计意图:通过填写所缺关键词语,培养学生直接获取关键信息的能力。

参考答案:

1	REGISTRATION				
2	Student No.	Name	Sex	Nationality	Grade	Email
3	170143	Amy Jones	Female	the USA	1/One	amyj16@pep.com.cn
4						

Activity 4: Listen for key information. (Goal 2, Goal 4)

1. Study the table in Task 3, paying attention to the given items in it.

2. Listen to Conversation 2 on the topic of favourite subjects and tick Max's and Amy's favourites.

3. Listen again and check the answers with others.

设计意图:通过选择各自喜欢的科目,培养学生获取关键信息的能力。

参考答案:

Subject	Chinese	Maths	English	Chemistry	Physics
Marx's favourite		√			
Amy's favourite				√	

Activity 5: Listen to make inferences and draw conclusions. (Goal 2, Goal 4)

1. Work in groups and discuss your favourite courses and what majors to choose in the future.

2. Listen to Conversation 3 on the topic of choosing courses at school and choose the best answers to the questions in Task 4.

设计意图:通过理解说话人的话语和意图,培养学生的判断和推理能力。

参考答案:

1. B 2. C

Activity 6: Practice greetings and introductions. (Goal 3, Goal 4)

1. Go over introductions, greetings and responses learned in junior high school in Task 5 and add more other expressions to the form.

2. Work in groups, choose one of the situations and make a conversation, using the

introductions and greetings in Task 5.

3. Make a presentation in class and the teacher evaluates it.

设计意图：通过小组合作自编对话，练习所学关于打招呼、介绍自己或他人的语言表达。

参考答案：

One possible situation：A boy meets a girl during a break.

Jack：Hi, my name is Jack. Nice to meet you!

Rosa：Hey, I'm Rosa. Nice to meet you, too!

Jack：Er, you are in Ms Jones's 10:00 English class, aren't you?

Rosa：Yeah, that's right. I always go there early and sit in the front row.

Jack：I thought I saw you there. Oh, it's time for class. Catch you later!

Rosa：Catch you later! Bye-bye!

Activity 7：Practice the pronunciation of the vowel letters. (Goal 5)

1. Review and differentiate the pronunciation of the vowel letters in the stressed syllables.

2. Listen and repeat the vowels and the given words containing vowels.

3. Add one more word at least to each group after the given words.

设计意图：通过听和跟读，复习并区分重读音节中元音字母的发音。

参考答案：

1. A/eɪ/ wake safety；/æ/ happy manage

2. E/iː/ Japanese complete；/e/ accept bless

3. I/aɪ/ night side；/ɪ/ tick city

4. O/əʊ/ rope cold；/ɒ/ office modern

5. U/juː/ usually amuse；/ʌ/ umbrella number

八、作业设计

假定你是学生会主席李华。Mr. Johnson 带领澳大利亚高中访学团的学生和老师来你校参观，你去宾馆迎接他们。请用所学的介绍、问候、应答等语言，两人合作编写一则对话（不少于4个话轮）。

设计意图：运用本节课所学的话题词汇和语言结构，在不同的场合介绍自己、认识新朋友，达到语言输出、学以致用的目的。

参考答案：

Li Hua：Good morning, Mr. Johnson! My name is Li Hua, chairman of the Student Union. Nice to meet you and welcome to our school!

Johnson：Nice to meet you, too.

Li Hua：Did you sleep well last night? I hope you had a nice one after the long flight.

Johnson：Thanks. It couldn't be better. And these are my students. We can't wait to visit your school.

Li Hua: It's my honor to show you around our school today. Are you ready to start out now?

Johnson: Yes, we can set off at any time.

Li Hua: Great! The bus is waiting at the gate of the hotel. It will take us about 10 minutes to get to our school.

Johnson: OK! Let's go now.

九、板书设计

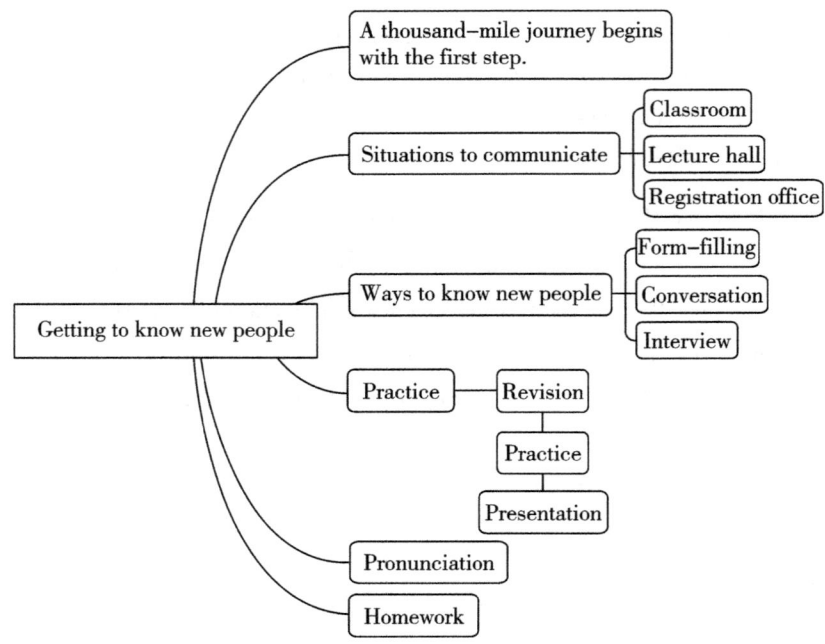

（撰稿：郑州市第四十七高级中学　王守璋）

第二节　听说课型：听力与表达

本节以《普通高中教科书 英语 必修 第一册》（2019 年人教版）WELCOME UNIT 听力与表达板块为例，做出以下教学设计。

一、课时内容

板块名称：Listening and Talking

活动主题：Reflect on your learning styles and strategies（反思你的学习风格和策略）

二、教材解读

该板块就英语学习策略展开讨论,希望学生能够反思自己的学习风格和策略。高一学生已经积累了一定的学习经验,初步形成了一定的学习风格。但是,进入高中后,由于学习环境发生改变,学习难度和广度增加,学生需要对自己的学习习惯进行反思,适当调整学习策略,以适应高中学习。学习风格因人而异,学生要通过反思、交流并征求老师的意见和建议,选择适合自己的学习方法和策略,进一步提高英语学习的效率。

听力文本是 Li Ming 和 Amy 之间的一段对话,交流了各自喜欢的学习方式和方法。

三、学习重点

掌握表达学习策略的词汇,相互交流学习方式和方法,优化自己的学习策略。

四、学习难点

如何优化自己的学习策略,提高学习效率。

五、课时目标

1. 能够掌握表达学习策略的词汇,通过交流了解不同的学习方式和策略,提高学习效率。(Goal 1)

2. 能够通过反思、交流和评价,形成适合自己的学习方法和策略,为英语学习制定合理的目标。(Goal 2)

3. 能够通过合作完成学习策略的调查问卷。(Goal 3)

六、评价任务

1. 听懂对话中传递和表达的主要信息。

2. 根据所学语言知识,与同伴交流自己学习英语的方法和途径以及学习英语的目标。

七、教学过程

Lead-in:

Hello, boys and girls! How long have you been learning English? Do you think it is easy or difficult to learn the language? What do you usually do when you study the language? Today, we're going to discuss learning styles and strategies to improve our language studies.

Activity 1: Talk about your learning styles and strategies. (Goal 1)

1. Are "learning styles" and "learning strategies" the same or different? What does each of them mean?

2. What are your learning styles and strategies?

设计意图:了解学生的学习习惯和学习方法,引导学生学习生词 style 和 strategy。

参考答案:

1. "Learning styles" and "learning strategies" are different. "Style" means "a particular way of doing, designing or producing something", while "strategy" means "a plan to achieve a particular purpose". "Learning styles and strategies" refer to how you learn something.

2. My style of learning English: Before class, I prepare lessons especially new words. I listen to the teacher carefully and take notes of what I think important. I like to answer the teacher's questions and I am active in group work. I like to talk to others after class. Sometimes I use flash cards or make mind maps to learn English.

My learning strategy is to choose a main aim for learning English. My plan coincides with how I work with my strengths and weaknesses. In class, I take notes while listening to the teacher or reading books. When I meet new words, I usually guess their meanings according to the contexts or turn to the dictionary. I learn to stop and summarize and return later. I know it is not enough to learn English well only in class. I won't rely on one source (for example, a textbook) for information. Instead, I'll look for additional sources. I make it clear what kinds of resources and information can help me. I like to watch movies in English and listen to English songs. I think they are of great importance. If possible, I seek every chance to communicate with native speakers.

Activity 2: Listen for key words and expressions. (Goal 1)

1. Look at the picture and understand the 6 learning strategies in Task 1.

2. Listen to the conversation between Li Ming and Amy on the topic of learning strategies and then tick what Li Ming likes to do.

设计意图:通过听关于学习风格和策略的对话,培养学生获取关键词的能力。

参考答案:

What Li Ming likes to do:

(1) Listen to the teacher and take notes.

(2) Use flash cards.

(3) Make mind maps.

(4) Keep a learning diary.

Activity 3: Listen for details. (Goal 1)

1. Listen to the conversation and answer the questions in Task 2.

2. Listen again and check your answers with your partner and your teacher.

设计意图:通过听关于学习风格和策略的对话,培养学生获取具体信息并根据这些信息进行推理和判断的能力。

参考答案:

(1) Because she is outgoing, she likes to discuss things. Talking with others helps her to

remember things well.

(2)He organizes his thoughts by making mind maps.

(3)Yes,he does. Because it helps him to plan his learning and what he needs to review for exams.

Activity 4:Reflect on your learning styles and strategies. (Goal 2,Goal 3)

1. Discuss how you learn English with your partner.

2. Complete the questionnaire independently in Task 3 by rating the learning methods in the table.

3. Add more of your own learning methods to the questionnaire.

4. Work in groups and share the result of your questionnaire.

设计意图:通过独立完成关于英语学习策略的调查问卷,与同伴交流自己学习英语的方法,反思自己的学习方式和方法,进而做出必要的改进。

参考答案:

1. 每个学生使用不同的学习方法学习英语,使用的频率也不相同,学生可以根据自己学习英语的实际情况填涂星号进行评价。涂满5颗星的条目,为使用频率最高的方法。

2. More learning methods on the questionnaire.

(1)I listen to songs in English and learn to sing.

(2)I keep a diary in English every day.

(3)I read English aloud in the morning.

(4)I try to speak English as much as possible.

Activity 5:Share your learning styles and strategies. (Goal 2,Goal 3)

1. Work in pairs to discuss the questions in Task 4.

2. Make some necessary improvements to your learning strategy according to your partner's answers and share your ideas with your partner.

3. Introduce your English-learning strategy to the class and others make comments and give suggestions.

设计意图:让学生相互交流自己的英语学习风格和策略之后,吸收他人的长处,完善自己的学习方式和方法,并对他人的学习策略做出评价,从而训练学生的批判性思维能力和创造性思维能力。

参考答案:

Answers to the questions in Task 4:

(1)We often use the Internet to learn English either by listening to English songs or by watching English TV shows and movies.

(2)I usually learn new words in the context and use them in communication. And I learn grammar through constant use in speaking and writing.

(3)I improve my reading skills through extensive reading and reading for pleasure or fun. And I improve my writing skills by keeping an English diary and writing sentences in English every day.

八、作业设计

假设你们班最近准备举行一个关于如何学好英语的讨论会,请以"What's the best strategy for us to learn English well?"为主题,用英语写一篇发言稿,谈谈自己的观点。内容包括:

1. 你学习英语的经历和感受。

2. 你认为学好英语的途径和策略。

注意:

1. 词数 100 左右。

2. 可以适当增加细节,以使行文连贯。

设计意图:学以致用,调整和优化学习策略,提高英语学习效率。

参考答案:

What's the best strategy for us to learn English well?

I'm very glad to stand here to share with you the best strategy to learn English well. I began to learn English when I was ten. I like English very much. I can remember new words quickly according to their pronunciations. I like to read the texts and do some necessary summaries. Rereading from time to time is important as well. I like the forms of group work and mind map. They can promote our interest. Watching videos and movies and listening to English songs can also benefit me a lot. If I meet some problems in learning, I often seek the teacher's opinion or discuss with my classmates.

九、板书设计

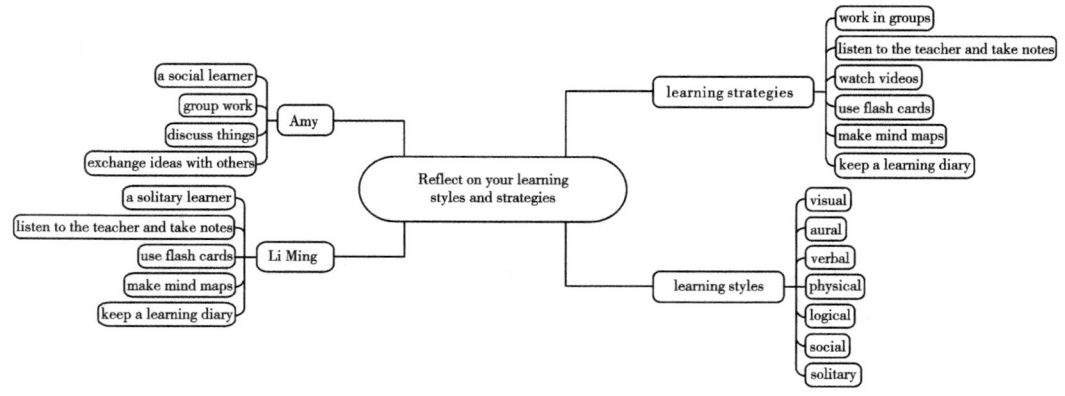

(撰稿:郑州市第四十七高级中学 郝晓)

第三节 阅读课型:阅读与思考

本节以《普通高中教科书 英语 选择性必修 第一册》(2019年人教版)Unit 5 阅读与思考板块为例,做出以下教学设计。

该板块的阅读课可以分为两个课时进行教学设计。第一课时为"读前、读中(Pre-reading & reading)",旨在训练阅读技能,发展阅读策略;理解语篇内容,明确育人方向;探究主题意义,践行学习活动;培养思维品质,渗透文化内涵。第二课时为"读后(Post-reading)",旨在分析语篇结构,把握文本特征;理解语言特点,领悟写作意图;挖掘文本思想,升华主题意义;提高思维品质,培育核心价值。

第一课时:阅读(读前、读中)

一、课时内容

板块名称:Reading and Thinking

活动主题:Get to know an agricultural scientist(认识一位农业科学家)

语篇话题:A PIONEER FOR ALL PEOPLE(造福全人类的开拓者)

二、教材解读

该课时是阅读课,侧重阅读的读前和读中活动。该板块的活动主题是"认识一位农业科学家",阅读语篇是"造福全人类的开拓者"。学生通过阅读农业先驱袁隆平的文本,在理解以农业为主题语篇的基础上,能够结合自身的认知和经验,加深对农业相关内容的理解。同时,启发和鼓励学生树立崇高的理想信念,勇于追逐梦想。

该文本属于记叙文,结构清晰,层次分明,共分为六个自然段。第一段开门见山地介绍了袁隆平的身份、外貌特征以及他研究和取得的成果。第二至四段以时间顺序简要介绍了袁隆平选择从事农业研究的原因以及研究杂交水稻的起因、过程、结果和影响。第五段承上启下,从另一个侧面描绘了袁隆平作为农业科学家的生动形象。最后一段是全文的点睛之笔,介绍了袁隆平成功地研发海水稻,为我国农业科学发展和世界粮食供给做出了杰出贡献。

三、学习重点

1. 根据语言特色和具体事例分析人物特征,了解袁隆平对世界稻米生产的巨大贡献。

2. 理解他少年立志、甘愿为农业奉献终生的原因和动机,对袁隆平满怀崇敬之情,提高对农业发展意义的认识。

3. 厘清介绍人物的记叙文的写作特点,加强谋篇布局的意识。

四、学习难点

1. 分析、描述袁隆平的优秀品质,提高对农业发展意义的认识。

2. 厘清介绍人物的记叙文的写作特点,加强谋篇布局的意识。

五、课时目标

1. 能够运用预测技巧,预判语篇内容,形成阅读期待。(Goal 1)

2. 能够运用跳读策略,找出文段的主题句,归纳总结段落大意。(Goal 2)

3. 能够通过仔细阅读,获取主要信息,并说出袁隆平对我国及全球农业发展做出的巨大贡献。(Goal 3)

六、评价任务

1. 观察图片与文章标题,预测文章内容。

2. 仔细阅读文本,概括袁隆平终生奉献农业的原因和动机。

3. 深入阅读文本,归纳袁隆平的优秀品质。

七、教学过程

Lead-in:

Hello, boys and girls! Have you ever worked on a farm or do you have some relevant experiences? We all know that farming and food are the essential part of our life. Today, we are going to learn a passage about a great scientist in farming. Do you know who it is?

Activity 1: Discuss the Opening Page. (Goal 1)

Look at the picture and the quote, and discuss the following questions:

1. How do you understand this unit's title "Working the Land"?

2. Where do you think this picture was taken? What is it about? How do you feel when you see this picture?

3. Have you ever had such experiences of living in the countryside or going to the countryside to help with farm work? Can you share your experience with the class?

4. How do you understand the quote?

5. How much do you know about the world hunger problem?

设计意图:通过对主题图片和引言的理解与讨论,让学生预测单元主题和内容,激活学生对关于农业的背景知识或生活体验,思考袁隆平的名言的重要意义,分享自己对饥饿问题的理解与认识。

参考答案：

1. The title means "Working in the fields" or "Farming".

2. I think the picture was probably taken in the countryside, and it is about the living environment in the countryside. When I see this picture, I'm struck by the amazing natural beauty of the countryside.

3. Yes, I have lived in the countryside for many years and I know quite well about it. When I was young, I often helped my parents with the farm work in the fields. Although I often felt very tired, I felt happy because I could get pleasure from working./No, I have never been to a place like this, but I saw such places on TV and in the movies. The farmland is large and beautiful.

4. From Yuan Longping's quote, I can see he could understand starvation deeply, he had great sympathy for the hungry people, and that he had a lifelong ambition and desire to prevent hunger and starvation in the world.

5. There are still many places in the world where people are suffering from hunger, and there is not enough food to feed them.

Activity 2：Predict the content.（Goal 1）

Look at the photo on Page 50 and the title of the text. Discuss the following questions：

1. Who is the man in the photo? What crop is he holding in his hands?

2. What do you know about the man? What else do you want to know about him?

设计意图：根据图片和文本标题，让学生讨论和预测，引出主题，激活背景知识，形成阅读期待。

参考答案：

1. The man in the photo is Yuan Longping. He is holding sheaves of hybrid rice.

2. I know he was a famous Chinese agricultural scientist, he is often called "the father of hybrid rice", and that his work had sparked a farming revolution in China, and even around the whole world. I want to know what he thought about the future of China's agriculture.

Activity 3：Skim for the idea of each paragraph.（Goal 2）

Read the text quickly, and find the main idea of each paragraph by matching on Page 50.

设计意图：通过略读，理解段落主旨大意，了解文章结构。同时，培养学生捕捉和概括段落主旨要义的阅读策略。

参考答案：

1. C   2. D   3. A   4. E   5. F   6. B

Activity 4：Read for detailed information.（Goal 3）

1. Read the passage carefully and fill the information in the blanks below.

Yuan Longping's Devotion to Hybrid Rice

Motivation：

Process：

_____

Result：

_____

Influence：

_____

Vision：

_____

2. Read the passage again and find the answers to the following questions：

(1) Why did Yuan Longping consider himself a farmer?

(2) Why did Yuan decide to study agriculture?

(3) What is the main advantage of hybrid crops?

(4) How has Yuan's work helped China and other countries?

(5) What was Yuan's later vision?

设计意图：通过仔细阅读，理解语篇内容，获取主要信息，整理线索，并根据表层信息进行推断和概括。

参考答案：

1.

Yuan Longping's Devotion to Hybrid Rice

Motivation：Poor harvests and even a serious shortage of food to eat.

Process：Yuan was convinced that the answer could be found in the creation of hybrid rice.

Result：Through intense effort, Yuan overcame enormous technical difficulties to develop the first hybrid rice.

Influence：This hybrid enabled farmers to expand their output greatly.

Vision：He envisioned rice plants as tall as a sorghum, with each ear of rice as big as a broom, and each grain of rice as huge as a peanut.

2. (1) Because he continually worked the land in his research.

(2) Because he found that farmers had poor harvests and sometimes even had a shortage of food to eat.

(3) Hybrid crops usually attain a higher yield than conventional crops.

(4) His innovation has helped to feed not only China, but also many other countries that depend on rice, like India and Vietnam.

(5) Seawater rice.

Activity 5：Read for further thinking. (Goal 3)

Read the text carefully again, work in groups and discuss the following questions：

1. What contributions did Yuan Longping make to China and other countries?

2. What do you think of Yuan Longping's attitude to fame and wealth?

3. Why do we call him "A Pioneer for All People"?

设计意图：通过深层次的阅读、讨论与思考，进一步挖掘语篇的意义，深入理解袁隆平对中国和世界农业发展的卓越贡献以及他献身科学、淡泊名利、无私奉献的高贵品质，同时回归语篇的主题，对 pioneer 的理解更加深入。

参考答案：

1. Yuan Longping developed hybrid rice so that farmers could produce more rice in smaller fields, and more easily. The great yield was beneficial to those suffering from the effects of famine and helped to lift people out of this bad situation.

2. He cared little for celebrity and money. Instead, he made large donations to support agricultural research.

3. Because he overcame enormous technical difficulties to develop the first hybrid rice that could be used for farming. And this hybrid has helped not only China, but also many other countries which depend on rice.

八、作业设计

1. 借助词典，使用本节课已学话题词汇创建一个与袁隆平相关的词汇网络图。

设计意图：归纳总结相关主题词汇，进一步理解语篇内容，厘清文本线索，理解描述人物特征及优秀品质的词汇。

参考答案：

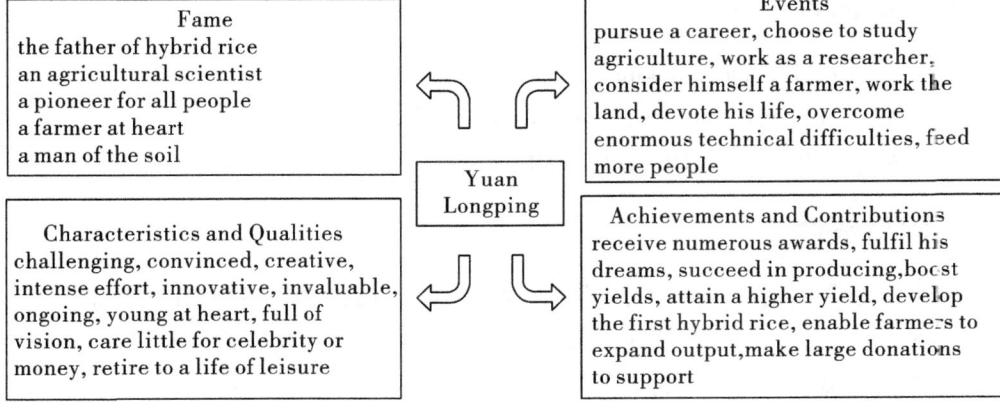

2. Create a profile of Yuan Longping based on what you have learned.

设计意图：通过巩固所学文本内容，创建档案，代入身份进行信息重组，归纳总结相关主题词汇，引导学生内化语言知识，建立对袁隆平这一伟大农业科学家的整体认识。

参考答案：

Yuan Longping, father of hybrid rice, had devoted his life to rice production. As a young man, he chose to study agriculture because he was concerned about poor harvest and the shortage of food for farmers. After overcoming enormous difficulties, he developed the first hybrid rice in 1974, which enabled farmers to attain a higher yield. It is estimated that 60% of rice consumption in China comes from Yuan's innovation. However, as a man of the soil, little did he care for money or fame. He impressed us with his ongoing ability to fulfil his dreams. His later vision for "seawater rice" had become a reality. Despite his advanced years, he was still full of vision.

九、板书设计

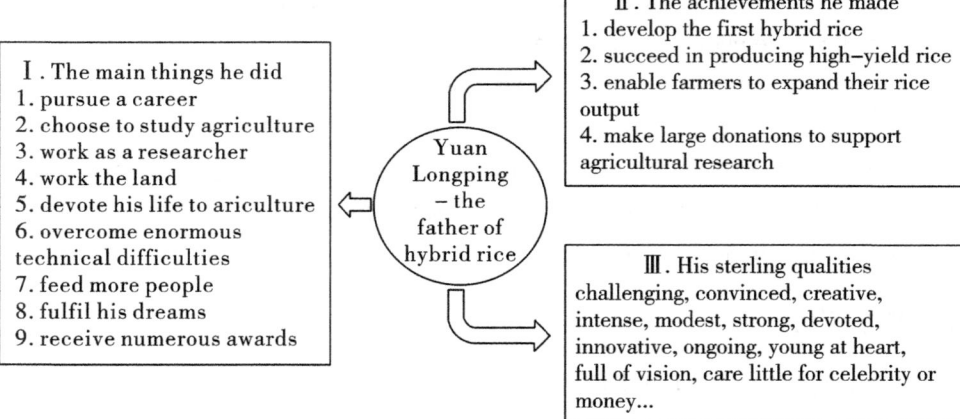

第二课时：阅读(读后)

一、课时内容

板块名称：Reading and Thinking

活动主题：Get to know an agricultural scientist(认识一位农业科学家)

语篇话题：A PIONEER FOR ALL PEOPLE(造福全人类的开拓者)

二、教材解读

该课时依然是阅读课，侧重阅读的读后活动。深入阅读语篇，在内化语言知识、获取关键信息的同时，通过深入思考，进一步从人类命运共同体的角度理解袁隆平在水稻研究方面的卓越成就以及他为此付出的巨大艰辛和努力，体会袁隆平作为农业先驱的伟大之处，正确理解他无私奉献、不断进取的科学精神和不懈追求，学习伟大人物的高贵精神和优秀品质，进而思考自己的人生追求和理想事业。

三、学习重点

1. 深层剖析，归纳袁隆平的个性特点和优秀品质。

2. 为伟大人物写颁奖词及获奖感言。

四、学习难点

基于文本形成对人物及其事迹的价值判断,提高综合评价的高阶思维能力。

五、课时目标

1. 通过深入阅读语篇,能够正确理解并用相关话题词汇描述袁隆平的生活态度、优秀品质及心怀苍生的博爱精神。(Goal 1)

2. 能够运用资源策略,加深对主题内容的理解。通过联想其他杂交产品,讨论产生富有创意的想法,批判、辩证地思考农业发展问题并提出自己的看法。(Goal 2)

3. 通过阅读写人记事的记叙文语篇,能够理解并欣赏其文体特征、语言特点和写作方法。(Goal 3)

六、评价任务

1. 了解记叙文的文体特征、语言特点和写作方法。
2. 深入阅读文本,用英语描述袁隆平的品质和精神。
3. 批判、辩证地思考农业发展问题并提出自己的看法。

七、教学过程

Lead-in:

Hello, boys and girls! How are you today? Do you still remember what you learned yesterday in our class? Can you say anything about Yuan Longping? After learning about Yuan Longping, you must have been deeply moved and inspired by his great devotion and effort. Today, we are going to learn more about him.

Activity 1: Brainstorm words or expressions to describe Yuan Longping. (Goal 1)

设计意图:激活与主题阅读相关的词汇及目标语言。

参考答案:

devoted, committed, convinced, creative, intense effort, innovation, invaluable, ongoing ability, young at heart, full of vision, care little for celebrity or money, retire to a life of leisure...

Activity 2: Discuss for critical thinking. (Goal 2)

1. Work in groups and discuss the following questions:

(1) Apart from rice, what are some other important crops in China? What do you know about them?

(2) Other than hybrid rice, what other hybrid products do you know? Can you think of new hybrid ideas?

2. Give your idea to the class.

设计意图:激活学生与主题相关的文化背景知识和相关生活经历,讨论我国其他农作物,联想其他杂交产品,发展批判性思维能力和创造性思维能力,培养人类命运共同体意识。

参考答案:

(1) Besides rice, the most important crop is wheat, which is grown in different parts of China, and is used to make noodles and bread. Corn is also a popular crop in north and northeastern China, which is used both for food and for animal feed.

(2) Common hybrid crops include corn, rapeseed(油菜), sunflowers, and nearly all market vegetables. Some kinds of hybrid animals have been known for a long time, for example, the mule (骡子), a hybrid of a horse and a donkey. The concept of a hybrid is not restricted to plants and animals only. For example, there are hybrid cars, powered by two different kinds of engines (petrol and electric) at the same time.

Activity 3:Read for key information. (Goal 2)

Read the text carefully, and work in groups to discuss the following questions:

1. Why did Yuan Longping devote himself to developing hybrid rice?

2. How did he succeed in developing hybrid rice?

3. How did innovation influence Yuan Longping?

4. What was his later vision of rice? Did it become a reality?

设计意图:深入阅读语篇,理解袁隆平潜心研究和培育杂交水稻以解决粮食的低产问题,培养学生的逻辑思维能力、批判性思维能力、创新思维能力以及文化意识。

参考答案:

1. He was concerned that farmers had poor harvests and sometimes even had a shortage of food to eat.

2. Worked(as a researcher in 1953)→realized(boost yields)→convinced(the creation of hybrid rice)→overcame(technical difficulties)→developed(hybrid rice in 1974).

3. Yuan's innovation helped to feed not just China, but many other countries that depend on rice, such as India and Vietnam. Because of his invaluable contributions, Yuan Longping had received numerous awards both in China and abroad. As a man of the soil, he cared little for celebrity or money. Instead, he made large donations to support agricultural research.

4. "Seawater rice". His later vision for "seawater rice" had also become a reality, and potentially opened up nearly one million square kilometers of salty land in China for rice production.

Activity 4:Read for the organization and language features. (Goal 3)

1. Read the text and work in groups to work out its structure, stylistic and linguistic features, and writing methods.

2. Read again and select your favorite sentences or paragraphs to appreciate the beauty of

the language, and then explain the reasons.

设计意图:理解并欣赏写人记事的记叙文语篇的文体特征、语言特点和写作方法,在阅读中感知英语语言之美,在分享中提高语言表达技能,加深对语篇的理解。

参考答案:

1. (1) The structure of the text:

Part 1 (Paragraph 1): A general introduction to Yuan Longping.

Part 2 (Paragraphs 2-4): Yuan Longping's greatest achievements and effects.

Part 3 (Paragraphs 5-6): Yuan Longping's qualities.

(2) These techniques are employed to highlight Yuan's great contributions and qualities.

Paragraph 1: contrast ("father of hybrid rice" vs farmer)

Paragraph 2: contrast (his parents' wish vs his own decision)

Paragraph 3: contrast (the general assumption about hybrid rice vs his belief)

Paragraph 4: factual, implicit contrast (past vs present situation about rice production)

Paragraph 5: contrast (retire to a life of leisure vs continue in agricultural development)

Paragraph 6: listing examples to give supporting evidence (his ability to fulfil dreams)

2. (1) Indeed, his slim but strong body was just like that of millions of Chinese farmers, to whom he had devoted his life.

(2) Through intense effort, Yuan overcame enormous technical difficulties to develop the first hybrid rice that could be used for farming in 1974. This hybrid enabled farmers to expand their output greatly.

(3) Yuan's innovation helped feed not just China, but many other countries that depend on rice as well, such as India and Vietnam.

(4) Deep down, Yuan was still very much a farmer at heart. As a man of the soil, he cared little for celebrity or money. Instead, he made large donations to support agricultural research.

(5) Long ago, he envisioned rice plants as tall as a sorghum, with each ear of rice as big as a broom, and each grain of rice as huge as a peanut.

Activity 5: Read for presentation. (Goal 3)

1. Work in groups and write an acceptance speech (获奖感言) for Yuan Longping before receiving the award.

2. Share your speech in groups.

设计意图:深化主题意义,加强德育浸润,指向课程思政。让学生通过颁奖礼活动,深入理解袁隆平作为农业先驱的伟大之处,并表达自己对先驱的敬仰,既锻炼了写作能力和口头表达能力,又锻炼了运用英语进行有效的沟通和交流的能力,进而提升思维品质和文化意识。

参考答案:

It's my great pleasure to help China and other developing countries to develop hybrid rice to overcome food-shortage problems. And I'm confident that through our joint efforts, the whole world will get rid of the problem of food shortage in the near future.

Activity 6: Summarize.

Summarize what you have learned and understand the great qualities of the pioneer. Try to relate yourselves with other people to aim high and work hard.

设计意图：总结课堂所学内容，联系自身实际，拓展话题范围，升华主题意义，学习伟大人物的精神，树立正确的人生观。

参考答案：

Yuan deserved the honour of being described as "a pioneer for all people". Yuan was a pioneer of hybrid rice, and he undertook his work out of concern for the people. His great creation had helped to reduce world hunger, and continues to do so today.

八、作业设计

假如你校英语报正在组织题为"The person I respect most"的作文比赛，请写一篇短文参赛。内容要点如下：

1. 人物简介。

2. 尊敬和爱戴这位人物的原因。

注意：

1. 词数100左右。

2. 短文题目和首句已为你写好，不计入总词数。

The person I respect most

There are many respectable people around us. _____

_____

_____

_____

设计意图：从文本输入到语言输出，将所学知识与技能迁移到课外实践活动中，巩固、加强所学内容，提高书面表达水平，达到学以致用的目的。

参考答案：

The person I respect most

There are many respectable people around us. The person I respect most is Yuan Longping, an agricultural pioneer of China. To help more people get enough food, Yuan Longping devoted himself to improving the output of hybrid rice. Thanks to his research, the output of hybrid had been doubled. More importantly, he was willing to share his achievements with others, which contributed to ridding the world of hunger.

As for me, Yuan Longping was the greatest person in the world. It was his devotion that made him successful and his commitment inspired me a lot. Actually, I have some difficulty in learning English. However, where there is devotion, there is a way. I really believe my devotion can make me expert in English.

九、板书设计

The Writing Technique the Author Uses to Exhibit Yuan Longping's Best Qualities

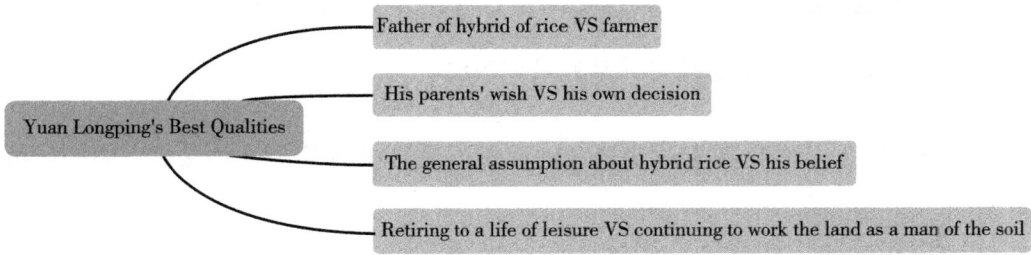

（撰稿：郑州市郑东新区外国语中学　刘军荣）

第四节　语法课型：语法学习与运用

本节以《普通高中教科书 英语 必修 第一册》（2019 年人教版）Unit 1 语法探究板块为例，做出以下教学设计。

一、课时内容

板块名称：Discovering Useful Structures

活动主题：Improve a draft（润色文稿）

主要内容：

1. Student Book：Discovering Useful Structures
2. Workbook：Using Structures

二、教材解读

该板块围绕活动主题"润色文稿"展开，按照英语语法的"形式—意义—使用"学习模式，在语境中感知，在发现中总结名词短语、形容词短语和副词短语的形式和意义，在语篇练习中运用名词短语、形容词短语和副词短语，使语言表达更加充实、生动、准确。

三、学习重点

在语篇中理解和运用名词短语、形容词短语和副词短语，丰富语言表达，提升语篇质量。

四、学习难点

理解名词短语、形容词短语和副词短语的意思并在语篇中灵活运用。

五、课时目标

1. 通过观察和分析,能够理解并掌握名词短语、形容词短语和副词短语的结构特征及其句法功能。(Goal 1)

2. 通过运用名词短语、形容词短语和副词短语,能够理解它们在语义表达中的作用。(Goal 2)

六、评价任务

在具体语境中识别名词短语、形容词短语和副词短语,并将它们运用到语篇写作中。

七、教学过程

Lead-in:

T: You guys have been to senior high school for a couple of weeks. Do you enjoy your life in senior high school? However, I think being a freshman also brings you a lot of problems. What problems have you met since you came to senior high school?

S: Share their problems.

T: Today we will learn how to use noun phrases, adjective phrases and adverb phrases. Do you know what they are and what they can do in the sentence or in the text? Let's check out!

设计意图:通过问题激活思维,引入名词短语、形容词短语和副词短语。

Activity 1: Understand noun phrases, adjective phrases and adverb phrases, and their functions. (Goal 1)

1. Learn the grammar "Phrase (1)" on Page 108 by yourself and understand its definition and feature.

2. Fill these phrases below into the chat that fit the categories, and then tell their functions.

people there, pretty good, far from simple, very easily, a confused look, really very simple, quite well, the newspaper today, too slow

Note: If you can't describe or state in English, just use Chinese.

Item	Noun Phrase (NP)	Adjective Phrase (AdjP)	Adverb Phrase (AdvP)
Definition and feature			
Example			
Function			

3. Finish Exercise 1 (Using Structures) on Page 72 and check the answers with others.

设计意图：了解名词短语、形容词短语和副词短语的概念，获得感性认识，强化词块意识。

参考答案：

2. The chart

Item	Noun Phrase (NP)	Adjective Phrase (AdjP)	Adverb Phrase (AdvP)
Definition and feature	word group with a noun as its head word	word group with an adjective as its head word	word group with an adverb as its head word
Example	people there, the newspaper today, a confused look…	far from simple, pretty good, really very simple…	quite well, too slow, very easily…
Function	act as subject, object, attributive, predictive, etc.	act as attributive, predictive, etc.	act as adverbial, attributive, etc.

3. (1) group discussions (NP, O); the advanced literature course (NP, O)

(2) quite heavily (AdvP, A); very soon (AdvP, A)

(3) very important (AdjP, Attr.); your behavior in society (NP, O)

(4) the joy of trying something new (NP, O)

(5) Strangely enough (AdvP, A); very much (AdvP, A)

(Notes: O—Object; A—Adverbial; Attr.—Attributive)

Activity 2: Identify noun phrases, adjective phrases and adverb phrases in the sentences, and state their functions. (Goal 1)

1. Study the following example and learn how to find and mark the phrases and then state their functions.

<u>The first week</u> was <u>a little confusing</u>.
　　　NP (S)　　　　　AdjP (P)

(Notes: S—Subject; P—Predictive; O—Object; A—Adverbial; Attr.—Attributive)

2. Find and mark the phrases in the sentences that fit the categories above in Task 1 and then state their functions.

设计意图：运用所学概念识别语句中的短语及其类别，根据句子成分判断这些短语的句法功能。

参考答案：

(2) <u>The building</u> is <u>so big</u> that I'm <u>completely lost</u>.
　　　NP (S)　　 AdjP (P)　　　　　AdjP (P)

(3) <u>The kids over there</u> are putting something on <u>a round paper plate</u>.
　　　NP (S)　　　　　　　　　　　　　　　　　NP (O)

(4) Linda thinks and speaks quite quickly, and she can do well in the debate.
　　　　　　　　　　　　AdvP (A)　　　　　　　　　　　NP (O)

(5) The new coach told me that I didn't play well enough.
　　NP(S)　　　　　　　　　　　　　　　AdvP (A)

(6) My first French class was very confusing. The teacher spoke so fast!
　　NP (S)　　　　　　　AdjP (P)　　　　NP (S)　　　　　AdvP (A)

Activity 3：Use noun phrases, adjective phrases and adverb phrases in the sentences or passages. (Goal 2)

1. Ask and answer the questions in pairs in Task 2 using the phrases in brackets.

2. Read the poem aloud on Page 72 and discuss how the underlined parts work in the poem.

设计意图：通过回答问题和判断短语的类型及功能，在句子和语篇中进一步熟悉并掌握名词短语、形容词短语和副词短语的特点和功能，为后续活动中运用这些短语润色文稿做好铺垫。

参考答案：

1. (1) I will finish my homework pretty soon. (AdvP, A)

(2) My new teachers are very nice and patient. (AdjP, P)

(3) I have joined two clubs this year. (NP, O)

(4) Rita plays the violin quite well. (AdvP, A)

(5) My adviser said the advanced literature course was too difficult but very interesting. (AdjP, P)

2. These noun phrases, adjective phrases and adverb phrases enrich the expression, making the poem more lively, vivid and interesting.

so rare (AdjP, P)

a day in June (NP, O)

so fine (AdjP, P)

just perfect (AdjP, P)

so warmly (AdvP, A)

the tenderness of my skin (NP, O)

Its beautiful melody (NP, S)

Activity 4：Read and improve the draft. (Goal 2)

1. Read Joyce's draft in Task 3 and put a mark where more information can be added.

2. Study the example in Task 3 and find out how the first three sentences are improved. Work in groups to improve the draft by using noun, adjective or adverb phrases to add more information.

3. Share your improved version with others.

设计意图：通过观察例句和小组讨论，学习在语篇中如何添加名词、形容词、副词短

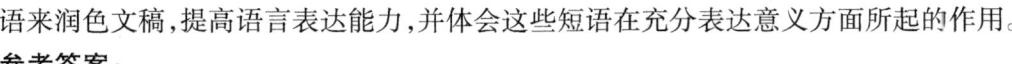

语来润色文稿，提高语言表达能力，并体会这些短语在充分表达意义方面所起的作用。

参考答案：

I've always wanted to be a <u>high school</u> cheerleader. Yesterday, I tried out for <u>my schcol's</u> cheerleading team. It was <u>really</u> hard. First, we had to dance <u>up and down around the basketball court for 20 minutes</u>. The teacher showed us how to move, and then we tried <u>very hard</u>. Second, we practised singing a <u>short fight</u> song about the school basketball team. Finally, some <u>of the stronger</u> girls had to lift their partners. The other girls jumped <u>very high</u> and cheered <u>so loudly</u>. I think I did <u>quite</u> well <u>in the try-out</u>, but <u>many of</u> the other girls were <u>even</u> better. I'm not so sure if I'll make the <u>cheerleading</u> team <u>this year</u> or not.

（注：画线部分为添加的润色文稿的单词和短语。）

八、作业设计

1. 完成 Workbook 第 73 页上 Using Structures 部分的 Tasks 3～5。

2. 阅读课本第 18 页上的建议信，在文中的名词短语、形容词短语和副词短语下划线，标出短语类型和句法功能。

（Notes：NP—Noun Phrase；AdjP—Adjective Phrase；AdvP—Adverb Phrase；S—Subject；P—Predictive；O—Object，A—Adverbial；Attr.—Attributive；OC—Object Complement）

设计意图：在语篇中巩固和加强对名词短语、形容词短语和副词短语的理解、掌握和应用。

参考答案：

1. Task 3

（1）√

（2）We can find <u>a quiet public</u> reading room.

（3）√

（4）She owns <u>a cute small white</u> cat.

（5）Don't worry. He will do the job <u>well enough</u>.

Task 4

an impossible quiz → a very difficult test；very well → well enough；like a fool → quite silly；

a few → some of the；

terrible → very bad；cross → really angry；a thousand → too many；

nothing → not such a big deal；

wonderful → really great；the best → very kind

Task 5

a group of senior high school students from Hangzhou；quite soon；many/a lot of exciting activities；some of the activities；different kinds/sorts of tea；more interested；a big international

2. The body of the advice letter：

You wrote that you are <u>very worried</u> about <u>your friend</u>, Chen Lei. I understand <u>quite well</u> that you
                   AdjP, P   NP, O   AdvP, A

are anxious and feel terrible. You think that your friend plays computer games too often and spends
                                                NP,S   NP,O   AdvP,A
too much time online.
　NP,O
　　I recommend that you talk to your friend about his behaviour. It is not unusual for teenagers
                                  NP,O   NP,O
of your generation to be attracted to computer games and the online world. But spending
　NP,O   NP,O   NP,O
too much time online is unhealthy and makes it very difficult to focus on other things in life.
　NP,O   AdjP,OC   NP,O
Some students even become addicted to the Internet and cannot concentrate on
　NP,S   NP,O
school and family life. I think you should encourage your friend to try new hobbies. Why not discuss
　　NP,O   NP,O   NP,O
the problem together? I am sure he will listen to you, since you are his good friend.
　NP,O   NP,P

九、板书设计

Improve a draft by using noun, adjective and adverb phrases.

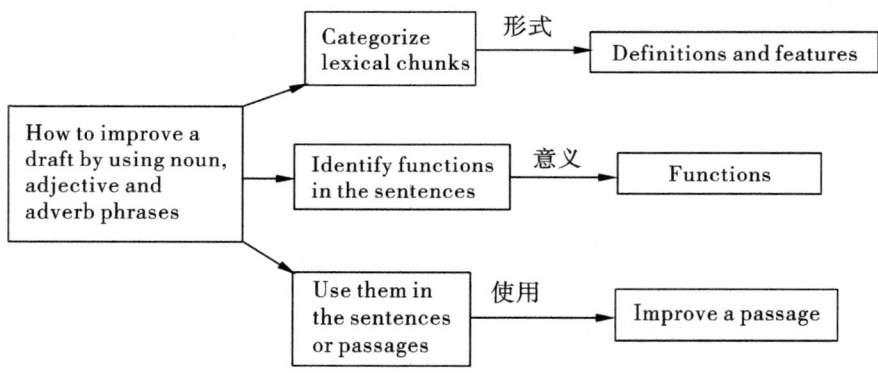

（撰稿：郑州市第九中学　邓俊成）

第五节　语言知识课型：词汇与语法

本节以《普通高中教科书 英语 选择性必修 第一册》（2019 年人教版）Unit 4 语言学习板块为例，做出以下教学设计。

一、课时内容

板块名称：Learning About Language

活动主题：

1. Build up your vocabulary

2. Discover useful structures

二、教材解读

该板块 Build up your vocabulary 部分围绕话题词汇设计，关注词性变化、同一词形用作不同词性以及在单元主题语篇情境中话题词汇和词块的应用。Discover useful structures 部分遵循"形式—意义—运用"三维动态语法观，在语境中学习和掌握动词-ing 形式作宾语和表语的功能，并在语篇情境中正确使用这一形式表达意义。

三、学习重点

1. 通过多形式、多角度练习，复习和巩固本单元话题词汇。

2. 识别和理解动词-ing 形式作宾语和表语的功能，在语篇情境中运用动词-ing 形式进行正确表达。

四、学习难点

1. 在具体语境中正确选择和使用词性和同一词形的不同词性。

2. 在具体语境中准确、灵活运用动词-ing 形式作宾语和表语。

五、课时目标

1. 通过课堂活动，学习和巩固本单元话题词汇的词性变化、同一词形的词类转化，能够在语篇情境中应用话题词汇和词块。（Goal 1）

2. 通过观察和分析，能够识别并概括动词-ing 形式作宾语和表语的结构特征及句法功能，并在语篇中正确使用这一形式。（Goal 2）

六、评价任务

1. 运用词汇知识或查字典，写出本单元核心话题词汇的不同词性。在具体语境中识别同一词形的不同词性和词意。在单元主题语境的语篇练习中使用和巩固话题词汇和词块。

2. 在句子中识别和总结动词-ing 形式作宾语和表语的句法功能和表意功能，并在语境中灵活应用。

七、教学过程

Lead-in：

Hi, guys! Today we'll enrich some knowledge about vocabulary and the use of the -ing form of the words and phrases. Let's check out!

Activity 1：Learn about the different forms of key words in this unit and use some of them in the passage.（Goal 1）

1. Fill in the table with different forms of the words on Page 40. Refer to a dictionary if necessary.

2. Read the passage and fill in the blanks with the correct forms of the words.

Customs and cultures in one country are usually __1__（differ）from others'. A __2__（vary）of body languages rely on native customs and cultures. If we don't want to feel __3__（embarrass）and make our __4__（interact）with foreigners go smoothly, we'd better learn more about them.

设计意图：关注话题词汇的词性变化，拓展与主题相关的词汇，并在语篇情境中增强和提升对话题词汇的理解和运用。

参考答案：

1. The chart

Noun	Verb	Adjective	Adverb
difference	differ	different	differently
variety/variation	vary	variable/various/varied	variously
reliance/reliability	rely	reliable	reliably
interaction	interact	interactive	interactively
approval	approve	approving/approved	approvingly
embarrassment	embarrass	embarrassing/embarrassed	embarrassingly

2.（1）different（2）variety（3）embarrassed（4）interaction

Activity 2：Understand the different meanings and parts of speech of the same word.（Goal 1）

1. Work out the meanings of the underlined words in the sentences on Page 40. List more words of the same kind.

2. Understand the meanings and parts of speech of the underlined words in the passage.

When I was in Junior Three, I（1）favoured Chinese traditional painting and wanted to hold an art exhibition to（2）display my works in our school. I（3）lacked confidence, so I turned to my mother and head teacher for help. My mother（4）frowned, while my head teacher was in（5）favour of my idea and helped me a lot. One year later, my classmates（6）witnessed my progress and success in the art（7）display held in my school.

设计意图：在句中推测、理解同一词形的不同词性和词义，并在语篇中增强对它们的词性和词义的理解和运用。

参考答案：

1. (1) rest (vt.): to place or put; rest (n.): when someone stops doing things so their body can recover energy

(2) display (vt.): to show; display (n.): a show

(3) favour (vt.): to prefer or like; (in) favour (of) (n.): being for, approving of

(4) witness (vt.): to see something, especially a crime or an important event; witness (n.): a person who tells what he/she saw to the police or at a trial

(5) lack (n.): absence; lack (vt.): to not have

(6) frown (n.): a facial expression that shows sadness or disapproval; frown (vi.): to make a facial expression that shows sadness or disapproval

Examples to show more words of the same kind as follows:

(1) This company owns quite a few large ships (n.), and it ships (vt.) its goods all over the world.

(2) It may interest (vt.) you to know that Andy didn't accept the job, because he isn't interested (adj.) in it.

(3) "Were there any calls (n.) for me while I was out?" "Sorry, madam, no one called (vt.) you."

(4) The players all have confidence (n.) in their manager, so they practice confidently (adv.) every day.

2. (1) favour (vt.): to prefer or like

(2) display (vt.): to show

(3) lack (vt.): to not have

(4) frown (vi.): to make a facial expression that shows sadness or disapproval

(5) (in) favour (of) (n.): being for, approving of

(6) witness (vt.): to see something, especially a crime or an important event

(7) display (n.): a show

Activity 3: Understand and practise words in the context. (Goal 1)

Read the passage about body language on Page 40. Fill in the blanks with the correct forms of the words and phrases in the box.

设计意图：在话题语境中加深和提升对单元核心词汇和词块的理解和运用。

参考答案：

interaction; demonstrating; approve of; clues; By contrast; gestures; by comparison; break down

Activity 4: Identify the use of the *-ing* form as the object and the predicative. (Goal 2)

1. Look at the examples below, paying attention to the italicised parts on Page 41. Get a general idea of the functions of the *-ing* form.

2. Find other examples from the reading text.

设计意图：观察、分析教材例句中包含-ing形式的句子，识别动词-ing形式作宾语和表语的句法功能和表意功能。

参考答案：

Examples from the reading text：

1. However, you should avoid <u>making this gesture</u> in Brazil and Germany, as it is not considered polite. (object)

2. Elsewhere, people favour <u>shaking hands</u>, <u>bowing from the waist</u>, or <u>nodding the head</u> when they meet someone else. (object)

3. A good way of <u>saying</u> "I am full" is <u>moving your hand</u> in circles over your stomach after a meal. (object; predicative)

4. Perhaps the best example is <u>smiling</u>. (predicative)

Activity 5：Practise using *-ing* form, analyse and summarize the usages and functions of the *-ing* form. (Goal 2)

1. Complete the sentences using the *-ing* form of the words and phrases in the box on Page 41, and tell their functions.

2. Fill in the blanks to summarize the usages and functions of the *-ing* form.

	功能	用法
动词-*ing*形式		

设计意图：在句中练习使用动词-*ing*形式，归纳其作宾语和表语的用法。

参考答案：

1. (1) teaching (predicative)

(2) breaking down (predicative)

(3) bowing (object)

(4) Getting through (subject)

(5) calling on (object)

2.

	功能	用法
动词-*ing*形式	作宾语	兼有动词和名词特征，表示动作的承受者
	作表语	兼有动词、名词和形容词特征，表示主语的内容或主语具有的特征

Activity 6：Reinforce the usages and functions of the *-ing* form. (Goal 2)

Complete the passage with the correct forms of the words and phrases in the box on Page 41.

设计意图：在语篇中巩固和提升对动词-*ing*形式作宾语和表语的理解和使用，加强在语境中正确使用动词-*ing*形式的能力。

参考答案:

challenging; considering the whole picture; evaluating a patient's condition; Considering individual differences; lying; maintain

八、作业设计

Alternative 1: Talk about the body language you can read from the pictures on Page 41. Write at least two sentences to describe one of the pictures by using at least one *-ing* form.

Alternative 2: Write a passage in English to introduce a friend you admire most. Use at least two *-ing* forms and key words learned in this unit in your writing. (in about 100 words)

设计意图:根据学情布置不同难度的作业,把本课所学有关肢体语言的相关词汇、动词*-ing* 形式的用法在写作中得到巩固和应用。

参考答案:

Alternative 1: The lady in red shows her impatience by looking at her watch. Perhaps her boss is waiting for her in the office, so she has to hurry on to avoid being late.

Alternative 2: I have a reliable friend named Zhou Qiang. I'm not a good learner. By contrast, he is very active in class. He keeps sitting straight, focuses on the teachers' words and puts up his hand when teachers ask questions. His dream is being an advanced educator who can help more people achieve their dreams. When I have trouble in doing exercises, he is always giving me a hand and clarifying his explanation. His bright smile and help give me much encouragement. I'll learn from him and decide not to bow before difficulties. I believe I will make progress day by day and distinguish myself one day.

九、板书设计

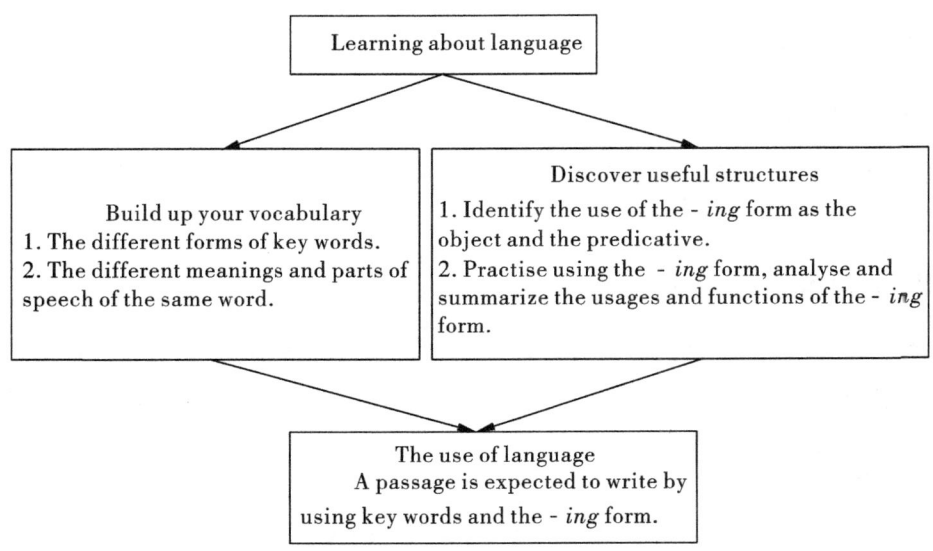

(撰稿:郑州市第五高级中学　周公良)

第六节 读写课型:阅读与写作

本节以《普通高中教科书 英语 必修 第二册》(2019年人教版)Unit 4 阅读与写作板块为例,做出以下教学设计。

一、课时内容

板块名称:Reading for Writing

活动主题:Describe a place that you like(描述你喜欢的地方)

语篇话题:BEAUTIFUL IRELAND AND ITS TRADITIONS(美丽的爱尔兰及其传统)

二、教材解读

此文是一篇景物描写,作者从旅行者的角度将爱尔兰的景色、自身感受与当地风土人情融为一体,内容丰富,语言优美,短小精湛。作者生动地描述了爱尔兰的乡村美景和风土人情在视觉、嗅觉、味觉、听觉和触觉等方面给人们带来的直观感受,对丘陵、大海、群山进行了惟妙惟肖的描写。作者运用这些丰富细腻的手法,将爱尔兰乡村清新浓郁的文化气息描绘得栩栩如生。同时,字里行间流露出对爱尔兰乡村的喜爱之情。

爱尔兰乡村以景色优美清新、颇具历史文化特色而著称,这段描写与前面对英国伦敦等城市的历史文化景点介绍相得益彰,较为完整地刻画出将历史与现代、城市与乡村和谐地融为一体的欧洲文化特色。在随后的写作活动中,学生通过描写自己熟悉的、有趣的家乡著名景点,反思和探索家乡景点的历史文化价值,挖掘并了解家乡的历史文化传统,增强对家乡的热爱。

三、学习重点

通过分析文本,了解景物介绍类文本的语篇结构、修辞手法,并运用相关语言知识进行景物描述。

四、学习难点

根据所提供的视频"黄河风景区宣传片",通过模仿和改写,完成对家乡景点及其文化传统的描写。

五、课时目标

1. 能够了解地点介绍类语篇的内容和结构。(Goal 1)
2. 能够模仿、借鉴本篇的写作技巧和修辞手法,提高语言运用能力。(Goal 2)

3. 能够了解自然及文化传统对城市发展的影响,并认识到家乡的自然之美和文化传统之美。(Goal 3)

六、评价任务

1. 说出爱尔兰的乡村美景和风土人情。
2. 分析作者基于视觉、嗅觉、味觉、听觉和触觉的相关描写。
3. 掌握景物描写的表达方式和修辞手法,完成景物描写任务并对同伴的作品进行评价。

七、教学过程

Lead-in:

Hello, everybody! Have you ever been to Ireland? No? Well, now let's go to Ireland by watching a short video about Ireland. After you watch it, please answer the following two questions.

1. What can you see in the video?
2. How does the place make you feel?

Activity 1: Read the passage. (Goal 1, Goal 2)

1. Read for information.

(1) What are the things that make the Irish countryside exciting and inspiring?

(2) What are the best ways to experience some Irish traditions and customs?

设计意图:通过浏览文章,把握文本主要内容,抓住主旨大意。

参考答案:

(1) It's beauty and how it offers something for all the senses. (the peaceful landscape, the roar of the sea, strong traditions…)

(2) By stopping at a village pub and relaxing with a drink and traditional meal while listening to music, watching dancing and interacting with local people.

2. Read for structure.

(1) Can you divide the writing into three parts and summarize each part?

(2) What function does each part play?

设计意图:通过阅读全文,分析文章基本结构,引导学生概括段落大意,理解每部分的主要功能。

参考答案:

(1) Yes, it includes introduction, body and ending. The first part talks about the great influence Ireland's beautiful countryside has always had on its people and traditions. The second part uses sensory details to display its influence in every aspect, while the third part encourages people to ex-

perience local culture and customs first-hand.

(2) Introduction makes the reader eager to read. Body conveys main information, while ending lets the reader know that the passage ends and helps the reader remember the passage at the same time.

3. Read for language.

(1) Find out the senses and places in the order that they appear and underline the words to describe the sensory details.

Senses	Places	Descriptive Words
sight		
hearing		
touch		
smell		
taste		

(2) Find out the rhetoric use of the passage above.

设计意图:通过让学生从原文中找出、归纳和学习五感描写的相关语言表达方式,丰富自己的语言,提高表达能力。

参考答案:

(1) The senses and places in the order that they appear and underline the words to describe the sensory details.

Senses	Places	Descriptive Words
sight	in the green counties and hills	feast for the eyes; dotted with
hearing	by the sea	roar; cries; make up the music of the coast; morning song
touch	in the mountains	feel the sun on your skin; breathe; greet
smell	in the mountains	sweet scent
taste	by a village pub	delicious

(2) On a quiet morning in the mountains, feel the sun on your skin, and breathe in the sweet scent of fresh flowers while birds greet the new day with their morning song.(拟人)

Activity 2:Read for writing.(Goal 3)

1. Review the passage quickly and fill in the blanks.

The whole passage is from _____ to _____ to _____ and the sensory details include _____,_____,_____ and _____, and finally _____.

设计意图:回顾原文,为仿写、改写搭建写作支架。

参考答案:

The whole passage is from introduction to natural beauty to culture, traditions and customs and the sensory details include sight, hearing, touch and smell, and finally taste.

2. Brainstorm for writing.

Watch a video about the Yellow River Scenic Area in Zhengzhou and discuss with your group members how the video appealed to you from five senses.

(1) What can you see in the video?

(2) What can you hear?

(3) What does the place make you feel?

(4) What can you smell?

(5) What can you taste?

(6) What traditions and customs can you experience?

设计意图:通过观看视频,开展小组讨论,鼓励学生运用五感描写法全方位、多角度地描述景物,拓展思维,提高创造性表达能力。

参考答案:

(1) We can see the beauty of the Yellow River Scenic Area, a landmark of Zhengzhou.

(2) We can hear the roar of the river waves and songs of birds.

(3) Deeply attracted by the beauty, we feel energetic and refreshed.

(4) We can smell the sweet scent of fresh flowers.

(5) We try a bite of local food and enjoy delicious traditional snacks.

(6) We can go fishing, play *Taichi*, listen to *Yu* Opera, practice calligraphy, and kick shuttlecocks, living life to the fullest.

Activity 3: Imitate writing. (Goal 3)

Introduction: ...has always had a great influence on its people and traditions.

Body:

Sight: The...and its...is a true feast for the eyes, with...dotted with...

Hearing: ...(place), the...and...make up the music of the...

Touch & smell: ...(time), feel the...while...

Apart from the fascinating views,...

Taste: Better yet, enjoy...at/in...

Meeting People: If you..., you might be able to...

设计意图:以小组为单位,让学生通过结构模仿、原词套用、句式改编,进行仿写、改写、创新,实现语言迁移应用。

Checklist on evaluation:

Evaluation Items	Tick (√)
Does the writer start with an image, quote or question?	
Is the description well-organized and easy to read?	
Has the writer included sensory details?	
Does the writer use specific words and give examples?	
Is the ending effective?	
Can you find any grammar or spelling mistakes?	

八、作业设计

Revise the draft based on self and peer evaluation, and then display it in the classroom.

设计意图：让学生利用评价清单对自己的展示作品进行修改，做出评价，打磨完善，并在班级展出供大家进一步学习交流。通过制作短视频，强化对所学语言的综合运用能力，增强对家乡的关注与热爱，培养学用意识，涵养家国情怀。

参考答案：

Referred to as the landmark of Zhengzhou, the Yellow River Scenic Area has a history of nearly 50 years. As a well-known scenic spot, the beautiful scenery is a true feast for the eyes, with the mighty river and green hills dotted with varieties of flowers. Seen from a high point in this scenic area, sometimes the river reaches wide endless plains where currents flow smoothly, and sometimes it meets steep mountains where it has to wind its way. And down by the Yellow River, the roar of the river waves and songs of birds make up the music of a vibrant life. On a quiet and sunny morning, immerse yourself in the beauty of the park: feel the sun on your skin and the breeze kissing your cheeks, and breathe in the sweet scent of fresh flowers while birds greet the new day with their morning song. To try a bite of food in Zhengzhou, stop by a village restaurant and relax with a local beer. Better yet, enjoy the traditional Yellow River Big Carp. The place is also regarded as a paradise for relaxation. In the park, the local people get involved in various activities. They go fishing, play *Taichi*, listen to *Yu* Opera, practice calligraphy, and kick shuttlecocks. They enjoy life to the fullest. With all this beauty, it is not surprising that it is an ideal place for relaxing. If you are free on weekends, please come here and enjoy yourself.

九、板书设计

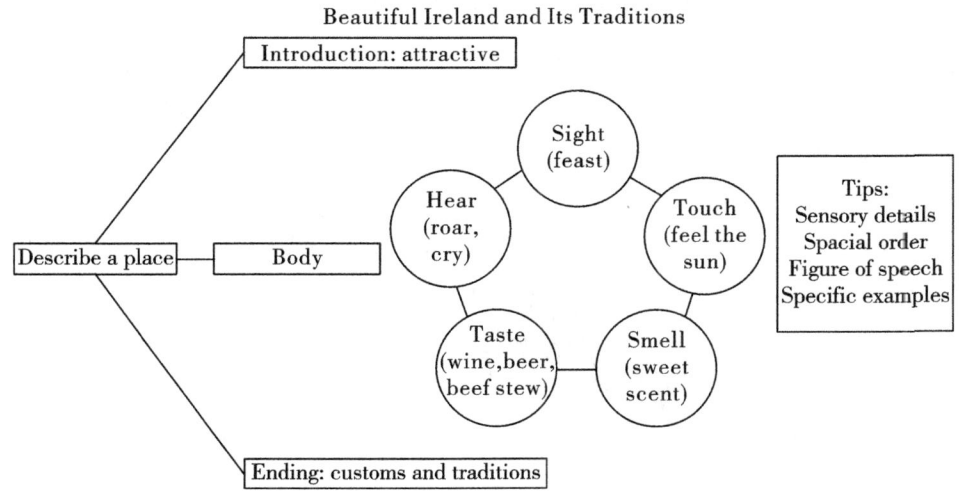

（撰稿：郑州市第十一中学　谷战峰）

第七节　写作课型：应用文写作

本节以《普通高中教科书 英语 选择性必修 第三册》(2019 年人教版) Unit 3 单元主题为例，做出以下教学设计。

一、课时内容

单元名称：Environmental Protection

主要内容：Writing

活动主题：A letter of advice/proposal（写一封倡议信）

写作任务：Climate Central 统计了来自 175 个国家 950 个城市的年平均气温，发现过去一年全球平均气温上升 1.32 ℃，高于 2016 年估计的 1.29 ℃。请根据下面图表中的信息写一篇短文，向学校英语校刊投稿，倡议同学们关注该现象并行动起来。内容包括：

1. 全球变暖现状及原因。
2. 你的倡议。

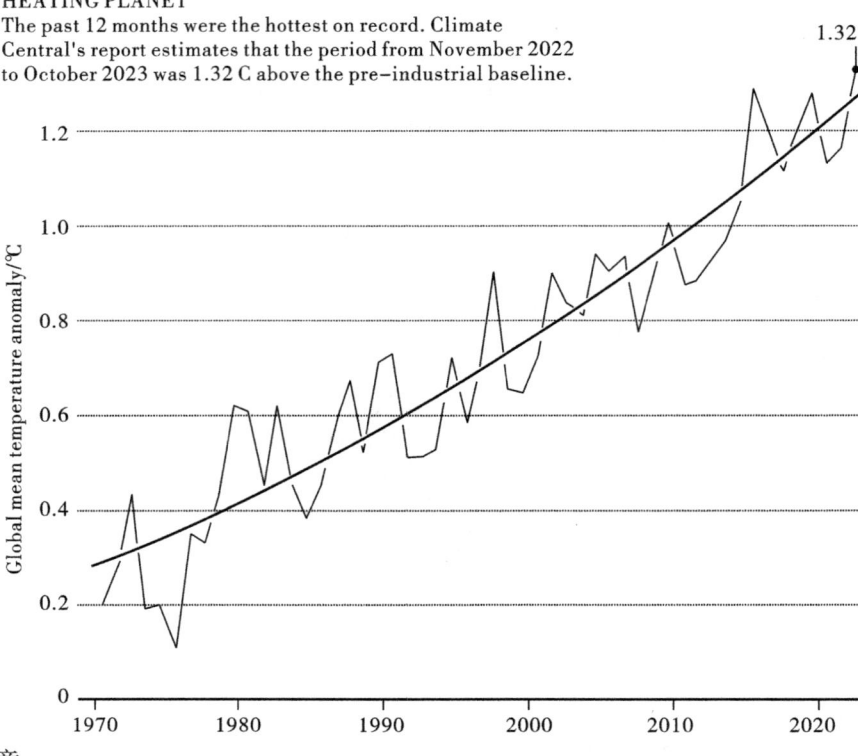

注意:

1. 词数 80 左右。
2. 可以适当增加细节,以使行文连贯。

二、教材解读

本课时的活动主题是"写一封倡议信"。针对全球变暖加剧这一现象,结合本单元所学内容,引导学生意识到人的行为对全球变暖的重要影响,引发学生思考原因,讨论行之有效的解决方案,从自身做起并号召更多的人重视、参与,最后写一封有针对性的倡议信。

体裁:倡议信

人称:第一、三人称为主

时态:一般现在时

分析:本话题属于"人与自然"主题语境下的"环境保护"主题群,旨在引导学生思考人类与自然环境的关系,关注环境问题,激发学生的社会责任感,体现立德树人的理念。

写作时,应首先描述图表所展示的全球变暖加剧这一现象,引起人们的重视;其次,简要分析全球变暖的原因;再次,列举减缓全球变暖、减少碳足迹的方法;最后,号召每个人都行动起来,从小事做起,从当下做起。

三、学习重点

掌握倡议信的常见结构和语言特征,写出一封语义连贯、结构清晰的倡议信。

四、学习难点

关注倡议信的语言特征,如何让倡议更有说服力、更有号召力。

五、课时目标

1. 通过观察、解读图表信息,能够简要描述全球变暖的现状并恰当归因,意识到现状的严重性及行动的紧迫性。(Goal 1)

2. 通过同伴互助,能够从不同层面分析问题,提出解决方案,发展多元思维能力及逻辑思维品质。(Goal 2)

3. 通过语言升级改造,能够完成一篇语言适切、结构清晰、语气恰当的倡议信,提升环保意识、责任与担当。(Goal 3)

六、评价任务

1. 观察图表,借助问题引导分析图表所传达的信息。

2. 从不同角度分析减缓全球变暖的措施。

七、教学过程

Lead-in:

Good morning, everyone! How's your weekend? Any news? Well, I saw a graph online and felt quite shocked. Would you like to have a look?

Activity 1: Read and analyze the graph. (Goal 1)

1. Read the graph and discuss the following questions:

(1) What does it focus on and what does it tell us?

(2) Is the phenomenon normal or urgent? Why?

(3) In your opinion, what is the main cause for the phenomenon?

(4) Does it have anything to do with human activities? Why or why not?

(5) Should we take it seriously? Why or why not?

2. Check your answers with your partner and then with the teacher.

设计意图:通过图表分析,提升学生的观察能力、读图能力及多模态文本的阅读理解能力。通过问题引导,让学生进行分析与评价,发展其评价思维和多元思维能力,同时让学生意识到问题的紧迫性和必要性。

参考答案:

(1) Global warming./The rise of global temperature. It tells us that global warming is more severe than before.

(2) It is very urgent because from the graph, we can see clearly that the global temperature is not only increasing annually, but also higher than the baseline when it reaches 1.32℃.

(3) Carbon emission is the main cause for global warming.

(4) Yes, it has much to do with human activities. As the caption tells us, with the development of industry, more greenhouse gases are produced. The "man-made" greenhouse effect has now become a big problem. So, human activities are to blame.

(5) Yes, we should. If we just ignore it, the ecosystem will break down and we or our next generations will suffer a lot in the near future. In fact, now some countries or areas are experiencing extreme weather and a great number of people have died or suffered.

Activity 2: Brainstorm the sources of carbon emission and offer advice from different angles. (Goal 2)

1. Brainstorm the sources of carbon emission.

Sources of carbon emission	
MORE	LESS/FEWER

2. Discuss and provide solutions to reduce carbon footprints from different angles in the chart.

	MORE	LESS/FEWER
The whole world		
Every country/government		
Individuals		

设计意图:引导学生从根源上分析问题,找出解决方案,培养学生解决问题的能力及逻辑思维能力。

参考答案:

1.

Sources of carbon emission	
MORE	LESS/FEWER
the industrial activities	trees
the burning of fossil fuels	fertile land
vehicle exhaust	species
...	...

2.

	MORE	LESS/FEWER
The whole world	work together develop and share high technology to reduce pollution ...	conflicts ...
Every country/government	raise awareness sustainable development develop renewable energy make relevant policies and laws ...	develop at all costs ...
Individuals	plant tress recycle conserve ecology use renewable energy ...	plastic waste energy printing ...

Activity 3:Prepare for writing.(Goal 3)

1. Read the requirements of the writing task. Brainstorm the structure as well as the words and expressions on offering advice or proposals.

2. Upgrade the words and expressions on offering advice or proposals.

设计意图：引导学生厘清倡议信的基本结构，学习倡议信的语言表达，尝试升级并归纳总结倡议信的常用表达方式。

参考答案：

1. structure: interpret the graph (pointing out the phenomenon), importance and urgency (opinions on the phenomenon), advice and wishes (solutions to the phenomenon)

Words and expressions:important,more and more people,we should do...

2. important → be of great importance/significance, more and more people → an increasing number of citizens,we should do→we are supposed to do...

It is advisable to do...;It is a good choice to do...;advocate sb. doing...

Activity 4:Write.(Goal 3)

Draft your letter individually according to the structure and useful words and expressions.

设计意图：内化倡议信的结构和语言表达，独立完成一封倡议信，培养学生利用所学语言与表达技巧解决生活中的实际问题的能力。

参考答案：

Dear fellow students,

Nowadays, with the development of modern industry, an increasing amount of carbon emission is released, which results in the growing severity of global warming.

As is shown in the graph, despite some ups and downs, the last 50 years has witnessed an overall great increase in global temperature. So warm is the planet that it is high time that we took immediate measures.

Globally working together, all governments should implement policies and laws to maintain sustainable development. As for individuals, especially us students, it's advocated that we recycle, use second-hand books and carry out "Clean Plate" campaign in our daily life. I'm fully convinced that every effort makes a big difference! Let's start from now!

Activity 5: Evaluate and present your writings. (Goal 3)

Work in pairs and exchange your drafts. Use the checklist to give feedback on each other's draft by ticking (√) the items.

Item	Feedback
Are all the parts of a letter included and organized in a good order?	
Does the writer mention the graph?	
Does the writer use proper expressions to give suggestions?	
Does the writer use punctuation (标点符号) correctly?	
Is the handwriting easy to read?	

设计意图:利用评价清单进行反馈,通过相互学习和交流习作,借鉴他人的优点,反思和改正自己的不足,提高对作品的鉴赏和评判能力,同时提升语言的运用能力。

八、作业设计

请在同伴互评的基础上修改自己的建议信初稿,然后尝试向校刊投稿。

设计意图:通过自我展示与相互交流,提高运用所学知识和技能解决现实生活中遇到的问题的意识和能力,进而增强学习英语的动力和信心。

参考答案:

Dear fellow students,

Nowadays, with the development of modern industry, an increasing amount of carbon emission is released, which results in serious global warming.

As we can see in the graph, the global temperature has been rising in the past 50 years. So warm is the planet that it is time that we took immediate measures.

Globally, all governments should make laws to maintain sustainable development. As for individuals, especially us students, we can recycle and carry out "Clean Plate" campaign in our daily life. I'm sure that our efforts will pay off! Let's start from now!

九、板书设计

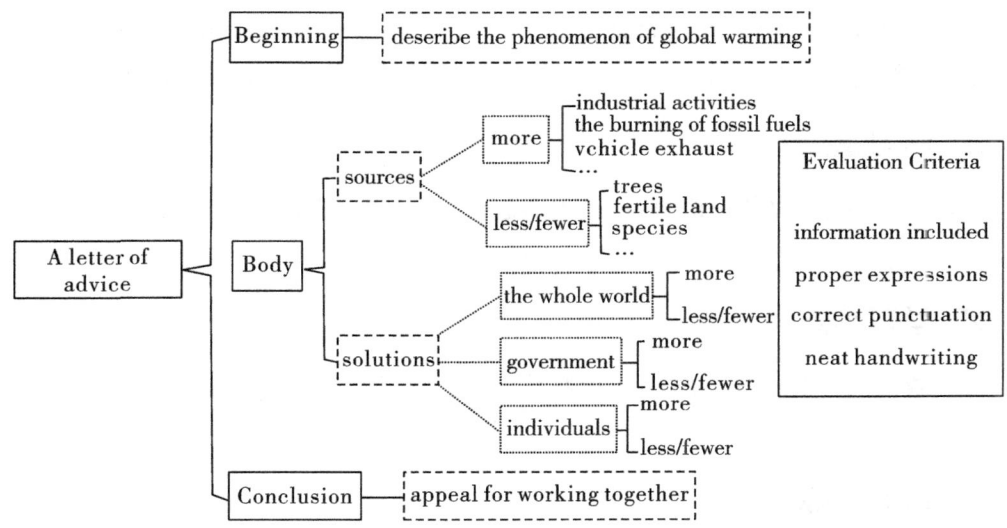

(撰稿:郑州市回民高级中学 李陶常)

第八节 读写课型:读后续写

本节以《普通高中教科书 英语 选择性必修 第四册》(2019年人教版)Unit 1 语言运用板块为例,做出以下教学设计。

一、课时内容

板块名称:Using Language

活动主题:Write a sci-fi short story(写一则短篇科幻故事)

语篇话题:THE TIME MACHINE (Adapted)《时间机器》(改编版)

二、教材解读

该板块的活动主题是"写一则短篇科幻故事"。时间旅行故事是科幻作品中的常见类型,表达了人们在时空中自由穿梭、改变过去、影响未来的美好愿望。读写活动要求学生阅读《时间机器》(改编版)后,化身时间机器的制造者,操作机器穿梭时空,展开想象,探索几千年后的未来世界,结合科幻小说的特征,续写一则短篇科幻故事。

该板块的阅读文本"The Time Machine"(时间机器)改编自英国科幻作家 H. G. Wells 的《时间机器》,正是这篇小说为 H. G. Wells 赢得了时间旅行鼻祖的称号。作者以第一人称详细描写了历史上第一台时间机器第一次运行的故事,语言生动、细腻,不仅准确描述了操作时间机器的具体动作,还形象地展现了时间旅行中的各感官体验和心理活动。学生在分析阅读文本的修辞和语言特点后,学会用修辞手法加强细节描写和语言感染力,大胆想象、合理预判、续编自己的时间旅行故事,提升逻辑思维和创新思维能力。

三、学习重点

掌握科幻小说的结构和语言特征,大胆想象,编写符合逻辑、生动有趣、引人思考的科幻故事。

四、学习难点

分析叙事语篇中的细节描述,掌握修辞手法在增强细节描写、刻画人物形象等方面的作用。

五、课时目标

1. 通过阅读文本,能够分析故事情节,厘清科幻小说的结构和要素。(Goal 1)

2. 通过分析叙事语篇中的细节描写,能够掌握修辞和语言特点,通过修辞加强细节描写和语言感染力。(Goal 2)

3. 依据所给的情境,能够续写通过时间机器穿越到几千年后的故事。(Goal 3)

六、评价任务

在分析、掌握科幻小说的结构和语言特色后,独立完成故事续写。

七、教学过程

Lead-in:

Good morning, class! Have you ever experienced time travel? No, never. It's still a dream for human beings. However, though we never experienced it, we read stories or watched films about time travel. People never stop dreaming of it. Sometimes time travellers go back to the past; sometimes they go forward to the future. Now, let's enjoy a short video from the movie *The Time Machine* to see what the Time Traveller experienced in his first time travel.

Activity 1: Read for information about the story. (Goal 1)

1. Read the extract from the novel *The Time Machine*, draw a flow chart and find out how many times the Time Traveller started the machine, underlining the verbs describing the operation.

2. Read the text again and answer the following questions.

(1) How does the Time Traveller first know he has travelled through time?

(2) How does the Time Traveller feel when travelling through time?

(3) Why is the Time Traveller worried about stopping the machine?

(4) Where and what time period does the Time Machine arrive when the man finally stops it?

3. Analyse the passage, and summarize the structure and elements of the story.

设计意图:通过找动词、画流程图、讨论细节,引导学生梳理故事情节,厘清时间旅行的经过,总结穿越类科幻小说的结构和要素。

参考答案:

1. Twice. The flow chart is as follows.

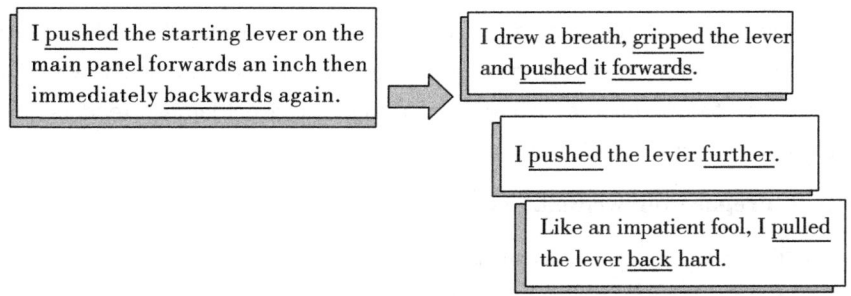

2. (1) He saw the clock move forwards and knew he travelled through time for several hours.

(2) He described the feeling as strange and unpleasant. He uses the simile: "It felt like I was being driven fast on a winding road."

(3) If he stopped the machine and the same space was being occupied by something else, they would be forced together and explode like a bomb.

(4) In some mud in the rain in thousands of years.

3. The structure of a sci-fi story is just like that of other novel types, including beginning (starting the machine), developing (feelings and changes while travelling), climax (coming to the future) and ending (students' own story). The elements of a good sci-fi story for time travelling consist of the operation of the Time Machine, evidence of an actual time travel, encounters in the new world, the differences between now and then, the destination of time travel, problems of coming back, problems caused by time travel, the feelings of time travel, etc.

Activity 2: Read for language features of a sci-fi story. (Goal 2)

Read the 2nd and 3rd paragraphs and underline the sentences using rhetorical devices, like similes, metaphors, overstatements, etc. Then discuss their types and functions in groups.

设计意图:通过寻找、分析含有修辞手法的句子,探讨不同的修辞手法及功能,为后面学生在自己的作品中恰当使用这些修辞手法做好铺垫。

参考答案：

Sentences using similes：

1. It probably took her a minute, but to me she moved like a rocket.

2. Night came as if a lamp was being turned out, and in another moment came the day.

3. It felt like I was being driven fast on a winding road.

4. Around me, I saw trees growing like puffs of smoke.

5. I saw huge buildings rise up, then disappear like a dream.

Sentences using overstatements：

1. They grew, spread, and died in moments.

2. I calculated that I was being pushed through time at hundreds of years a minute.

Functions：

Simile is used to make the story as vivid as possible, enhance the detailed description, and make readers easier to understand the motion and feelings. Overstatement in a sci-fi story is to exaggerate the context description compared with reality at present, arouse readers' interest, and inspire readers to think big for the future world.

Activity 3：Prepare for writing. (Goal 3)

1. Discuss the following questions in pairs.

(1) What date do you think it is when the Time Traveller finally stops?

(2) What do you think is different about that time from the time he left?

(3) Who or what do you think the Time Traveller will meet?

(4) What adventures do you think he will have in the future?

(5) Do you think he will ever return to his own time?

2. Collect your answers and fill in the chart.

Date & Place	Differences	Encounters	Adventures	Return

设计意图：通过一系列问题引导学生思考时空穿梭后可能面临的各种情况，梳理续写故事的内容和情节。

参考答案：

Date & Place	Differences	Encounters	Adventures	Return
In the year of 8023, New York, USA	Much higher technology	Virtual voice library assistant	The Time Machine collapsed	No

Activity 4: Write a sci-fi story. (Goal 3)

According to the text and the chart above, draft your your own sci-fi story individually. Try to include rhetorical devices in your story, like similes, metaphors, overstatements, etc.

设计意图：运用本课所学文体结构和语言特色，独立完成科幻故事续写。

Activity 5: Evaluate and present your writings.

Work in pairs and exchange your drafts. Use the checklist to give feedback on each other's draft by ticking (√) the items.

Item	Feedback
Does the story develop logically and creatively?	
Are the words and expressions used properly and precisely?	
Are rhetorical devices used in the story?	
Does the writer use the right punctuation?	
Is the handwriting easy to read?	

设计意图：利用评价清单进行反馈，通过相互学习和交流习作，借鉴他人的优点，反思和改正自己的不足，提高对作品的鉴赏力和评判力，同时提升语言运用能力。

八、作业设计

请在同伴互评的基础上修改自己的初稿，然后把自己的作品张贴在教室里，供大家学习和交流。

设计意图：通过自我展示与相互交流，增强学习英语的动力和信心。

参考答案：

I stood up and looked around. In the distance, I could see some tall buildings reflecting the sun through the hazy rain. Then I got up and walked towards the buildings. My footsteps unconsciously stopped in front of a library, so I went in. The language of this era is still English, but the level of technology is far beyond my imagination.

At this time, an elegant female voice sounded: "Welcome to the Library of the Century! What kind of books would you like to borrow?" I looked around and saw no one talking to me. "Please don't be nervous. I'm the virtual voice assistant of the library. I will make it easier for you to borrow and return your books." The female voice appeared again. "I'd like to borrow some books about the invention and improvement of time machines," I said, with the intention of giving it a try. "Second shelf on the third floor on the right, sir. Please enjoy your reading."

I followed the prompts to the bookshelf and pulled out a book called "*The Invention of a Time Machine*". I turned to the first page, nervous and expectant, "To the Great Kent Harriss Gene, inventor of the time machine..." I was very confused. It was I who invented the time machine. How can this be someone else's name? Without the slightest hesitation, I rushed out of the library and ran towards where I had come from.

Unfortunately, a car collided with my Time Machine, which was parked on the side of the road, and my Time Machine was destroyed. I stood silently in the rain, watching the smoky machine from afar, mixed feelings in my heart. Suddenly, I understood everything: I could not return to my time because the Time Machine was destroyed, and it would eventually be invented by others. Thinking of this, I felt relieved. I looked up at the sky, a little bit of sunlight through the rain quietly sprinkling on the earth. If this is fate, then so be it…

A few years later, in a small Austrian laboratory on the outskirts of the city, a man named Kent Harriss Gene waved his arms and shouted, "I have created a time machine…"

九、板书设计

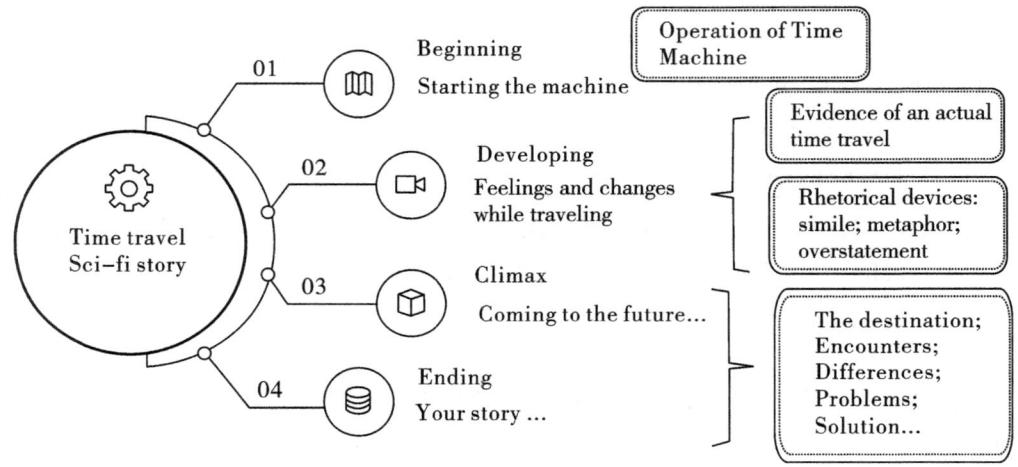

（撰稿：郑州市第九中学 张康）

第九节 视听课型：视频辅助教学

本节以《普通高中教科书 英语 选择性必修 第一册》（2019年人教版）Unit 2 视频观看板块为例，做出以下教学设计。

一、课时内容

板块名称：*Video Time
视频主题：Flight of the RoboBee（飞行机器蜂）

二、教材解读

该板块的视频话题为"飞行机器蜂"，介绍美国哈佛大学维斯研究所研发的微型机器蜂的情况。该视频反映了未来科技发展的前景。学生通过观看视频,了解机器蜂的研发情况及其在不同生活领域的应用。该视频不仅为学生提供语言学习材料、激发学习英语的兴趣、了解未来科技的发展,而且激发学生探索科技发展的欲望,对未来生活充满憧憬。该视频通过讲述机器蜂的研发过程,向学生传递一种价值观:任何梦想的实现和科技的进步都需要有创新精神和坚持不懈的努力与付出。"仰望星空,更要脚踏实地",这是该视频表达的一个重要思想内涵。

三、学习重点

理解视频内容,了解机器蜂的研发情况及其在不同生活领域的应用。

四、学习难点

理解视频表达的深层内涵。

五、课时目标

1. 通过图片和文字,能够预测视频内容。(Goal 1)
2. 通过观看视频,能够思考视频表达的深层内涵。(Goal 2)

六、评价任务

1. 观看视频,独立完成 While you watch 活动的练习。
2. 与同伴谈论,讨论更多未来科技的不同形式。

七、教学过程

Lead-in:

Good morning, boys and girls! Have you ever heard of RoboBees? Can you imagine what they look like? What are they possibly used for? Now, please look at the picture in your textbook on Page 24.

Activity 1:Predict before watching.(Goal 1)

1. Look at the picture and the given information, and predict what the video is about.
2. Guess, think and circle the correct word(s) for each sentence and give your reasons.

设计意图:观看视频前,通过标题、图片及其说明,预测视频的主要内容。通过 BEFORE YOU WATCH 中的预测活动,关注有关 RoboBee 特征的词汇,并说出预测的依据。

参考答案:

1. The video maybe is about how the RoboBee is developed and its applications in life.
2. (1)independently;together. From the given picture, we can see the RoboBee is flying inde-

pendently, but when it comes to work, maybe it works together with others because it looks very small.

(2) a roboticist. From the picture, we can see it looks like a roboticist rather than a human explorer.

(3) explorers; doctors. In the sentence, it talks about the future, maybe it is about the RoboBee's applications in the future life. Because it looks very small and smart, we can guess in the future it may help people like explorers and doctors who deal with difficult situations, like going to dangerous places or performing difficult surgeries.

(4) crashed. Based on reality, when trying new things or doing experiments, people tend to fail many times before they succeed and it's a trial and error process. So we guess all of the RoboBees have crashed successfully.

(5) has a job to do. From the given information, RoboBees are developed at the Wyss Institute of Harvard University, and they are intended for certain purposes, so we guess every RoboBee has a role to play and a job to do.

Activity 2: Watch for key information. (Goal 1, Goal 2)

1. Watch the video and check your prediction and circle the correct word(s) for each sentence in BEFORE YOU WATCH.

2. Watch the video again and complete the following sentences with the words in the video.

1	…robotics is the next _____. It's the next big thing to _____ our lives in areas from _____ to even things like _____.
2	We use nature to _____ the robots that we build.
3	…they can be quite useful for _____ where you wouldn't want to _____ a human or an animal…
4	If you want to make something fly, a _____ already _____ in _____.
5	If you don't fail, you don't _____ enough.

设计意图：在视听过程中，获取并记录视频中的主要信息，培养学生获取信息和快速记录关键信息词的能力，为讨论交流视频中的信息做好铺垫。

参考答案：

1. Internet; impact; medicine; space exploration

2. inspire

3. applications; put

4. solution; exists; nature

5. learn

Activity 3: Watch and think. (Goal 2)

Watch the video again and discuss the following questions in pairs.

172

A	B
(1)…robotics is the next _____. It's the next big thing to _____ our lives in areas from _____ to even things like _____. (2)…they can be quite useful for _____ where you wouldn't want to _____ a human or an animal…	(1)We use nature to _____ the robots that we build. (2)If you want to make something fly, a _____ already _____ in _____. (3)If you don't fail, you don't _____ enough.
Message conveyed?	Message conveyed?

1. What message does the following information in Columns A and B intend to convey?

2. What does it imply when Robert Wood says, "How many RoboBees have we crashed? All of them! We build, we test. We build, we test. For everything that works, there are tens or hundreds of things that don't. If you don't fail, you don't learn enough."?

设计意图：通过观看视频，进一步理解视频内容，通过推断、讨论和分析，培养和提升学生的语言表达能力、分析评价能力以及逻辑思维能力。

参考答案：

1.

A	B
(1)…robotics is the next <u>Internet</u>. It's the next big thing to <u>impact</u> our lives in areas from <u>medicine</u> to even things like <u>space exploration</u>. (2)…they can be quite useful for <u>applications</u> where you wouldn't want to <u>put</u> a human or an animal…	(1)We use nature to <u>inspire</u> the robots that we build. (2)If you want to make something fly, a <u>solution</u> already <u>exists</u> in <u>nature</u>. (3)If you don't fail, you don't <u>learn</u> enough.
Message conveyed?	Message conveyed?
Robotics will play a very significant role in our future life and it can benefit us in many ways.	Nature is a source of inspiration for humans and mankind is full of wisdom and determination for achieving goals.

2. It implies that in the process of realizing our dreams or achieving higher goals, it's unavoidable to make mistakes and fail. Therefore, it calls for more patience, hard work and unremitting efforts. We should keep it in mind that it's important to dream but remember to keep our feet down to the ground.

Activity 4：Think and discuss.（Goal 2）

Work in pairs and discuss the following questions.

1. After buildings were blown down by a storm, would you choose small robots or large robots for rescue work? Why?

2. What other kinds of robots can be created from nature? How might they be used?

设计意图：讨论与机器人有关的话题，通过对比、分析、评价和想象，培养和提升学生的语言表达能力、分析评价能力以及创新思维能力。

参考答案：

1. I would probably choose small robots because they can easily enter small space and move around, looking for survivors. Large robots take up a lot of space and are difficult to move around. Maybe I would use them when trying to move large and heavy objects.

2. A robotic butterfly, a robotic dog and a robotic fish could be useful. A robotic butterfly can fly and carry things across some places where wheeled vehicles can't go and reach. A robotic dog can accompany the elderly people and take good care of them. A robotic fish can detect what is going on in the deep water and send signals back to the surface for further research.

八、作业设计

学校英文报组织同学们分享未来机器人在生活中的应用，请你以此为主题写一篇短文投稿。内容包括：

1. 描述机器人在未来不同领域的应用。

2. 谈一谈你对未来机器人发展前景的看法。

注意：

1. 词数 100 左右。

2. 可以适当增加细节，以使行文连贯。

How Robots Might be Used in the Future

设计意图：利用所学知识，内化语言，强化和巩固所学内容，激发学生的想象力，培养他们的逻辑思维能力、批判性思维能力和创造性思维能力，提高语言表达能力。

参考答案：

How Robots Might be Used in the Future

In the future, robots will play a significant role in life. They will assist in health care, perform routine tasks and provide more efficient and personalized care. In daily life, robots will help with chores like cleaning and cooking, reducing the workload of homeowners. Additionally, robots will serve as educational companions for children, providing personalized learning experiences and support.

Overall, the future of robots looks bright and I'm excited about their future development. They will not only improve efficiency but also the quality of our life. However, it is essential to keep a balance between technological advancement and human well-being, ensuring that robots are designed to serve humans and assist human interactions rather than replacing them.

九、板书设计

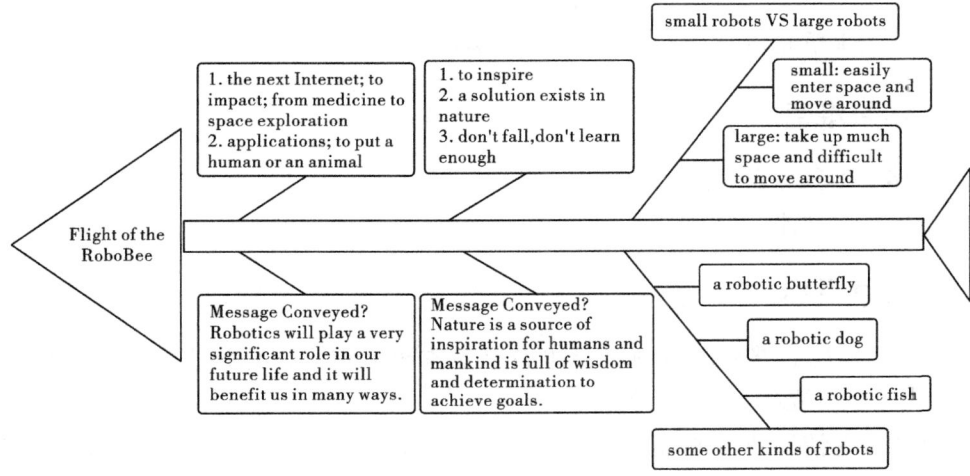

（撰稿：郑州外国语新枫杨学校　孙萍丽）

第十节　自我检测课型：测评与反思

本节以《普通高中教科书 英语 必修 第三册》（2019年人教版）Unit 5 自我检测板块为例，做出以下教学设计。

一、课时内容

板块名称：Assessing Your Progress

主要内容：

1. Student Book：Assessing Your Progress
2. Student Book：*Project：Give a performance of a scene from the play（表演剧中的一场戏）
3. Workbook：Using Words and Expressions & Using Structures

二、教材解读

该板块是测评板块，包括语言知识检测、单元内容评价和自我反思以及项目活动三部分。语言知识检测部分检测学生对本单元重点课标词汇和语法知识的掌握情况；评价和自我反思部分通过若干问题让学生自我评价对本单元重点学习内容的掌握情况,以便及时调控自己的学习策略和进程;项目活动部分通过让学生以小组合作的方式表演剧中的一场戏(Give a performance of a scene from the play),检测学生对本单元的综合语言的实际运用情况。同时,通过项目活动,充分发挥学生的创作能力及表现能力,提升核心素养。

三、学习重点

自我检测本单元知识的掌握并调控自我学习策略。

四、学习难点

1. 全体学生参与表演。
2. 如何写好剧评。

五、课时目标

1. 通过练习,能够检测、评价、反思自己对本单元重点课标词汇和语法的掌握情况,适时调整学习策略。(Goal 1)

2. 能够掌握情态动词(had better,ought to,must,will,would,may,might,can,could)的用法,并能够灵活运用。(Goal 2)

3. 能够正确理解和运用过去将来时。(Goal 3)

4. 能够通过小组合作,运用本单元语言知识和信息,学会写剧评,积极参与戏剧表演活动,提升语言实践能力,锻炼口语表达能力。(Goal 4)

六、评价任务

1. 独立完成练习,并及时记录和解决自己的问题,调整学习策略。
2. 写剧评,参与表演,感受艺术的魅力。

七、教学过程

Lead-in:

Morning, class! We have finished Unit 5. Well, let's check out what we have learned.

Activity 1: Self-check to feedback. (Goals 1–3)

1. Finish Exercises 1–4 (Using Words and Expressions) on Pages 85–86 and check the answers with others.

2. Complete the passages with suitable modal verbs or the correct forms on Pages 86–87.

3. Fill in the blanks with the past future tense on Page 87.

4. Work in groups and discuss the questions in REFLECTING.

设计意图:通过单句语境和语篇语境检测所学重点语言知识,让学生正确识别课标词汇和语法现象以及用法,并及时反馈和调适自己的学习策略。

参考答案:

1. Keys to Exercises 1-4 on Pages 85-86:

Exercise 1:(1)sort;(2)sorted;(3)suit;(4)suited;(5)judges;(6)judge;(7)tailored;(8)tailor;(9)spot;(10)spotted

Exercise 2:by accident, in case, as a matter of fact, in a direct manner, In that case

Exercise 3:hesitating, whispered, permission, judged, seeking, duties, patience, settled

Exercise 4:(1) I was sitting on the stairs outside the opera house, admiring/appreciating its external appearance and remembering the day when I saw a show there many years ago.

(2) The author indicates that to some extent the hero and heroine are both responsible for the tragic situation in the end.

(3) As a producer, one of his duties is to seek the best actors for the roles in the play, including such minor roles as the bank clerk, tailor, hotel manager, waiter, and servant.

(4) The play tells the story of a young man who bought a small boat to sail around the world and the adventures that he had before he went back to his hometown and settled down.

(5) Knowing that their daughter planned/wanted to go to a drama school, they set aside some money every month so that she would not have to apply for student loans for college.

(6) The clerk was speechless/couldn't say any word in amazement/surprise when he saw the million-pound note. When he returned to normal, he made apologies for not being able to break the note.

2. Keys to Exercises 1-4 on Pages 86-87:

Exercise 1:

(1) Both "had better" and "ought to" are used for advice.

译文:很难说一个手里有一张百万英镑钞票的人会发生什么事情。我们最好打个赌。

打这个赌我们得找个最佳人选。

(2) The first "must" and "can't" are used to express possibility. The second "must" is used for obligation and the second "can't" is used for permission.

译文:找给他钱?你肯定在开玩笑吧!那不可能是真的。那是一百万英镑啊!

如果你打赌输了,你必须付两万英镑,你可不能食言啊!

(3) "Would" is used as a past future modal. The first "will" is used for polite request, and the second "will" is used as a simple future modal.

译文:A:先生们去欧洲大陆了,他们说一个月后才回来。

B:您能转告他们吗?说我来过了,而且还会再来,直到他们告诉我这是怎么一回事。

(4) The first "may" is used for polite request, and the second "may" is used for possibility. "Might" is also used for possibility, but the action is less likely to happen.

译文:我可以给你讲个故事吗?你认为一个衣衫褴褛的百万富翁身上会发生什么事吗?

在这场赌注中,亨利是被动的。如果他从一开始就知道这是怎么回事,会发生什么情况呢?

(5) "Couldn't" is used for ability. "Could" is used for polite request. "Can't" is used for possibility.

译文:当那个店员看到那张百万英镑的钞票时,他不相信自己的眼睛。"能麻烦您来这边吗,先生?"他说,"让我给您看一些我们这里最好的衣服。"

有些人玩游戏从来不是为了好玩。假如不赢点什么或输点什么,他们绝对不玩,至于输赢倒无所谓。

Exercise 2:(1) ought to/should;(2) should/ought to/had better;(3) might/may;(4) mustn't/shouldn't/ought not to;(5) have to

Exercise 3:can't,ought to/could,must,would,Could/Can,can't,had better,could/can

3. (1) would not/weren't going to give him a loan

(2) would/were going to offer him a job

(3) would know everything

(4) was going to explain why he could not pay the bill

(5) would hold such a large note

(6) was going to give the note back/give back the note

4. 该任务旨在引导学生对本单元所学重点内容进行反思,并非让学生给出具体的答案。

Activity 2:Discuss and write.(Goal 4)

1. Discuss what elements are usually included in a review of a written play in pairs.

2. Write a review of the play "*The Million Pound Bank Note*".

设计意图:通过讨论剧本,让学生感受剧本的艺术形式。再通过剧评,让学生对该剧有更深入的了解,为后续角色表演做好铺垫。

参考答案:

The play *The Million Pound Bank Note* is based on a story by Mark Twain. In the play, an American by the name of Henry Adams is washed ashore in England with no money or friends. By chance, he is made the subject of a bet by two wealthy brothers. Their bet is over whether someone could live in London for 30 days with no money apart from a million-pound bank note, which he could not deposit in a bank or spend. After coming into possession of the bank note, Henry finds that people's attitudes towards him drastically change, and everyone falls all over themselves to help him. He moves into a nice hotel, he makes business deals, and he falls in love, but there are a few hiccups along the way. For example, he loses the bank note.

I like the play because it is funny and has some exciting twists and turns. I recommend it to everyone.

Activity 3:Have a rehearsal and perform a scene from the play.(Goal 4)

设计意图:通过喜剧表演,运用本单元所学内容,培养学生的语言表达能力,提高学生的思维品质。

参考答案:

Have a rehearsal and perform a scene from the play.

Step 1:Divide the class into several groups and then each group chooses a scene, a director, main actors and the narrator and so on.

Step 2：Have a rehearsal.

The director should arrange the actors. Everyone in the play should try to remember their lines and pay attention to their facial expressions, gestures, intonations and actions.

Step 3：Perform the scene in the class.

八、作业设计

学了剧本《百万英镑》之后，你有什么感受呢？请以"Can money bring everything?"为题，用英文写一篇短文。要点如下：

1. 金钱的重要性。

2. 金钱并非万能。

注意：

1. 词数 80 左右。

2. 可以适当增加细节，以使行文连贯。

设计意图：进一步理解和体会剧本传递的深层含义，树立正确的人生观和价值观。通过语言输出，提高学生综合运用所学语言知识进行表达的能力，增强文化意识，提高思维品质。

参考答案：

Can money bring everything?

We know money is an essential part of our lives, enabling us to purchase our basic needs such as food, clothing, cars and houses, so that's why we always say money is the foundation of everything. But it cannot buy everything, for example, happiness or good health, which depends more on personal relationships and experiences. In addition, while money can provide material comforts, it doesn't guarantee success or satisfaction. All in all, we must develop a healthy relationship with money, viewing it as a means rather than an end. We should treat money correctly, making it serve us instead of controlling us.

九、板书设计

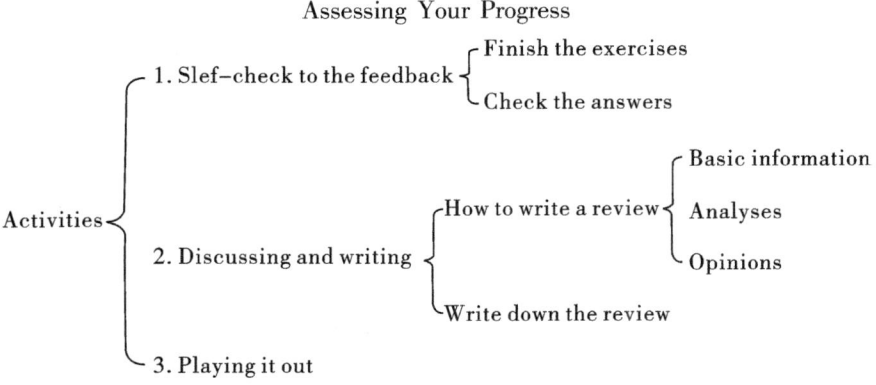

（撰稿：河南省实验中学　刘素芳）

第三部分
"阅读与思考"板块同课异构设计与点评

  同课异构是指同一课程的同一节教学内容,由于不同教师的教学风格、教学思路、教学策略以及授课环境、条件等不同,导致的课堂进程、课堂结构、师生间的双边活动、授课方式及其效果等方面会存在差异。

  同课异构,如果说同课是基础,那么异构便是核心。"构"是课堂的结构,是环节的重构,也是教师对课堂模式的个性化解构,更是教师教学风格的独立建构。因此,异构彰显的是任课教师的用心、匠心与慧心,表现出个人独有的风格与味道。

  同课异构在对教材的把握和处理、教学方法的选择和优化以及教学内容的构想和设计上强调"同中求异、异中求同",展示不同的教师对同一教材内容的不同处理,不同的教学策略所产生的不同教学效果,并由此拓宽教师的教学思路,优化课堂结构,变革学生的学习方式,提高课堂效率。

  教学有法,但无定法,就是对同课异构的具体反映。本部分选取的六位教师的课例,均以《普通高中教科书 英语 必修 第一册》(2019年人教版)第五单元"LANGUAGES AROUND THE WORLD"中的阅读与思考板块"The Chinese Writing System: Connecting the Past and the Present"为例进行不同的教学设计他们在河南省高中英语优质课比赛中都获得了一等奖。同样的阅读教学内容,不同的教学设计,有异曲同工之妙,这对教师进行同课异构有一定的参考价值。

  此外,非常有意义的是,这些任课教师的辅导教师对其获奖作品逐一进行了翔实的点评,以专业的视角点明了课例的闪光之处以及独到之处,让我们看到了获奖作品的优化设计与精彩呈现,为我们基于核心素养设计教学提供了思路和路径,也为我们观课、评课、议课提供了抓手和范式。

课例一　基于学生学习活动观的阅读与思考教学设计

授课教师：郑州外国语学校　智敬谊
授课年级：高一
教材版本：《普通高中教科书 英语 必修 第一册》(2019年人教版)
语篇标题：The Chinese Writing System: Connecting the Past and the Present
主题语境：人与社会——文化：探索汉字书写体系
语篇类型：说明文

一、教材分析

本单元为《普通高中教科书 英语 必修 第一册》(2019年人教版)第五单元，主题是世界上的语言。本节是阅读与思考课，标题是"中国汉字书写体系：联系过去与现在"。文章共有六个自然段，由两条主要线索串联。明线是按时间顺序梳理的中国汉字书写体系数千年的发展历史，从最初起源于象形文字开始，到甲骨文的出现，以及春秋和战国时期书写体系多样化的发展，到秦始皇统一书写体系，再到当今时代，随着国家实力的增长，汉字也越来越受到各国人民的关注和喜爱，阐述了汉字书写体系对中华文明延续至今所起的作用。暗线是"联系过去与现在"，表明汉字书写体系对中华文明传承数千年所起的四个重要作用：连接古今、连接不同地域的人们、连接语言与艺术、连接中国与世界。本阅读语篇介绍了我国汉字书写历史的发展，以及汉字发展对中华文明数千年的传承起到的积极作用，要求学生切实体会汉字的魅力，进一步培育家国情怀，增强文化自信。

二、学情分析

授课对象为高一学生，他们具备相关的汉字体系发展史知识背景，包括汉字的起源、历史和发展；能用英语提取、处理信息，能用英语较好地表达自己的观点；在听力部分已经对不同的语言和文化有了大致了解，这有助于他们扫除阅读障碍，但是他们因为相关词汇的缺乏，可能在用英语表述汉字书写体系时产生困难。

三、学习目标

After this class, the students will be able to：

1. quickly discover the main ideas of paragraphs by skimming.

2. collect information about the development and importance of the Chinese writing system by scanning and careful reading.

3. introduce the development and importance of the Chinese writing system referring to a

timeline and some key words.

4. enhance cultural confidence and the awareness of carrying forward our traditional Chinese culture by exploring the focus of the text.

四、教学过程

步骤	教学活动	设计意图	核心素养提升点
Step 1 Lead-in	Teacher shows students some picture-based symbols, introducing the topic. (学习理解：感知与注意)	利用辨认甲骨文引出主题，引起共情；激活背景知识，铺垫语言词汇	
Step 2 Predicting	Activity 1: Students read the title of the passage and guess what aspects of the Chinese writing system will be covered in the text. (学习理解：感知与注意)	浏览标题和插图，猜测文章主要内容	语言能力：获取、概括信息
Step 3 Skimming	Activity 2: Students skim the passage, divide the text into several parts and identify the main idea of each part. (学习理解：获取与梳理) Activity 3: Students skim the first paragraph and find the key words and learn to paraphrase the main idea using their own words. (学习理解：获取与梳理)	运用跳读获取主旨大意及关键信息；找到关键词，用自己的话概括主旨大意	语言能力：猜测、提取、概括、描述信息
Step 4 Scanning	Activity 4: Students scan the development part of the Chinese writing system and find the words and phrases that describe a time. (学习理解：获取与梳理)	运用寻读获取描述时间的关键信息	语言能力：提取、概括、描述
Step 5 Detailed-reading	Activity 5: Students read paragraphs 2-4, draw a timeline and write down what happened at each of these important times. Then work in pairs and practice introducing the development of the Chinese writing system to their partner referring to the timeline they draw. (应用实践：描述与阐释) Activity 6: Students read paragraphs 4-6, summarize the importance of the Chinese writing system and the reasons behind it. (学习理解：描述与阐释) Summary: Summarize the focus of the text. (学习理解：概括与整合)	通过细读文章，充分训练学生的阅读理解能力，提取关键词，查找细节，判断逻辑；通过同伴相互介绍汉字书写体系的发展历程，内化运用所学知识，达到能力提升	语言能力：提取、概括、描述信息 思维品质：分析、概括并整合信息 学习能力：自主学习、合作学习

步骤	教学活动	设计意图	核心素养提升点
Step 6 Thinking and Discussing	Activity 7：Thinking and Discussing 1. What is the writer's intention? 2. With the development of new technology, modern ways of communication, such as texting and emailing, have been widely used in our daily life. So some people think there is no need to learn calligraphy. Do you agree? Why? （迁移创新：批判与评价）	通过思考与讨论，探究作者写作目的及本课主题意义，实现迁移思考，提升表达能力，理解并落实习近平总书记强调的坚定文化自信，在文明互鉴中讲好中国故事，塑造可亲可敬的中国形象，助力中国国际传播能力建设	思维品质：分析论证、多元思维 语言能力：表达意义、人际交流 文化意识：情感与价值观
Step 7 Presentation	Activity 8：Work in pairs：do a talk show about the Chinese writing system. * a TV presenter and a student * Include as much information we learned today as possible. * Open questions are also welcome. （应用实践、迁移创新：想象与创造） Activity 9：Introduce some creative ways such as some short videos made by Li Ziqi and a piece of music named *Chinese Character* to promote Chinese traditional culture, and thus help to boost our cultural confidence. （迁移创新：想象与创造）	通过小组表演展示，概括整合所学内容，实现迁移思考，提升表达能力，培养思维品质，坚定文化自信，建设社会主义文化强国	思维品质：分析论证、多元思维 语言能力：表达意义、人际交流 文化意识：情感与价值观
Step 8 Assignment	1. The Chinese writing system is one factor that has helped the Chinese culture survive. What do you think are some of other factors? 2. Make a speech on the opening ceremony of the Festival of Chinese Characters in your school to call on students to make the Chinese writing system known to more people. Your speech should include： * a topic * a simple example to lead in * the development and importance of the Chinese writing system * a conclusion （应用实践、迁移创新）	提高学生应用所学语言知识及技能的能力，发展想象力与写作能力	

五、课例点评

智敬谊老师的这节课选自《普通高中教科书 英语 必修 第一册》（2019年人教版）第五单元"世界上的语言"，属于阅读与思考板块，标题是"中国汉字书写体系：联系过去与现在"。通过该课的学习，智老师能够引导学生学会快速找到主旨句、总结段落关键词和学会查找细节信息，并引导学生认识中国汉字的发展和意义，从而坚定民族文化自信。

智老师通过深入研读文本，适当补充课程视频和文字教学资源，根据学生的学情预设学习目标后，以英语学习活动观为依据设计层层深入的活动，关注问题设计的三个层次，引导学生通过参与活动、理解记忆、实践应用、批判创新，从而获得语言上的提升、能力方面的进步和思维层面的发展。

课堂上，智老师注意关注每一个学生，用心和学生交流，对学生的回答及时评价并抓住契机以追问的形式激发新的生成，充分体现了教学评一体化，促进学生英语核心素养的发展。同时，突出学生的主体地位，把课堂还给学生。

本课从甲骨文的导入开始，引入主题后，智老师先引导学生猜测如果自己写一篇这样主题的说明文，会写什么，以此来训练学生对文章结构的整体把握，激发学生的思维。然后，让学生快速阅读文章的第一部分，找出关键词，并引导学生学会运用同义词、近义词转换来概括文章的主旨大意。接着，让学生扫读，找出表示时间的词汇和短语。再次细读，找出每个时间段汉字的发展，梳理汉字从古至今的发展历程，之后以两人一组的形式互相介绍汉字书写体系的发展历史。在学生完成介绍发展历史的展示后，追问学生：在这些历史进程中，哪一个阶段最重要？为什么？

第二部分是关于汉字的重要性的细读，智老师关注了三个问题，引导学生进行语篇主题意义探究，即汉字连接古今、连接不同地域的人们、连接中国与世界。在这个过程中，智老师追问学生为何得出这样的结论，引导学生找出证据证明自己的观点，做理性的思考者。同时，引导学生意识到汉字书写体系在传承中国古代文明中发挥的重要决定性作用，并且讨论作者的写作目的。在学生讨论、发表不同的看法和见解后，追问学生：目前随着科技的发展，很多人认为汉字书写已经不再重要，那么你对此有什么看法？以此来培养学生的批判性和创新性思维能力，从而引导学生坚定民族文化自信。

关于读后活动，智老师设计学生采访活动：一个学生做电视节目主持人，一个学生作为了解汉字发展的中学生来向观众介绍汉字的发展及其重要性。本活动旨在让学生巩固所学内容，提升语言素养。采访结束后，智老师作为观众追问学生：如何练好汉字书写？

在采访活动之后，智老师又追问学生：作为中学生，用哪些渠道来宣传中国文化？最后，补充拓展课程资源：一个是关于李子柒的文字材料，一个是汉字歌曲视频。学生看视频后讨论自己的感受，引起深层次的情感共鸣。学生和老师深深为中国汉字书写体系的博大精深而自豪和感动，并且敬佩祖先们的智慧，传承中华优秀传统文化的责任感油然而生,从而更有创意地把中国文化展现给世界,让世界了解中国。

整节课围绕英语学习活动观设计层次分明、逻辑关联、难度逐步递进的活动,让学生在运用语言参与语言实践的活动中习得知识并内化为素养。

(点评:郑州市基础教育教学研究室　黄利军)

课例二　基于深度学习视角的阅读与思考教学设计

授课教师:郑州外国语学校　李琳
授课年级:高一
教材版本:《普通高中教科书 英语 必修 第一册》(2019 年人教版)
语篇标题:The Chinese Writing System:Connecting the Past and the Present
主题语境:人与社会——文化:探索汉字书写体系
语篇类型:说明文

一、教材分析

本单元为《普通高中教科书 英语 必修 第一册》(2019 年人教版)第五单元,主题是世界上的语言。阅读文本是一篇介绍汉字书写体系发展的说明性文章。此文通过描述汉字书写体系跌宕起伏的发展历程,聚焦汉字与中华文明的关系,强调汉字的重要性。语言简明扼要、逻辑清晰。作者开篇点题——中华文明能一直延续不断并传承至今,其中一个重要原因是汉字书写体系的发展与传承。通过对汉字书写体系发展历史及重要意义的介绍,作者表达了对汉字书写体系重要价值的认可以及弘扬中国传统文化的信念。

【What】本课阅读文本的标题为"The Chinese Writing System:Connecting the Past and the Present",是一篇介绍汉字发展的说明性文章,主要介绍汉字书写体系的发展历史及其重要作用。

【Why】本文的重点在于其深刻的文化内涵。本文的价值取向在于让学生认识汉字的重要价值,学习汉字书写体系的发展历史,传承中华文明,传播中华文化,增强文化自信心和民族自豪感。

【How】第一段说明汉字书写体系对中华文明传承的重要性;第二至四段介绍汉字的发展和历史;第五至六段着重阐述汉字的重要连接作用。本文包含两条主要线索:第一条是按时间顺序梳理了汉字书写体系数千年的发展历史,这是文本叙述的明线;第二条是呼应标题中的题眼"连接"(connecting)一条暗线,说明汉字书写体系对中华文明传承数千年所起的四个重要作用:①连接时间上的过去与现在;②连接空间上生活在不同地域的人们（即人与文化）；③连接语言与艺术；④连接中国与世界。

二、学情分析

授课对象为高一二班学生，此班学生基础较好，掌握了一些基本的词汇和语言技能，可以从文本中获得一些细节性信息，但部分学生缺乏预测和扫读等阅读策略。此文论述了汉字书写体系的发展历史及其重要性，学生虽然对汉字书写体系有一定了解，但他们中的大多数还没有深刻认识到其重要性，此文可以激发学生对汉字书写体系乃至中国文化的自豪感和认同感。

三、学习目标

After this class, the students will be able to:

1. work out the structure of the text through skimming.

2. understand the development of the Chinese writing system by scanning.

3. summarize the significance of the Chinese writing system.

4. appreciate the amazement of the Chinese characters and pass on the Chinese writing system.

四、重点难点

1. Key points

Understand the development of the Chinese writing system and summarize the significance of it.

2. Difficult points

（1）Describe the development of the Chinese writing system.

（2）Summarize the significance of the Chinese writing system.

五、教学过程

教学活动	设计意图	深度学习
Step 1：Warm up Video showing—a combination of Chinese characters and the Asian Games. 1. Look at the picture in the textbook and guess what Chinese characters they are. 2. Based on the title and picture, predict what the text will be about.	通过观看"汉字运动员"参加杭州亚运会，创设主题语境，激活学生已知和兴趣，引导学生通过看标题和图片等信息预测文章内容，激发学生对阅读文本的兴趣和期待，培养学生预测的阅读技能	联想与结构：联系时事热点，引导学生用以往的知识、经验来猜测图片中的文字符号，将旧知和新知建立起结构性的关联，激发学生的阅读兴趣，为他们积极主动参与课堂活动做好铺垫

教学活动	设计意图	深度学习
Step 2:Read Ⅰ. Read for structure Read the topic sentence of each paragraph and divide the passage into different parts, and check whether the prediction at the beginning is correct or not, and analyze the type of the text.	训练学生的略读策略,了解文章的段落大意和主旨,增强对文章总体框架与脉络的理解能力	活动与体验:学生在教师引导下,获取、梳理语篇结构和文本大意,形成对文本内容的初步感知
Ⅱ. Read for details Scan Paragraphs 2-4 to find the words and phrases that describe a time. Then write down what happened at each of those important times. Draw a timeline to understand the development of the Chinese writing system.	让学生了解汉字书写体系的发展历史,培养学生的扫读能力。通过绘制时间线(本文的明线),引导学生梳理汉字书写体系发展的时间节点及重要事件	活动与体验:学生运用寻读策略,快速找到阅读文本中的相关信息,获取知识,发展阅读能力和学习能力
Ⅲ. Read for thinking Read Paragraphs 5-6,and work out the importance of the Chinese writing system. (1)Connect the past and the present (2)Connect the people and culture (3)Connect Chinese characters and art (4)Connect China and the world	培养学生的细节理解能力,梳理文章暗线,帮助学生认识到汉字书写体系的功能与重要作用,加强学生对中国文化的自豪感和认同感	本质与变式:学生在教师的引导下,对文本进行深度加工和深入思考,发现并提炼汉字书写体系除"connecting the past and the present"以外的重要连接作用
Step 3:Act it out To celebrate the International Chinese Language Day,the National Museum of Chinese Writing is holding an activity to promote Chinese characters. Host:Introduce the event and different roles. Museum guide:Introduce the development of the Chinese writing system. Language expert:Talk about the significance of the Chinese writing system. A visitor (Chinese/foreign):Feelings; Hope or suggestions.	让学生了解国际中文日。结合本节课所学知识,在真实情境中进行角色扮演:主持人组织活动;博物馆导游介绍中国汉字体系的历史演变(development:文章明线);语言专家阐释中国汉字文化的重要意义(Significance:文章暗线);游客赞美中国汉字的魅力(Amazement:文章升华),抒发自豪感并表达发扬中国汉字文化的愿望。通过小组活动促进学生合作学习	本质与变式:学生基于本课学习内容,通过小组合作探究的方式进行表达输出,提升思维及表达能力,讲解中国文字体系的发展及其意义
Step 4:Think and share Recommend a Chinese character to represent your hometown.	通过选一个汉字代表自己的家乡,提升学生的思维能力,引导学生思考中国汉字的意义,发现家乡的美,引起学生共鸣,增强学生对家乡的热爱及文化自信	本质与变式:学生能进一步挖掘文本背后的深层涵义,如:意识到汉字书写体系的功能与重要性,形成发扬中国文化的强烈意识,增强文化自信

Self-assessment：

Students reflect on what they have learned in this class.

Assignment：

You are participating in the International Chinese Language Day Celebration in your school.

Shoot a short video.

1. Introduce the development and significance of the Chinese writing system.

2. Recommend one character that represents your hometown and explain its meaning.

3. Share your feelings of the amazing Chinese writing system.

六、课例点评

李琳老师的课选自《普通高中教科书 英语 必修 第一册》(2019年人教版)第五单元的阅读与思考板块,文章标题为 The Chinese Writing System：Connecting the Past and the Present。阅读文本是一篇介绍汉字书写体系发展的说明性文章,描述汉字书写体系的发展历程,聚焦汉字与中华文明的关系。作者开篇谈到中华文明能一直延续不断并传承至今,其中一个重要原因就是汉字书写体系的发展与传承。通过对汉字书写体系发展历史及重要意义的介绍,展现了汉字的魅力,表达了对汉字书写体系重要价值的认可,有助于培养学生的家国情怀,增强文化自信,弘扬中国传统文化。

本节课具有鲜明的时代感和中国特色,联系时事热点杭州亚运会,通过观看"汉字运动员"参加亚运会的视频导入话题,以"预测—阅读结构—阅读细节信息—绘制时间轴—阅读思考—角色表演"为主要流程,设计了一系列学习理解、应用实践、迁移创新的学习活动。学生整体感知文本内容,重点探究汉字书写体系的历史变迁,同时聚焦文本标题的另一部分——连接古今,从汉字书写体系的功能视角深度解读文本内容。整个过程旨在培养学生梳理、归纳、基于语言和文本分析的逻辑思维能力和文化意识,引导学生认识到汉字书写体系的功能与重要性,重视对母语的学习,加强对中华文化的认同感,坚定文化自信。李老师在教学过程中为学生发展学习能力创造有利条件,以自主、合作与探究式等学习方式,促使学生实现了深度学习,确保核心素养在课堂上落地,指向立德树人的根本育人目标。本节课是一节典型的"用英语讲好中国故事,向世界传递中国文化"的课例。我认为,李琳老师的这节读思课有以下四个亮点：

第一,学习目标明确,指向学生核心素养的发展。李老师依据课标、研读语篇、结合学情,从学科核心素养的维度确定了本课时的学习目标:获取文本大意,分析行文结构,梳理、概括文本中关于汉字书写体系发展历程的信息,并将其整合成结构化知识。概括、整合、阐释汉字书写体系在连接中国的过去与现在、不同地域的人们、语言与艺术、中国与世界等方面的功能。通过小组合作表演,展示汉字书写体系的演变,阐释汉字连接功能,感悟汉字魅力,增强文化自信,涉及语言学习和分析能力,突出逻辑思维、批判性思维和创造性思维能力的培养,体现文化理解、认同与传播,引导学生发现中国文字的魅力,坚定文化自信。本节课的学习目标科学、适切、具体、明确、清晰,可操作、可观察、可测量、可评价。第一个目标侧重理解文本架构、写作手法,指向阅读微技能的培养;第二个目标侧重文本的信息梳理和内涵的挖掘,指向语言能力的培养与提高;第三个目标侧重主题意义的升华、文化意识的熏陶、思维品质的发展、问题解决能力的提升,指向跨文化交际和价值取向,全面指向学生核心素养的发展。

第二,利用现代信息技术进行情景化教学,突显英语学习活动观。课堂上,李老师引入杭州亚运会等热点话题,创设河南安阳中国文字博物馆场景,把课本与生活实际联系起来,引导学生迁移课堂所学的语言和文化知识,创造性地解决问题,实现能力向素养的转化。课堂活动以 Warm up, Read for structure, Read for details, Read for thinking, Act it out, Think and share 六个活动为主,任务具体,目标指向明确,由浅入深,循序渐进,符合学生的认知发展规律,充分体现了英语学习活动观,即通过学习理解、应用实践、迁移创新等层层递进的语言、思维和文化相融合的活动,使学生加深对主题意义的理解,帮助学生在活动中习得语言知识,运用语言技能和策略,阐释文化内涵,比较文化异同,汲取文化精华,形成了积极的情感态度和正确的价值观,进而在新的语境中运用所学目标语言、文化知识和交际策略,创造性地表达自己的观点、态度和情感。

第三,以自主、合作与探究为学习模式,注重思维品质和文化意识的培养,重视核心价值观的引领。李老师利用师生对话、生生对话、学生自主阅读、小组讨论、互动交流等模式开展课堂活动,其中理解类活动"学习说明文的文本结构""利用思维导图梳理中国汉字的发展史"等理解文本结构,通过自主学习和小组讨论,把握文本主要内容。应用实践类活动"概括、阐释"汉字书写体系在连接中国的过去与现在、不同地域的人们、语言与艺术、中国与世界等方面的连接功能,培养学生的细节理解和推断能力,梳理文章的隐含信息,帮助学生认识到汉字书写体系的功能与重要作用,加强对中国汉字以及文化的自豪感和认同感。迁移创新类活动"角色扮演——博物馆推广中国汉字活动",先分角色,再小组讨论、表演,引导学生相互学习,感悟文本的思想内涵。其中,让学生用一个汉字描述自己的家乡的活动设计,引发学生思考中国汉字的意义,发现家乡的美,引起学生共鸣,增强学生对家乡的热爱及文化自信。

第四,培养学生解决问题的能力,体现学生学习的主体地位。李老师运用问题链,引导学生深度解读文本,培养学生的批判性思维能力。处理开篇段落时,通过提问启发学生明白作者的写作技巧。在深度阅读中,利用时间线索引导学生层层解析文本,思考汉字书写体系发展过程中的两个转折点及其成因,从而让学生探讨秦始皇统一汉字的重要性,同时启发学生在文中寻找还有哪些语句表达了汉字书写体系的重要性、汉字书写体系还起到了哪些重要作用,帮助学生归纳文中呈现的汉字重要性的语句,引导学生思考作者的写作目的。学生通过阅读、课堂回答、小组讨论等活动,意识到汉字书写体系与中华文明、汉字与艺术、中国与世界等方面的重要作用,同时也让学生充分领略到中国汉字的魅力。学生在归纳中国汉字书写体系意义的过程中,锻炼了理解与表达能力、交际素养和思辨素养、合作学习能力、跨文化意识、批判性思维能力、创新思维能力,形成了正确的情感体验和价值取向,这个活动立足于立德树人的教育目标,体现了用英语讲好中国故事的理念。

李老师善于整合利用时事资源,实现了"学习即生活,生活即学习"的有机结合,力求让学生真看、真听、真感受,从中国与世界大格局的角度,引导学生学习传承中国传统文化,讲好中国故事,使核心素养在课堂上落地、生根、发芽、开花、结果。

(点评:郑州市基础教育教学研究室　黄利军)

课例三　基于主题意义探究的阅读与思考教学设计

授课教师:郑州市回民高级中学　王华
授课年级:高一
教材版本:《普通高中教科书 英语 必修 第一册》(2019 年人教版)
语篇标题:The Chinese Writing System:Connecting the Past and the Present
主题语境:人与社会——文化:探索汉字书写体系
语篇类型:说明文

一、教材分析

本单元为《普通高中教科书 英语 必修 第一册》(2019 年人教版)第五单元,单元主题是人与社会,围绕语言发展和学习展开。本阅读语篇介绍了我国汉字书写体系的发展历史以及汉字发展对中华文明数千年的传承起到的积极作用,要求学生切实体会汉字的魅力,体验家国情怀,增强文化自信。

文章共有六个自然段,包含两条主要线索。第一条是按时间顺序梳理了汉字书写体系数千年的发展历史,从汉字最初起源于象形文字开始,到甲骨文的出现,以及春秋和战国时期书写体系多样化的发展,再到秦始皇统一书写体系等,交代了汉字对中华文明延续至今所起的作用。第二条是呼应标题中的题眼"连接"(connecting),说明汉字书写体系对中华文明传承数千年所起的四个重要作用:①连接时间上的过去与现在;②连接空间上、生活上不同地域的人们;③连接语言与艺术;④连接中国与世界。

文本跳出了时空局限,就汉字发展为书法这种艺术形式后对中国文化所做的贡献,并结合我国发展形势与世界各地越来越多的人愿意学习汉语的现状,介绍了汉字在对外交流中将起到重要的连接作用。

二、学情分析

授课对象为高一学生,他们具备相关的汉字体系发展史背景的知识,能用英语提取信息、处理信息并用英语表达自己的观点,但在理解文章深层含义上还有欠缺。

三、学习目标

After this class, the students are supposed to be able to:

1. predict the main idea of the passage based on the title and then get a general idea of each paragraph by skimming;

2. get detailed information, and summarize the development and the importance of the Chinese writing system;

3. talk about how the Chinese writing system will develop in the future.

四、教学过程

步骤	教学活动	设计意图	核心素养提升点
Step 1 Lead-in	Teacher shows pictures of *jiaguwen* to make students learn about some relevant knowledge about it.	展示图片引出甲骨文,激活背景知识,形成阅读期待	
Step 2 Predicting	Teacher asks students to predict what the text will talk about according to the title and the pictures.	阅读标题,并结合图片预测文本主要内容	
Step 3 Reading	Activity 1: Reading for the main idea of each paragraph. Para. 1 The writing system began to develop in one direction. Para. 2 The Chinese writing system is helping to spread China's culture and history. Para. 3 The Chinese writing system is one of the factors why Chinese civilization has survived into modern times. Para. 4 Written Chinese connects China's culture with its past. Para. 5 Written Chinese was a picture-based language at the beginning. Para. 6 The writing system became well-developed and later developed into different forms.	通过快速阅读,理解文章大意和每个段落主旨大意	语言能力:获取、概括信息 思维品质:提取、整合信息,建构、分析、推断信息之间的逻辑关系

步骤	教学活动	设计意图	核心素养提升点
	Activity 2：Reading for detailed information. Reading for details（Para. 2-4） 1. How many periods of time are mentioned? What are they? 2. What happened during different periods of time? Reading for details（Para. 4-6） Find supporting sentences showing the importance of the writing system.	任务驱动，细读文章，获取细节信息，并根据读取的信息完成时间轴，梳理中国汉字体系发展史和重要性的体现，了解我国汉字的发展和作用，切实体会汉字的魅力	语言能力：获取信息，描述阐释意义 学习能力：自主学习
	Activity 3：Thinking and discussing. Based on the importance of the Chinese writing system, students summarize its functions. Connect the past ⇔ the present □ ⇔ □ □ ⇔ □ □ ⇔ □	深度理解文章，思考分析汉字书写体系发展对中华文明传承数千年所起的作用，引导学生跳出时空局限，发现并理解汉字对中国文化以及世界交流所起的重大作用	思维品质：利用结构图分析、概括、整合信息，提炼精髓 文化意识：理解语篇内涵，增强文化自信
Step 4 Thinking and sharing	Presentation： Do you think the Chinese language might become a global language like English in the future? Why?	深化主题意义，加强德育浸润，让学生积极思考汉字未来的发展和作用	思维品质：辩证看待汉字书写体系的发展前景，培养批判性思维意识和能力 文化意识：增强国家认同和家国情怀，坚定文化自信，增强民族使命感
Step 5 Summary	Teacher guides students to summarize what they have learned to understand the importance of traditional Chinese culture.	总结课堂所学内容，升华主题意义	学习能力：梳理所学内容，提升对文本主题意义的理解
Homework	Option 1：Write down your speech and have it polished. Option 2：According to the writer, the Chinese writing system is one factor that has helped the Chinese language and its culture survive. What do you think are some of the other factors?	分层作业，满足不同程度学生的需求	思维品质：从跨文化视角观察和认识世界，对事物做出正确判断

五、课例点评

王华老师的这节课有以下六个亮点：

1. 学习目标具体、清晰、可操作、可检测

王老师具有较强的目标达成意识，基于课标和学情制定了具体、清晰、可操作、可检测的学习目标，且指向英语学科核心素养。完成这些目标不仅能够提高学生的语言能力和学习能力，提升思维品质，还能发展学生的文化意识，使学生切实体会到汉字的魅力，体验家国情怀，增强文化自信。

目标1：能根据段落大意获取文章主旨，聚焦语篇整体理解；

目标2：能梳理汉字书写体系发展史，总结汉字书写体系对中华文明传承所起的四个重要作用，培养学生分析、概括、整合信息的能力；

目标3：能谈论汉字未来的发展和作用，促进文化意识的形成，培养批判性思维能力。

2. 重视语言实践，培养语言运用能力

英语语言能力是构成英语核心素养的基础要素。王老师以主题为引领，通过创设真实的情境，通过听、说、读、看、写等多种活动方式理解文章内容，表达自己的观点。学生从文章主旨的理解，到文章细节的整合，用语言梳理中国汉字体系的发展史和重要性，再到深度理解文章，思考分析汉字书写体系发展对中华文明传承数千年所起的作用，直到最后学生自由谈论汉字未来的发展和作用。整个过程中学生都在学习和使用语言，进行主题意义的探究。

3. 注重语言学习与文化渗透相结合

弘扬中华传统文化，帮助学生坚定文化自信，树立人类命运共同体意识和多元文化意识，培养开放、包容的态度以及正确的价值观和道德情操，正是课标的要求。这节课的主题是"中国汉字书写体系的发展"，与中国传统文化息息相关。从王老师课堂的设计上能看出来，她在备课的过程中对文本进行了深度分析。这篇文章其实包含两条线索，一条是按时间顺序梳理了汉字书写体系数千年的发展历史，另一条是呼应标题中的题眼"connecting"，这是一条暗线。如何引导学生发现汉字书写体系对中华文明传承数千年所起的作用有一定难度。从课堂呈现来看，王老师很好地启发学生思考，也包容学生不同的观点。正是在这样的思维碰撞中，无形中渗透中国传统文化的学习。学生在最后的展示环节，积极参与，表达强烈的文化自信，将整节课推向了高潮。我相信学生上了这节课后，收获的不仅仅是汉字的发展史，更多的是浓浓的家国情怀。

4. 重视语言学习与思维品质的培养

思维品质指思维在逻辑性、批判性、创新性等方面所表现的能力和水平。王老师这节课每个活动的展开都有意识地培养学生各方面分析和解决问题的能力。最明显的是最后一个活动的设计，小组讨论并展示的问题是"Do you think the Chinese language might become a global language like English in the future? Why?"。这个问题本身具有极强的思辨性。从现场学生的表现来看,同学们发言积极性很高,有肯定的答案,也有否定的答案,同学们都陈述了支撑自己观点的理由。王老师也适时地做出了点评和引导。正是在这些学习活动中,学生能够从跨文化视角观察和审视世界,对事物做出正确的价值判断。

5. 践行英语学习活动观,学思结合,用创为本

英语学习活动的设计应以促进学生核心素养的发展为目标,围绕主题语境,通过学习理解、应用实践、迁移创新等层层递进的语言、思维、文化相融合的活动,引导学生加深对主题意义的理解。课堂上,王老师设计的学习理解类活动是:细读课文,找出汉字在各个时间段发展的细节,找出表达汉字体系重要性的句子,形成对汉字体系发展史和重要性的认知。设计的应用实践类活动是基于语篇思考和讨论汉字的重要性,表达个人观点,总结汉字书写体系对中华文明传承数千年所起的四个重要作用。最后,设计的迁移创新类活动是:观看一个讨论汉字发展历史和未来发展潜力的短片,分组讨论"汉语是否在未来会成为像英语一样的国际语言"并做演讲展示,学生在新的语境下开展想象和创造,提升对这一问题的批判性思维能力。

6. 注重评价,体现教学评一致性的原则

王老师在开展丰富的学习活动同时,始终注重过程性评价。在活动实施的过程中,王老师采用提问、讨论、完成任务等方式使学生的思维外化,并在这个过程中,观察学生完成任务的情况、语言表达的准确性和流畅性、思维的深度等,及时做出评价和引导,不断调整自己的教学进度。王老师本人亲和力强,具有很强的感染力,整个师生互动、生生互动过程都非常默契,达到了预期的效果。

王华老师的这节课是高效的课,充分体现课标要求,以学生为中心展开教学活动,发展了学生的核心素养,教学效果显著,教师教得轻松,学生学得愉快,体现了教师扎实的教学基本功。

(点评:郑州市回民高级中学　李陶常)

课例四　基于核心素养发展的阅读与思考教学设计

授课教师:郑州市第四十七高级中学　李娜
授课年级:高一
教材版本:《普通高中教科书 英语 必修 第一册》(2019 年人教版)
语篇标题:The Chinese Writing System:Connecting the Past and the Present
主题语境:人与社会——文化:探索汉字书写体系
语篇类型:说明文

一、教材分析

本单元为《普通高中教科书 英语 必修 第一册》(2019年人教版)第五单元,单元主题是人与社会,以"探索汉字书写体系"(Explore the Chinese writing system)为活动主题。

文章共有六个自然段,按时间顺序将中国汉字的演变与发展向同学们展现出来。文本主要聚焦在汉字与中华文明的关系上,包含两条主要线索:一条是按时间顺序梳理汉字发展史的明线,另一条是"连接"(connecting)暗线,承载了汉字连接过去与现在、连接生活在不同地域的人们、连接语言与艺术、连接中国与世界的四个重要作用。文本通过对汉字发展的介绍,表达了对中国文化的自豪感和对中国文化的自信心。

二、学情分析

授课对象为高一三班学生。该班同学英语基础较好,整体比较开朗、外向,学习热情很高,思维比较活跃,而且有主动表达的意愿。他们基本具备用英语提取信息、处理信息以及简单表达自己观点的能力。但是,由于大部分学生对中国汉字文化背景知识储备不足和迁移性思维欠缺,需进一步启发学生思考汉字对中华文明发展的重要性,最终达到增强他们对母语学习和对中国文化自信的目标。

三、学习目标

By the end of this class, students will be able to:

1. identify time phrases and details by drawing a timeline.
2. tell the importance of the Chinese writing system by means of scanning and summary.
3. interpret the beauty of Chinese characters by explaining logos and be willing to practise Chinese calligraphy.

四、教学过程

步骤	教学活动	设计意图	核心素养提升点
Step 1 Lead-in	1. T shows a picture of Yin Ruins, located in Anyang, Henan province, and asks Ss to say anything about this place. 2. T shows more photos of oracle bone scripts taken from Yin Ruins, and asks Ss to have a reasonable guess.	利用图片,结合学生自己的经历,引出主题。激活背景知识,形成阅读期待	

步骤	教学活动	设计意图	核心素养提升点
Step 2 Pre-reading Step 3 Reading for gist	Activity 1: Check your prediction and put the 5 sentences in the right place. 1. T shows the title and picture, and encourages Ss to predict the content of text, meanwhile, figure out the topic sentence of each paragraph and then put the 5 missing sentences in the right order to get a complete article. 2. Ss check the answers with their partner initially and then take out the reading material to have a self-check. 3. T asks a follow-up question "How did you get the conclusion?", aiming to enlighten Ss to draw a timeline shortly.	通过拼图式阅读,概括文章信息,了解文章结构	语言能力:获取、概括信息。学生积极探究、实践,以小组合作的方式呈现本组的探究成果 思维品质:提取、整合信息,训练逻辑思维能力
Step 4 Reading for details	Activity 2: Read and draw a timeline (Group work). T asks Ss to read the passage again, but only focus on Paras. 2-6. 1. Draw a timeline. 2. List important events.	任务驱动,细读文章,获取细节信息,并根据读取的信息完成时间轴制作,梳理汉字发展脉络	语言能力:获取信息,描述阐释意义 学习能力:以同伴互助及小组活动方式,让学生沉浸在自驱式、探究式学习环境中,培养其迁移创新能力
Step 5 Reading for thinking	Activity 3: Read Paras. 4-6 and think about why the Chinese writing system is so important. 1. Based on the timeline, Ss will be encouraged to think of a further question: "Why is the Chinese writing system so important?" 2. T asks Ss to find out 4 sentences to support the answer to the question in the text. (Pay more attention to the key words "importance" or "important".)	深度理解文章,深入思考为什么中国汉字书写体系如此重要,引导学生发现并找出文中四个句子去诠释所提问题	文化意识:基于语篇思考中国汉字的作用 学习能力:引导学生独立思考,自主学习

步骤	教学活动	设计意图	核心素养提升点
	Activity 4: Voice your opinion (Group work). The logo in my eye The following questions may be of help to you: 1. What Chinese character can you see in each logo? 2. What does the logo express? 3. What connections can you find in each logo?	深化主题意义,加强德育浸润,让学生从身边的汉字开始,尊重中国汉字,练好汉字,并思考如何利用汉字艺术去传播中国文化	文化意识:联系生活,结合历史、人文知识,让学生了解我国汉字的人文底蕴
Step 6 Summary & Assignment	1. T guides Ss to summarize what they have learned so as to fully understand the importance of learning Chinese calligraphy. 2. Assignments: Option 1:Summarize your oral script into a short essay in about 100 words. Option 2:Design your own logo and explain it in about 100 words.	总结巩固课堂所学,拓展话题内容。分层设计作业,满足不同程度学生的需求	学习能力:梳理所学内容,充分利用多种学习资源和渠道 文化意识:加强对中国文化的自豪感和认同感,增强对母语学习和中国文化的自信

(备注:Ss:Students;T:Teacher)

五、课例点评

李娜老师所作的课为《普通高中教科书 英语 必修 第一册》(2019年人教版)第五单元 Languages around the world 中的 Reading and Thinking 部分。本节课主题鲜明,注重思想引领,强调语言实践,突出文化意识,聚焦"汉字的演变",引导学生从 Reading for gist、Reading for details、Reading for thinking 三个方面,利用进阶式问题链设计,实现深度阅读。在教学中抓住文章的两条线索:一条是按时间顺序梳理汉字发展史的明线,另一条是"连接"(connecting)暗线,逐渐引领学生去感知汉字连接过去与现在、汉字连接生活在不同地域的人们、汉字连接语言与艺术、汉字连接中国与世界的四个重要作用。

本节课的优秀之处有以下五个方面:

1. 目标设置恰当、准确,有层次、有梯度

三个目标层层递进,水到渠成。从"draw a timeline of the development of the Chinese writing system"到"understand the importance of the Chinese writing system",再到"appreciate the beauty of Chinese characters",既涵盖了提升学生知识与技能的能力培养,又渗透了促进学生成长的道德情感价值观教育,关注育人价值,指向课程思政。

2. 课堂活动紧紧围绕目标,充分调动和激发学生参与热情

李老师以自己的一趟安阳殷墟之旅,巧妙地导入本节课内容,并无缝衔接地进入课堂的第一个目标环节"draw a timeline of the development of the Chinese writing system"。本环节中,学生积极探究与实践,以小组合作的方式呈现出本组的探究成果。教师语言精练、准确,过渡语言画龙点睛,一句"Why is the Chinese writing system so important?"既激发了学生的好奇心,又自然地引入课堂的第二个目标环节"understand the importance of the Chinese writing system",本环节引导学生独立思考,培养学生处理和提炼关键信息的能力。最后一个环节"The logo in my eye",既贴近生活实际,又引导和培养学生"appreciate the beauty of Chinese characters"。课堂中,李老师创设的活动形式多样:个人活动、同伴互助和小组活动等,充分发挥学生自身的主动性,让学生沉浸在自驱式、探究式的学习环境中,培养了学生迁移创新的能力,升华了对学生的情感价值观教育。

3. 教学内容由浅入深,丰富有趣

李老师既给学生上了一堂关于 the Chinese writing system 发展的历史课,又提升了学生的合作参与、积极探究的意识,了解我国汉字的人文底蕴以及不断发展。"英语课中品历史,英语语言谈汉字",体现了跨学科核心概念,课堂别有风味,独具匠心。

4. 目标达成能紧紧围绕学生学科核心素养的发展

课堂导入部分以猜测甲骨文的趣味方式,引出主题,激活背景知识,形成阅读期待,进而用时间轴来厘清汉字的发展过程,体现了英语核心素养的语言能力。通过查读和归纳的方法,找出汉字的重要性,体现了英语核心素养中的思维品质。通过赏析校园内的象形字和2008年及2022年奥运会会标中嵌入的中国汉字,激励学生发现和了解汉字背后的故事,并结合本课所学的四个 connection 去发表见解,深入了解主题,指导学生探索和理解文字与中华文明传承的关系,加强学生对中国文化的自豪感和认同感,增强他们对母语学习和中国文化的自信,体现了英语核心素养的文化意识。

5. 注重评价语言的多样性,体现了教学评一致性

李老师能运用变换多样的评价语言,恰到好处地对学生的不同回答进行具有针对性的评价,而不仅仅是"Good""Excellent"等笼统的语言,她巧妙地运用了"I like your ideas,because…""It could be better if…"等令学生感知到更多信息的评价性语言。同时,她的板书设计精练简洁,累累如珠,一目了然。另外,李老师的语音、语调准确优美,语言精练准确,课堂氛围民主、和谐、轻松、自然,学生在不知不觉中达成了预期的目标,教学效果良好。

(点评:郑州市教育科学规划与评估中心　王旸)

课例五　基于学科育人价值的阅读与思考教学设计

授课教师:郑州市第十一中学　张智萍
授课年级:高一
教材版本:《普通高中教科书 英语 必修 第一册》(2019年人教版)
语篇标题:The Chinese Writing System:Connecting the Past and the Present
主题语境:人与社会——文化:探索汉字书写体系
语篇类型:说明文

一、文本分析

本单元阅读文本的话题是汉字书写体系,文本采用了说明性文体,结构清晰,话题语言丰富,文化内涵深刻。文本第一段为总起段,说明汉字书写体系对传承延续中华文明所起的重要作用,第二至四段分别介绍远古、商代、秦代时期汉字的特征与演变,第五、六段介绍汉字书写体系的现状。文本还点到了汉字书写体系发展中出现的"书法"这一艺术形式以及汉字在对外文化交流中的重要作用。

二、学情分析

本节课的授课对象为高一五班学生。该班是重点班,班级学习氛围浓厚,学生的英语阅读基础较好,有很强的自主学习能力和较多的小组合作学习经验。虽然学生的口语能力还有待提高,但他们善于思考且勇于表达自己的所思所想。以上所述为本节阅读课目标的实现提供了较好的条件。此外,该班学生心灵纯洁、美好,且正处于青少年价值观及世界观形成的关键时期,本节阅读课旨在进一步增强他们的民族自信和文化自信,引导他们树立对中国文化的自豪感和认同感。

三、设计思路

本节课课型设计为"Reading, thinking & speaking"。在了解文章主旨大意的基础上,引导学生划分文本段落,第一部分即第一段,第二部分为第二至四段,第三部分为第五、六段。本节课重点聚焦在文章的第二、三部分,以汉字书写系统的发展"the past—the present—the future"为贯穿全文的线索。其中,the past 对应的是文本第二部分"汉字书写体系的发展过程";the present 主要对应的是文本第五段,引导学生欣赏汉字书写体系发展中出现的"书法"这一艺术形式,感受中国文字的艺术魅力和博大精深;the future 对应的是文本第六段,通过北京冬奥会闭幕式上巴赫主席的发言,引导学生主动思考汉语的未来,激发学生的家国情怀,树立文化自信和民族自信,提升家国责任感和使命感。

通过自主学习和小组合作,学生能够自主发现、梳理、总结并以思维导图的方式呈现中国汉字书写体系的发展历程,进一步意识到中国汉字书写体系尽管跌宕起伏,但就像一条厚重的河流,波涛滚滚,奔腾向前,永不停歇。要使汉语走向世界,成为真正的 global language,中国新一代的青少年责无旁贷。

四、学习目标及重难点

Learning Objectives:

By the end of the class, the students will be able to:

1. apply prediction, scanning and skimming strategies for main ideas as well as the main structure.

2. master the development of the Chinese writing system, produce a mind map of it and retell its development.

3. value the profound Chinese culture by appreciating calligraphy paintings.

4. strengthen confidence in the future of the Chinese language and build national confidence.

Learning Focus and Difficulty:

Focus:

1. Individually and cooperatively acquire factual information of the development of the Chinese writing system and produce a mind map.

2. Strengthen the confidence in the future of the Chinese language.

Difficulty:

Students may have difficulty in making their own evaluation of the future of the Chinese language.

五、教学过程

Step 1: Lead-in

As a reward for the students' wonderful performance last class, they are shown a short video about a short story concerning "甲骨文". Students are then invited to recall the symbols that appear in the video and tell if they look the same as they are today. Then they are asked,"What happened to those symbols? Do you know?"

设计意图:有关甲骨文的趣味小故事可以直接将学生的注意力吸引至课堂,而"这些符号为什么与现在的形状不一样?"这个问题则激发学生对汉字发展的好奇心,从而顺利导入本节课话题。

Step 2:Prediction

Before reading the text, students are invited to predict what the passage will be about based on the title.

设计意图:"先预测,后验证"这种阅读策略能将学生直接带入相关话题,做好读前准备,形成阅读期待。

Step 3:Skimming for the main idea and the structure

To check their prediction, students are then asked to skim the passage for the main idea. Also, to better understand and analyze the text, they are further invited to divide the passage into several parts and get the main idea for each part.

设计意图:引导学生寻找语篇段落主题句,提取、概括语篇段落大意,梳理、归纳文本结构,体验作者的思维过程,把握文章脉络。

Step 4:Scanning for the time and events and producing a mind map

In an effort to find out how come the Chinese characters look so different from what they used to be, students are guided to scan the text to sort out the words and phrases that describe a time and then find out what happened at each of those important times. Based on their findings, students are given time to produce a mind map showing the development of the Chinese writing system. Then, in groups, each of them is asked to retell the development of the Chinese language in their own words according to the mind map.

设计意图:让学生进一步梳理关键信息,提取、整合、概括出 the Chinese writing system 的发展过程,并用自己的语言把这些信息组织起来进行表达,最终把这些信息内化到自己的知识结构中。

Step 5:Appreciating Chinese calligraphy

By the question "Are Chinese characters used only for communication nowadays?", students are led to realize that Chinese calligraphy has always been an indispensable part of the profound Chinese culture. By appreciating the drawings of Chinese zodiac in groups, students will realize that Chinese calligraphy is a combination of characters and pictures which is full of vitality and beauty. With such beauty and vitality, no wonder the Chinese language can go all the way from the past to its present days.

设计意图：通过欣赏惟妙惟肖的中国生肖书法，学生可以体会到汉字的艺术魅力，增强对中国文化的自豪感和认同感。

Step 6：Thinking and Talking

Despite ups and downs, the Chinese language has gone all the way from its past to the present days with exuberant vitality and beauty. Then what about its future? With such a questions and with all that they've learned in the previous steps, students will be so motivated and eager to think about where the Chinese language will go in the future and make a positive evaluation of its further development. In groups, students share and exchange their perspectives with each other and some of them are invited to share their thoughts before the class.

设计意图：依据汉字发展过程的"过去—现在—将来"这一主线，通过组内头脑风暴活动，激发学生主动思考：汉字的未来会走向何方？为什么会做出这种预测？若要使这一推测成为现实，我们应该做些什么？进一步增强学生的民族自信和文化自信，提升他们的家国责任感和使命感。通过分析语言和文化的发展，客观分析、辩证思考事物发展的因果关系，促进他们提升辩证思维能力。

Step 7：Assignment

Write a passage titled "My duty on promoting Chinese culture" in 100 words or so.

设计意图：拓展话题内容，巩固课堂所学内容。

六、课例点评

张智萍老师的这节课基于必修第一册 Unit 5 The Chinese Writing System: Connecting the Past and the Present，以汉字书写体系的发展"the past—the present—the future"为贯穿整节课的线索，旨在通过这节课的学习，了解汉字书写体系的发展历程、历史作用以及未来发展趋势，增强学生的民族自信和文化自信，最终达到立德树人的教育目标。本节课在授课过程中有以下特点：

1. 学习目标体现立德树人——有意义

学习目标是体现教学意义的重要因素。有意义的课能使学生学到知识，提升能力，在过程中产生良好的、积极的情感体验，并激发进一步学习的热情。本节课立足于语篇和主题分析，预设的学习目标是培养学生的阅读策略，了解我国汉字书写历史的发展，探索汉字发展对中华文明数千年的传承所起的积极作用，引导学生欣赏"书法"这一艺术形式，感受中国文字的艺术魅力和博大精深，并进一步引导学生主动思考汉语的未来，激发家国情怀，增强文化自信。以上目标的确立，能使学生通过本节课的学习逐步形成正确的价值观和必备品格，为终身学习和发展奠定基础。

2. 教学过程突出以学生为中心——有效率

新课改下的高中英语教师的工作重心不再是传授知识、训练技能，而是落实以人为本的教育理念。因为课堂教学的主体是学生，教学过程中只有以学生为中心，课堂才能有生机，教学才能有效率。张老师在备课时对学生的学情进行了细致的分析，在教学过程中基于学生的英语素养和学习特点，通过自主学习和小组合作，引导学生自主发现、梳理、总结并以思维导图的方式呈现中国汉字书写体系的发展历程，最终帮助学生把这些信息内化到自己的知识结构中，践行了以学习者为主体的英语学习活动观。

3. 教学设计突出主题语境——重生成

（1）独具匠心，精彩导入。导入是一堂课的开场白，导入的设计是否切题、新颖，决定了一节课的成败，也直接影响学生对本节课的兴趣。本节课在导入部分选用一则有关甲骨文的趣味小故事的短片，直接把学生的注意力吸引到课堂上。老师的提问"这些符号为什么与现在的形状不一样"，则激发了学生对汉字发展的好奇心，调动了学生的学习热情和积极性，很自然地过渡到本节课的话题。

（2）情境铺垫，巧设问题。高中英语新课标强调学生自主探究以及解决问题的能力，所以问题的设置应该依托真实情境和真实问题进行设计。本节课中，张老师依据汉字发展过程的"过去—现在—将来"这一主线，在"the past"部分，通过让学生画思维导图并在课堂上展示，既梳理了文本信息，了解汉字书写体系的发展过程，同时又内化了语言，提升了思维品质和综合运用语言能力。在"the present"部分，张老师给学生呈现惟妙惟肖的中国十二生肖书法图，引导学生欣赏汉字书写体系发展中出现的"书法"这一艺术形式，加深对文本的理解，感受中国文字的艺术魅力和博大精深。在"the future"部分，张老师结合2022年冬奥会闭幕式上巴赫主席的发言，通过组内头脑风暴的形式，激发学生主动去思考：汉字的未来会走向何方？为什么会做出这种预测？若要使这一推测成为现实，我们应该做些什么？以上指向应用实践和迁移创新的活动引导学生联系现实，结合本节所学内容去分析并解决现实生活中的问题，形成正确的态度和价值判断，进一步增强民族自信和文化自信，明确作为新时代好少年所肩负的时代责任，感受到祖国对他们的期望，从而立志为中华民族伟大复兴而努力学习。

这种生成不完全是预设的结果，而是在课堂上师生之间由主题语境引发的最真实的情感、智慧、思维和能力碰撞产生的火花。这一过程既是语言知识与语言技能整合发展的过程，也是文化意识不断增强、思维品质不断提升、学习能力不断提高的过程。

总之，张老师的这节课贯彻落实了新课程的教学理念，深挖语篇文化元素，强化学生的文化认知，将学科的育人价值润物无声地融入教学过程。整节课文化韵味浓厚，坚持了活动的有效性、思维的连续性、内容的逻辑性，做到了课堂学习目标有意义、教学过程有效率、教学设计环环相扣，处处以学生为本，激发了学生的学习热情，学生在愉悦的环境中分享了知识，提升了认识，升华了情感。

（点评：郑州市第十九高级中学　杨永久）

课例六　基于思维品质培养的阅读与思考教学设计

授课教师:郑州市第七高级中学　朱聪瑞
授课年级:高一
教材版本:《普通高中教科书 英语 必修 第一册》(2019年人教版)
语篇标题:The Chinese Writing System:Connecting the Past and the Present
主题语境:人与社会——文化:探索汉字书写体系
语篇类型:说明文

一、教材分析

What:文章介绍了汉字书写体系的发展史以及汉字书写体系传承中华文明所承载的重要作用。

How:这是一篇"总—分"结构的说明文,包含明、暗两条线。明线按照时间顺序介绍了不同历史时期汉字书写体系的特点,暗线利用语篇标志词聚焦汉字书写体系传承中华文明的重要作用。

Why:文章的写作立意是让学生通过阅读和思考了解中国汉字书写体系的发展史,探究汉字传承中华文明的原因,认同汉字书写体系承载的文化、历史以及艺术价值,积极思考传承汉字文化的措施,切实体会汉字的魅力,体验家国情怀,增强文化自信。

二、学情分析

优势:高一年级创新班的学生语言功底扎实,学习热情高涨,求知欲强烈。经过几个月的阅读训练,他们已经熟练掌握了略读、跳读技巧,具备较好的获取、梳理信息的能力。

不足:学生对文本的深入分析、推断、概括与建构能力有待提升,对中国汉字文化的背景知识了解不足,相关词汇欠缺,不利于深度阅读。

三、学习目标

1. 通过阅读、思考和讨论,能绘制汉字书写体系发展史的时间轴,讲述汉字书写体系发展史,比较、分析汉字书写体系发展史和中国历史的关系。

2. 通过锁定关键词,同桌讨论,能概括中国汉字书写体系传承中华文明发挥的积极作用,分析、推断汉字传承中华文明的深层原因。

3. 通过观看图片,小组讨论,能提出推广汉字文化的创意,弘扬汉字文化,增强文化自信。

四、教学理念

基于英语学习活动观及教学评一体化思想进行教学设计,实现学生语言能力、文化意识、思维品质和学习能力的提升。以探究汉字文化主题为引领,创设在河南博物院学习汉字文化的真实情境,通过设置学习理解、应用实践、迁移创新三个维度层层递进的学习活动,让学生在进行基于文本、深入文本和超越文本的阅读与思考中,通过感知、预测、获取、分析、概括、比较、评价、创新等思维活动,在分析问题和解决问题的过程中,发展思维品质,探究汉字发展史,分析汉字书写体系的重要作用,体会汉字的魅力,弘扬汉字文化,加深文化理解,增强家国认同,坚定文化自信。

五、课程资源

教材、课外视频、PPT 课件、预习学案、AIclass 智慧教学平台、殷墟博物馆、中国文字博物馆、河南博物院等。

六、教学重难点以及方法和手段

1. 教学重点

(1)绘制汉字书写体系发展史的时间轴,讲述汉字的发展史。

(2)分析、概括中国汉字书写体系承载的重要作用。

2. 教学难点

(1)探究汉字发展史和中国历史的关系。

(2)分析、归纳、总结汉字书写体系传承中华文明的深层原因。

(3)建构对中国汉字书写体系的积极认知。

3. 教学方法

(1)利用可视化工具,让学生绘制汉字书写体系发展史的时间轴,并据此讲述汉字的发展史,形成结构化认知。

(2)利用语篇标志词,让学生提取关键信息,总结汉字书写体系的重要作用。

4. 教学手段

(1)设置问题链,提供脚手架,帮助学生层层深入地分析原因。

(2)开展同伴、小组讨论、合作探究,让学生深入理解汉字文化。

(3)利用趣味图片和视频,让学生直观感受汉字的魅力。通过小组讨论,让学生提出推广汉字和文化的创意。在解决问题的过程中,让学生建构对中国汉字体系积极的认知,树立文化自信,传承中华文明。

七、教学过程

步骤	教学活动	设计意图	核心素养提升点
Lead-in			
Activity 1	T leads in the topic by showing pictures of museums and guides Ss to guess the exhibits from them.	学习理解（感知、注意）	激发学生对主题和背景知识的学习兴趣，引领学生欣赏汉字之美及其蕴含的文化
	Ss read *jiaguwen* and guess the modern Chinese characters they refer to. T plays interesting videos about *jiaguwen* to check their answers.	学习理解（感知、注意）	
Pre-reading：Predict			
Activity 2	T：What is the topic of the title? What is the focus of the title? What do the pictures show? Ss read the title and pictures to predict the main idea.	学习理解（获取、梳理、概括、整合）	帮助学生通过标题和图片来获取主旨要义
While-reading：Read for main idea			
Activity 3	Ss skim the passage and underline the topic sentence of each paragraph.	学习理解（获取、梳理、概括、整合）	培养学生的略读技巧和归纳概括能力
	T explains tips to sum up the main idea of paragraph 1 by identifying key words. Ss sum up two key words for the main idea.		
Read for development			
Activity 4	T shows Ss how to draw a timeline of the development of written Chinese. T asks 3 questions： （1）How many time periods are mentioned? What are they? （2）What is the feature of written Chinese at the very beginning? （3）What are other features of written Chinese for other time periods? Ss answer the questions and then draw a timeline of the development of the Chinese writing system.	学习理解（获取、梳理、概括、整合）	培养学生的快速浏览能力、归纳概括能力和推断能力
	T checks Ss' works of timeline. Ss polish their timelines and retell the development based on their timelines.	实践应用（描述、阐释、内化、运用）	帮助学生将所学内容内化，并应用到新情境中

步骤	教学活动	设计意图	核心素养提升点
Activity 5	Guide Ss to think and answer the questions： （1）What period does "over the years" refer to? Why? （2）Which period is the most important? Why?	应用实践（分析、判断） 迁移创新（推理、论证、批判、评价）	帮助学生将汉字书写体系与中国历史联系起来,加深对其发展的理解
Read for importance			
Activity 6	Ss find out the important roles of the Chinese writing system by scanning for words and phrases meaning "important". Ss sum up the significance of the Chinese writing system.	学习理解（获取、梳理、概括、整合）	帮助学生探索汉字书写体系的重要作用
Activity 7 （Optional）	In groups, Ss discuss the questions： （1）What do you think the Chinese writing system contains? （2）Why do you think the system can help our ancient Chinese civilization continue into today? （3）What do you think of the Chinese writing system?	实践应用（分析、判断、描述、阐释） 迁移创新（推理、论证、批判、评价）	引导学生分析汉字书写体系有助于中华文明延续的深层原因,认识到汉字书写体系的重要性,提升他们的文化自信
Post-reading：Promote our Chinese writing system and culture			
Activity 8	In groups, Ss discuss and put forward creative ways to promote our Chinese writing system and culture.	迁移创新（想象、创造）	培养学生的想象力和创造性思维,提高解决问题的能力
Activity 9	Sum up by using a couplet written in *jiaguwen* to inspire Ss to work hard at our Chinese language and culture and use English to better spread our language and culture.	迁移创新（想象、创造）	提高学生学习中、英文语言和文化的热情
Homework			
Project： （1）Present your ways to promote our written language and culture by making posters, videos and so on. （2）Role play the development of the Chinese character "马".		应用实践（描述、阐释、内化、应用） 迁移创新（想象、创造）	帮助学生内化所学知识,并运用所学知识完成任务,培养学生的文化意识和信心

（Notes：T = Teacher；Ss = Students）

八、课例点评

朱聪瑞老师所设计的课为《普通高中教科书 英语 必修 第一册》(2019年人教版)第五单元 Languages around the world 中的 Reading and Thinking 部分。

本节课让我们感受最深的是她将语言学习、文化意识以及思维品质的培养,通过巧妙设计融为一体,自然而充分地调动了学生的情感体验和思维活动。学生在知识世界与真实情境之间反复穿越,并在这种反复穿越中,把知识的世界和生命的世界融通为同一个世界。

朱老师口语表达流利地道,课件设计风格古色古香,与主题相辉映,将学生的注意力紧紧抓住。除了朱老师的个人魅力,本节课还有以下三大亮点:

第一,朱老师基于大单元教学及教学评一体化思想进行教学设计,聚焦主题意义探究,通过创设在河南博物院学习汉字文化的真实情境,激发学生的语言学习兴趣,树立新的语言学习观。本节课学习目标基于单元目标,深入挖掘语篇的育人价值而设置,指向核心素养的文化意识和思维品质。教学内容以语言和文化这一主题为引领,有机地整合了 Video Time 的视频和 Opening Page 中的名言,丰富的多模态学习材料,增加了学习趣味性,为学生阅读活动提供情感背景知识和语言准备。

第二,朱老师在课堂上实践语言学习活动观,促进学生核心素养发展。活动设置围绕学习理解、应用实践和迁移创新,层层深入,融语言、文化和思维于一体,让学生在分析问题、解决问题的过程中,发展思维品质,探究汉字发展史,分析汉字书写体系的重要作用,感受汉字文化魅力,传承汉语文化,提升语言意识,树立文化自信。在学习汉字发展史时,学生首先寻读找出时间点以及对应的历史事件,然后绘制发展史的思维导图,最后根据思维导图复述发展史。经过课堂学习,在作业环节,朱老师设置了小组活动,让学生具备了相关语言文化知识储备之后,以 Role play 的形式演绎汉字"马"的发展史,实现知识向能力的转化。

第三,课堂活动生动有趣,学生的参与度高。课前导入展示了大量有趣的甲骨文图片,让学生猜测甲骨文中的"鱼、龟、鸟"对应的现代汉语,匹配甲骨文和传达同样意义的图片,比如"高、瓜、果"等,渗透学生熟知的仓颉造字的常识,基于学生已有认知和丰富有趣的内容,让学生体验汉语之美,激发学生的兴趣,形成阅读期待。

总之,本节课教学设计巧妙新颖,学习目标明确具体,教学过程自然流畅,学生活动丰富多样,生生、师生互动热烈、深入。学生在欣赏语言文化之美的氛围中,充分参与看、读、写、思、讨论等活动,深度探索汉字书写体系的发展史,挖掘汉字书写体系的重要意义,从而坚定文化自信,激发语言学习热情,用英语讲好中国故事,传播中国文化,发展英语核心素养。

(点评:郑州市第九中学　张康)